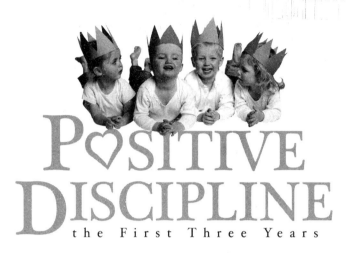

POSITIVE DISCIPLINE

the First Three Years

0~3岁孩子的
正面管教

影响孩子一生的头三年

[美] 简·尼尔森　谢丽尔·欧文　罗丝琳·安·达菲 ◎著

花莹莹◎译

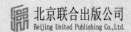

北京联合出版公司

Beijing United Publishing Co.,Ltd.

图书在版编目（CIP）数据

0~3岁孩子的正面管教／（美）尼尔森，（美）欧文，
（美）达菲著；花莹莹译 . —北京：北京联合出版公司，
2015.7（2024.3 重印）
 ISBN 978-7-5502-5597-5

Ⅰ.①0… Ⅱ.①尼…②欧…③达…④花… Ⅲ.①
家庭教育 Ⅳ.①G78

中国版本图书馆 CIP 数据核字（2015）第 133150 号

0~3 岁孩子的正面管教

作　　者：[美] 简·尼尔森 谢丽尔·欧文 罗丝琳·安·达菲
译　　者：花莹莹
选题策划：北京天略图书有限公司
责任编辑：王　巍
特约编辑：阴保全
责任校对：杨　娟

北京联合出版公司出版
（北京市西城区德外大街 83 号楼 9 层　100088）
水印书香（唐山）印刷有限公司印刷　　新华书店经销
字数 301 千字　　787 毫米×1092 毫米　　1/16　　24 印张
2015 年 8 月第 1 版　　2024 年 3 月第 23 次印刷
ISBN 978-7-5502-5597-5
定价：42.00 元

引　言

亘古至今，父母一直都在养育孩子。你或许想知道，自本书首次出版以来的 16 年里，有哪些事情发生了变化。正面管教的基本概念没变。然而，通过我们自己的研究以及与很多家庭的合作，我们发现，我们对小孩子的很多认识和理解在近些年里都发展并变化了。现在，有越来越多的大脑研究证实了我们所教授的内容，而且，我们生活的这个世界也变了——"9·11"事件和科技发展就是两个例子。

很多事情将永远不会改变：小孩子们将始终需要无条件的爱、鼓励、技能和照管——以及大量的耐心。然而，在其他方面，我们仍在学习中。科技已经变得更复杂——也更具入侵性——而我们尚未完全了解它对小孩子们及其家庭的影响。很多父母与我们分享了新的故事——我们很高兴将这些故事分享给你们。我们很感激能有机会更新并修订这本书，以便对那些刚刚开始神奇而充满挑战的养育之旅的父母更有用。

在这些年里，曾有些父母评论过本书的书名。"什么？"他们问道，"你们怎么能谈论管教几岁的小孩子呢？父母为什么需要惩罚婴儿和学步期的孩子呢？"在看书的过程中，你会发现，我们完全不提倡惩罚，无论是哪个年龄的孩子。相反，我们相信的管教，是以和善、尊重而温和的方式教小孩子们的管教；是能够教给孩子们有价值的社会和人生技能的管教，这是他们将来在人际关系和生活中取得成功的一个基础。惩罚的目的是为了让孩子们为自己的错误——甚至并不是真正的错误，而是我们所说的"适龄行为"——"付出代价"。正面管教的目的，是帮助孩子们在充满关爱和支持的氛围中从自己的错误中学习。

最重要的是，我们相信父母和自己的孩子之间形成的牢固纽带所具有的爱、亲情关系。正面管教的一个重要的新主题是"纠正之前先联结"。你与你的小家伙之间的联结，是迄今为止最宝贵的养育工具；其他的一切都取决于你们之间关系的质量。当我们听到父母们说，"哦，正面管教的工具不管用"时，我们不得不怀疑，这些父母是在用这些工具赢得权力之争，还是真正理解了其背后的原理——其中最主要的就是情感联结永远都处于第一位。

在这一版中，我们更加强调了孩子们基于对日常经历的感知而形成的对自己的信念：这些信念加剧着他们的行为。那些在一个过度控制或骄纵的环境中长大的孩子，与那些在和善与坚定并行的环境中长大的孩子所形成的信念是不同的。理解"行为背后的信念"是基础，由此才能理解如何促成改变——并认可帮助孩子改变信念所需要的时间也许和当初他们形成这些信念所用的时间一样多。正面管教与快速解决问题无关，而是要创造一个让孩子们能够做出受益终身的明智决定的环境。

作为父母，我们三位作者已经养育了几个家庭并且看着孩子们开启了自己的生活和旅程，我们能够告诉你的是，在养育小家伙的过程中，经历过大发脾气、不眠之夜、犯错误和焦虑之后，唯一留下的就是爱。当所有的方法都不管用，而你不知道该怎么办时，要依靠爱。爱，以及你自己的内在智慧，会帮助你知道该怎么办。

我们的希望是，在你和孩子一起度过的这忙碌而令人兴奋的几年中，本书能成为你的一位宝贵的朋友和指导。不要害怕问问题或学习新的技能和理念。养育一个孩子是需要勇气的；做一个孩子也是需要勇气的。花时间来品味这美妙的头三年吧；这三年过得太快了。

序
来自孩子们的声音

"我是塞丽娜。我 3 个月了。我认识妈妈的声音,我会寻找她的脸,当她抱起我的时候,我喜欢依偎在她怀里。我喜欢喝奶。如果妈妈没有及时准备好,我就会大哭。在妈妈摇晃着我入睡的时候,我喜欢东张西望。我喜欢洗澡,但我不喜欢妈妈给我洗头发和脸。我喜欢有人对我说话、大声笑,并且和我一起玩。我想拿住我的玩具——但我还做不到。我喜欢每天出去,因为我想知道发生了什么事。我会看每一样东西。"

"我是詹姆斯。我到 12 月份就两岁了。我什么事情都想自己做。我不想要任何帮助。我喜欢按照自己的方式做事,哪怕需要的时间更长,如果你想帮助我,那我们就得重新开始。如果你试着帮我穿袜子,我就必须把它脱掉,自己重新穿。对我来说,这要比袜子是否穿反了重要得多。我总是对每个人都说'生日快乐'。有时候,我会大声喊叫。我还不太会说话——我很难把每件事都说清楚。但是,我已经学会了说一个很厉害的字:不。"

"我是约瑟。下个月我就一岁了。我总是在笑。我喜欢想干什么就干什么。我喜欢吃。食物是我最喜欢的东西——尤其是大人们的食物，但是我不喜欢瓜。我正在学走路。我身上有很多碰伤和擦伤。我喜欢追着我的猫咪满屋子跑。也许我把它抱得太紧了，因为它昨天咬了我的手。我最喜欢的词是'妈-妈'、'爸-爸'、'好'和'宝宝'。"

"我的名字叫邦妮，今天8个月大了。我有两颗牙，还有一个姐姐。我喜欢在高兴的时候像鸟拍打翅膀一样挥舞双臂。我发明了一个好玩的游戏。妈妈给我纸，我就把纸吃掉，她就得把纸从我嘴里掏出来。然后，我就咧着嘴笑。我们用很多东西玩这个游戏。我们在沙滩上一直玩这个游戏，我会把鹅卵石以及其他能找到的所有东西都放到嘴里。妈妈一直忙着检查我的嘴巴。太好玩了。"

我们是婴儿和蹒跚学步的孩子。这本书就是关于我们的。你认识的孩子也许在某些方面和我们很像。这本书让你能够窥视我们的世界——或者当我们躺着换尿布时所看到的世界。它会让你知道我们在伸手去抓商店货架上闪闪发光的物品时可能会有的想法，或者我们为什么有时候在晚上拒绝上床睡觉、拒绝吃豌豆，或者不肯使用便盆。学着理解我们的世界，会让你产生很多想法，知道如何帮助我们成长、如何鼓励我们、教我们。我们刚刚来到这个世界，时刻需要你的帮助。我们很可爱，很费时间，而且经常弄得一团糟。全世界都没有人像我们一样。这本书是为那些最爱我们的人而写的。

目　录

1

第 2 章　正面管教的原则

运用于你的家庭中的理念

简单地说，"管教"这个词的意思就是"教"。正面管教是充满关爱的教孩子的方式。它包括信任和情感联结、教给孩子技能，并创造一个能让你的孩子培养能力感和自信的环境……

第 3 章　神奇的大脑

帮助你的孩子学习

你和你的孩子的其他照料人如何与孩子互动——你们如何对

他说话、玩耍以及如何养育——是影响婴儿或学步期孩子发展的最重要因素……

第4章　了解你的孩子

在养育婴儿或学步期孩子的过程中，最重要的挑战之一，就是理解他的世界看起来和感觉起来是什么样子——从他的角度，并且要理解孩子的大脑和技能是怎样发展的……

第 2 部分　你的发展中的孩子

第 5 章　我该如何开始?

正面管教工具

　　本章将为你提供所需要的工具,使你在指导孩子培养对其一生都有用的品质和人生技能的同时,与你的孩子建立一种合作而尊重的关系……

第6章　情感能力和语言的发展

婴儿和非常小的孩子是通过解读非语言信号、面部表情以及情感能量来了解与人的关系的……而语言能力的发展，需要情感联结、专注以及真正的对话互动……

第 7 章　信任与不信任

"我可以依靠你吗?"

信任感,是在出生后第一年形成的。要形成信任感——安全依恋的一个重要部分——一个婴儿必须了解到他的基本需要始终会得到关爱和满足……

第 8 章　自主与怀疑和羞愧

"我可以自立(但不要不管我!)"

自主感对于孩子的健康发展是极其重要的;正是自主给了一个孩子信心和能力,去追求他自己的想法和打算……

第9章　了解适龄行为以及如何对待

当你理解了发展的适应性时,你就能理解为什么要运用和善而坚定的方式,以及解决问题的技能来寻找合适的解决方案,而不是运用惩罚或无用的说教……

第10章　性　情

是什么让你的孩子独一无二?

当父母们真正理解了性情之后,他们就能以鼓励发展和成长的方式对孩子作出回应。有了理解和接纳,父母就有能力帮助孩子实现他们的全部潜能,而不是试图把他们按照模子塑造成完美的孩子……

第3部分　你的孩子的世界

第11章　鼓励的艺术
培养孩子的自我价值、自信和适应能力

孩子需要鼓励,就像植物需要水。学习鼓励的艺术,是有效养育最重要的技能之一……

第12章　洞察力和提前计划
对自己和孩子要有信心

当你通过让孩子为即将发生的事情做好准备并将他需要知道的事情教给他时，你就能让他知道如何对待新的情形……

第13章　睡　眠
你无法强迫孩子

睡觉是宝宝自己的事情……如果你能帮助你的孩子尽早学会

自己入睡,在睡眠上的很多权力之争就能避免……

第 14 章 "张大嘴……好不好?"

学步期的孩子和饮食

吃,完全是由吃的人自己控制的事情,即便你能把孩子不想吃的食物挤、塞或突然放进他的嘴里,但你能强迫他嚼吗?能强迫他咽吗……

第 15 章 如　厕

"这是我的事,不是你的。"

当孩子们真正准备好的时候,这个过程往往只需要用几天或几个星期的时间。生理的准备、情感的准备和环境条件,会有助于孩子们的成功……

第 16 章　在这个大千世界里生活
分享以及其他社会能力的发展

诸如分享、玩耍之类的社会能力,是通过训练、练习和犯错误而培养的——尤其是犯错误。这条路并不平坦;情感上的磕绊和擦伤,以及有时身体上的咬伤和抓伤,都是成长之路上的标志……

第 4 部分　家庭之外的世界

第 17 章　大自然的养育

与自然世界的接触能刺激早期的学习，并且实际上可能有助于预防诸如肥胖、抑郁和焦虑等问题……

第 18 章　连线的大脑

科技的影响

从电视，到智能手机，到平板电脑，到计算机（以及仍在不断出现的新产品），科技、屏幕时间和社交媒体已经成了今天的现实……

第 19 章　谁在照看孩子？

选择并适应儿童看护

大多数成年人都必须工作，要么是居家办公，要么外出工作，而对大多数家庭来说，某种形式的儿童看护是生活中必须面对的现实……

第 20 章　如果你的孩子有特殊需要

如果你担心孩子的成长和发育,就应该认真对待,并让你的儿科医生或社区健康人员一项一项地检查。早一些发现问题并进行干预,是为有特殊需要的儿童提供支持的最好方法……

第 21 章　作为一家人一起成长
找到支持、资源和心智健康

养育是一项太艰巨的任务,无法独自处理。孩子们和他们的家庭需要一个群体的支持……

结　语

致　谢

第 1 部分

家有婴儿的生活

第 *1* 章

迎接宝宝的到来
在头几个月你需要知道的

一个婴儿的降生是一个重要的时刻，是那些经历过的人永远都不会忘记的里程碑事件。一位新父母可能会对自己有了孩子的消息感到震惊，或者会因为那些验孕和"努力"怀孕的日子终于结束而兴奋不已。无论是哪种情况，都不会无视这个引起生活改变的消息。你作为一个自由、率性的人的生活将从此改变：宝宝即将诞生。

大多数成年人会发现，家里添一个婴儿，无论全家人对他或她多么期待、多么宠爱，都会带来一些需要逐渐适应的变化。大人之间的关系必须调整，以便为孩子留出空间。时间安排和优先事项会发生变化，正如你身体的变化一样。小宝宝们有时是令人费解的小人儿，遵循着只有他们自己才知道的规则——而且，每个小人儿都有自己的一套独一无二的规则。有些父母很幸运，他们的第一个孩子"很好带"，但会为第二个孩子不那么"好带"而感到震惊和困惑。另一些父母的第一个宝宝"很有挑战"，而当第二个孩子"比较好带"时，他们就会惊喜不已。

宝宝出生后的头几个月，你的生活可能会让你既筋疲力尽，又兴奋不已，还充满挑战。你现在可能很难相信，但有一天，你会带着怀念之情回忆这些劳神费力、夜不能寐的日子，并且意识到你的孩子长得太快了。但是，这种追忆还是很久以后的事情。

为宝宝的到来做准备

闭上眼睛想一想你第一次看你的小宝贝的小脸的情形。他看上去红红的、皱皱巴巴的、脑袋光秃秃的，但是，你很可能会觉得你从来没有看到过比他更漂亮的，从来没有听到过比他的头几声啼哭更甜美的声音。作家和画家们一直努力在捕捉生命中那些最初时刻的神奇之处，但是，语言和绘画都不足以表达父母与孩子之间存在的那些不可思议的魔力。

对于大多数父母来说，临近孩子出生那个神奇时刻之前的几个月，充满着各种计划、梦想，以及少许的担忧。在沉思时，你或许想搞明白自己会不会是一个好父母，你到时候是否会知道该怎么做，宝宝是否会"一切都好"。准父母们会没完没了地谈论尿布和纸尿裤相对的优缺点、母乳和配方奶粉哪个好、婴儿食品是买现成的还是在家做。他们会连续几个小时讨论孩子的名字，大声念出每一个选择看哪个更合适。

新父母会购买并获赠很多不可思议的小衣服以及名字很怪的物品，比如"接生毯"。他们怀疑自己到时候是否能知道对婴儿和毯子该怎么办。他们思前想后地购买一些迷人的婴儿用品：汽车安全座椅、提篮、婴儿床、安抚奶嘴、奶瓶、吸奶器以及监视器。祖父母、外祖父母们在一旁"啧啧"地反对说，数以百万计的孩子没用这些昂贵的玩意儿也都长大了，或者，他们会冲出去购买更奇特的用品。在这个消费主义的时代，有那么多可爱的小衣服和诱人的物品能够买到，有谁能抵挡住这种诱惑呢？这是一段没完没了地梦想的时间，一段充满希望和疑惑的时间。

幻想与现实

然而，有时候，当你带着那个无助的小生命从医院回到家里时，梦想在耀眼的现实之光中会有点褪色。小家伙会哭，有时候会哭几个小时，而你需要搞清楚其中的原因。或者，小宝宝整个白天都呼呼大睡，而一整夜都在开心地咯咯笑，让睡眠不足的父母非常沮丧。宝宝们似乎生来就带着一个探测器，能让他们知道妈妈什么时候想吃饭，以便他们能以自己的需要来阻止妈妈。小宝宝会在你打扮好准备外出时吐到你的身上，会一晚上拉好几次便便，有时会在你把他递给热切地想抱他的亲戚时生气地大哭。

从这些第一次开始，养育小孩子除了带来难以置信的爱和欢乐之外，还会带来无数的问题、焦虑和沮丧。随着小宝贝一天天的成长、发展和变化，生活有可能变成看似一连串无尽的艰难决定，以及很多需要检验的新想法。

随着你的孩子渐渐长大，你在公共场合遇到的人可能会对你会心一笑，或者你会听到他们谈论"恼人的两岁"。很多父母感到在自己的小宝宝或蹒跚学步的孩子变成的可爱的小暴君面前毫无办法，而另一些父母似乎能够从容自信地处理各种危机或各种不断的烦恼。

我怎么知道该做什么？

我们大多数人是从自己的父母那里或者通过试错来学习养育技巧的。你可能不喜欢自己父母养育自己的方式，并发誓要与自己的父母不同，或者你看到了别人养育孩子的方式并且不认同。（评判别人的养育方式已经成了一种国际性的消遣方式。）但是，你到底应该怎么做呢？你不想太严厉，但骄纵是唯一的选择吗？你不想对孩子过度控制——但是，你该如何制定规则并保持一致性呢？你或许会担心自己如果做错会造成过高的代价。

你会有很多问题：我可不可以打孩子屁股？如果可以，该从孩子多大时开始？我怎样与一个还不懂话的婴儿沟通？我怎样才能让孩子听话？我怎样对待一个不听话的蹒跚学步的孩子？我怎样确定什么才是真正重要的？我怎样帮助自己的孩子培养自我价值感，同时教给他承担责任、诚实和友善？我该如何照顾自己，让自己放轻松并且享受这个过程？

你会得到大量的建议——祖父母、外祖父母、叔叔婶婶（还有商店里在你后面排队的女士）会有很多建议——但是，谁的建议才是正确的呢？即便"专家们"的建议也不一致。有些人建议惩罚（即便是经过拙劣伪装的"逻辑后果"），而另一些人（包括本书的三位作者以及最新的大脑研究）认为惩罚是无效的。有些人声称奖励很重要。另一些人（包括本书的作者和很多研究人员）相信奖励会教孩子学会操纵，降低孩子的自我价值感，而不是教给孩子有价值的社会和人生技能。作为本书的作者和父母，我们希望你将在本书中找到对你有意义的答案，并启发你运用自己的智慧、创造力和对自己孩子的了解，超越本书的文字所能表达的内容。

　　本书是为方便父母们以及经常一起照顾孩子的人、幼儿园老师、保姆、临时看护人和亲戚而设计的。书中会给出一些在家里和幼儿园发生的事例，以便让你看到正面管教的原理是如何运用于小孩子生活的各个方面的。在书中必要之处，还包括了一些有关成长发育的知识和研究成果，以及有关婴幼儿成长和学习方式的内容。由于影响一个孩子生活的所有成年人对于如何养育这个孩子具有一致的理解是非常有益的，你可能想将这本书分享给幼儿园的老师们、家里的保姆或其他家庭成员。

你的家就是你的家

　　每个家庭，就如同每个孩子一样，都是不同的。并不是每个孩子都会降生在有父亲、母亲，有一座郊区的房子、两辆车和一条狗的家庭里。你的家庭可能正是这样，也可能完全不同。你可能由于离婚或丧偶或未婚，是一位单亲父母；或许，你和你的伴侣带着各自的孩子组成了新的家庭，并且有了共同的孩子；或许，你们与祖辈或其他亲戚生活在一起；或者你可能与朋友及他们的孩子共住一所房子。或许，你们属于某个非异性恋社区或某个拥有自己的价值传统的独特种族。归根结底，真正重要的是你与自己的孩子建立的情感联结，以及你致力于相互尊重、有效的养育方式的决心。

　　有人说，一个家就是一群彼此相爱的人在一起。**无论你的家庭以何种形式组成，都要记住，它最终的模样将取决于你有勇气把它塑造成什么样。**拥有智慧、耐心和爱，你就能造就一个让你的孩子感到安全、安心并自由地成长和学习的家，一个他将会成为有责任感、尊重、机智聪明的人——并且是一个你能感受到为人父母的快乐的家。

你想让自己的孩子拥有什么？
具有长期效果的养育的重要性

家里有一个活泼好动的蹒跚学步的孩子，会让你觉得自己就像是在一列疾驰的火车上。日子一天天呼啸而过，每一天都充满新的奇迹、新发现和新危机。父母们经常不得不一路小跑才能追上小家伙们成长的脚步，有时候很少有时间作出深思熟虑的计划。但是，请想一想：当你开始养育之旅时，对你的最终目的地有一定的了解难道不是很有帮助吗？

或许，你此时能做的最明智的事情之一，就是花时间问自己一个非常重要的问题：我到底想让自己的孩子拥有什么？当你现在这个尚在襁褓、开始学步或者学龄前的孩子长成一个大人时（现在看起来简直不可思议），你希望这个成年人拥有什么样的品质和特点呢？你可能认定你希望自己的孩子有责任感、适应能力、诚实、同情心、自立、勇气，并且懂得感激——每个父母列出的清单会稍有不同。真正重要的是：从你的孩子出生那一刻起，你作为父母所做出的决定将会帮助孩子塑造他的未来 。你的每一个行为——当孩子伸手去够一个贵重物品时你是否打他的手，当孩子在厨房扔食物时你如何对待，或者你如何回应孩子在睡前提出的各种要求——都会培育或阻碍你希望孩子拥有的那些品质。你的孩子始终在作着有关他自己和这个世界以及如何在这个世界找到归属感和自我价值感的决定。这些决定是以他对自己人生经历所作出的解释为基础的，并且是他绘制自己人生"蓝图"的基础。你的行为和信念会对他的决定产生重要影响。

这个观念会让大多数父母感到不堪重负。你可能想知道："如果我犯了错误怎么办？我怎么才能知道该怎么做？"请放心：错误并不是无法克服的失败，而是宝贵的学习机会。（将错误看作是学习的机会，是正面管教的一个基本理念。）试图保护你的孩子避免犯任何错误，对于孩子学会适应并发展能力感是有害的。无论是你还是孩子，都会犯很多错误，但是，如果你们愿意一起从错误中学习，就不会造成难以弥补的损害。最有价值的养育工具是你已经拥有的那些：你对孩子的爱，以及你的内在智慧和常识。学着相信这些本能天性，将会让你朝着成功养育的方向一路前行。

还要记住，孩子们是通过观察和模仿周围的人来学习的，小孩子更是如此。你的小宝贝不仅想像爸爸、妈妈或奶奶那样推动吸尘器或洗盘子，而且会模仿你奉行的价值观，比如诚实、友善和公正。当你将错误作为学习的机会时，你的孩子就会吸收这种宝贵的心态。要用你作为父母的行动教给孩子知道，他或她是被爱着的并且被尊重的，知道选择是有后果的（不是你强加的，而是你能帮助他去探究的），并且知道家是一个安全而美好的地方。

关于"爱"

我们对孩子做的很多事情（或阻止孩子做的很多事情），都是以"爱"的名义做出的。"我打孩子是因为我爱他们。"父母们说。或者，"我解救并过度保护孩子，是因为我爱他们。""我爱我的孩子，所以我不怎么帮助他们——他们需要知道外面的世界很残酷。""我（在如厕训练，或早期阅读，或体育活动，或学习成绩方面）逼迫我的孩子，是因为我爱他们。""我每天工作很长时间，是因为我爱我的孩子，并希望他们能够拥有我以前没有的一切。""我为我的孩子们作决定，是因为我太爱他们了，不能冒险让他们作出错误的选择。"在本书中，你将有机会探究你以"爱"的名义做的事情所带来的长期效果。

父母们经常说感到自己被对孩子强烈的爱征服了，很容易为表明这种爱而允许孩子想做什么就做什么、想说什么就说什么，尤其是想要什么就要什么。当你现在18个月大的孩子从你手里抢走智能手机去玩游戏时，你或许会觉得他又机灵又可爱。当他学着哥哥说脏话时，你或许还会乐地咯咯笑。然而，当他到了五岁还这样做时，还可爱吗？

实际上，你是否爱自己的孩子并不是问题。真正的问题是，你向孩子表明这种爱的方式能否培养他的责任感和能力感，并鼓励他充分发挥其作为一个快乐、对社会有贡献一员的潜能。最终，大多数父母都会意识到，**真正的爱需要他们足够爱自己的孩子，以给孩子设立明智的界限，在需要的时候说"不"，并且帮助孩子学会在这个世界上与他人和平、尊重地相处。**

坚定、灵活、温和

想象一棵深深扎根在大地上的树，在高处柔弱的树枝上有一个鸟巢，巢里有一枚或几枚很脆弱的小鸟蛋。当风吹起来的时候，树枝会被风吹成微微的弧形，但对那个小鸟巢的抓握却不会变。

这幅温和与灵活和坚定相结合的形象，很好地解释了养育小孩子的任务，并构成了你在本书中将会学到的很多原理的基础。

你可以坚定地站稳你的双脚（或坚持你的价值观），同时用沉着、温和的双手和友善的声音指导你的孩子。这不是一件容易的事情；它需要耐心、精力以及无限希望。

重新定义"我们"和"我"：
父母对自己的关爱

当你在自己身份的定义中加入了"父母"时，意味着增加了各种各样的新角色和责任。这还可能意味着重新调整某些你已经承担的角色。一项研究发现，很多原来说自己婚姻很幸福的夫妇，在有了孩子之后，对婚姻的满足感都急剧下降。

那些满足、健康并且休息比较好的父母（疲惫对于养育小孩子来说似乎是不可避免的）能够最好地应对孩子出生后头几个月和头几年里的挑战。如果你是一位必须自己处理所有事情的单亲父母，就更有理由格外好好照顾自己了。如果你有一个伴侣，要记住，你们的关系是家庭的基石，要投入所需要的时间和精力使你们的关系更牢固。

在手忙脚乱地照料宝宝的过程中，夫妻很容易忽视彼此的关系。妈妈给宝宝哺乳，她的伴侣会觉得自己被忽略了，或者会感到有点嫉妒——并且会为有这些感受而内疚。夫妻中一方想依偎一会儿，另一方感觉"太累了"；一方非常渴望外出吃晚餐并看场电影，而另一方却不信任临时保姆，或者整个晚上每隔15分钟就给临时保姆发条短信，以确保一切都好。至于性生活？小宝宝似乎拥有第六感，能让他知道父母什么时候想亲密——他恰恰就在这个时候感觉饿了或尿湿了，号啕大哭着警告沮丧的爸爸妈妈。

花时间疼爱你的伴侣并满足你自己的需要，不是自私或养育不尽责——而是智慧。如果你没有伴侣，与其他成年人的联系会让你精力更旺盛。你的孩子通过观察你所作出的选择，将学会尊重并重视他人的需要和感受。要确保你每周都抽出时间来做一些你喜欢并有益于你的身心健康的活动，无论是和邻居开心地喝杯茶，与伴侣外出共度一个"约会之夜"，还是一次晨间散步（或许是用婴儿背带或婴儿车带着孩子一起）。重新定义"我们"和"我"，是一个持续的过程，而不是一次经过思考的行动。一个感到伤心的大孩子、一个觉得自己被忽视的伴侣、一个因没有成年人陪伴而感到孤单的单亲妈妈，都是对家里这种变化的典型反应。有时候，你们最需要的只是将这些痛苦的感受表达出来的时间，以便爱、欢乐和情感联结能重新点燃。还要记住，感受可以作为要照顾你自己和你所爱的人的一个很有用的提醒。通过尊重你自己和其他家庭成员的情感，你就能集中精力为你们面临的问题找到解决方案，使你们更充分地享受生活。

养育是父母双方的责任

如果你是一位单亲父母，你可以独自养育一个快乐、健康的孩子，但是，如果你足够幸运，拥有一个充满爱心的养育团队，就要充分发挥它的作用。当你能够运用你所信任的人以及与你共同养育孩子的人的资源和智慧时，养育宝宝的过程就会有更多的快乐、更少的挫折。祖父母、外祖父母、叔叔姊姊都可以成为极其宝贵的资源。你的孩子将会从每个人的付出中获益，并形成终生难忘的美好回忆。如果你身边没有亲戚和朋友，你可以考虑寻求其他方式的支持①。

父母双方很少会在如何养育孩子的问题上永远一致。一方可能赞成"坚定"，而另一方可能更喜欢"和善"——而且，有时候，两人会对自己的观点走极端。一个很好的办法，就是一起阅读并讨论这本书，或者一起参加父母课堂，以便你们能作为一个合作的团队养育孩子，学会和善与坚定并行②。

腹绞痛

有些婴儿似乎会没有明显原因地长时间烦躁、哭闹或尖叫，尤其是在晚餐时间。如果你的宝宝过度哭闹或尖叫，务必让医生检查一下，以确保这种行为不是由医学原因造成的。然而，在很多时候，医生会说："没什么严重问题。只是腹绞痛。"知道你的孩子没有人身危险是令人安慰的，但当你似乎无法安慰孩子时，依然会感到极其沮丧。

到底什么是腹绞痛呢？似乎没有人知道。梅奥诊所（www. mayoclinic. com）对腹绞痛的描述是：一个其他方面都健康并营养充足的婴儿，每天哭闹时间超过 3 小时，每周有 3 天，并且持续 3 个星期以上。腹绞痛的婴儿会显得无法安慰（而且通常会蜷起两条小腿，好像非常疼痛）。

你能做什么呢？最重要的是，要记住这种情况不会永远持续下去。而且，不要责备谁。要努力保持平静，并在轻轻摇晃、拍嗝、抱着孩子在屋里来回走、给他安抚奶嘴时与孩子保持情感联结，用你的双臂紧紧地（但不要太紧）抱着他的肚子。遗憾的是，这些方法可能都不会长时间有效。如果你有一个伴侣或亲戚能轮流帮助你和宝宝度过这段痛苦的时期，就太好了。

---

① 建立互助社区的建议见第 21 章。——作者注

② 如果你的伴侣没有时间看书，他/她或许会有兴趣听一听简·尼尔森博士的两小时讲座"面向 0~5 岁孩子的正面管教"，请登录 www. positivediscipline. com 查询。——作者注

不要给照料孩子的任务贴标签，从而使父母中的一方感觉自己像是一个助手。你是否曾听到有人说过："我丈夫在帮我看孩子呢"？难道那不也是他的孩子吗？说"我不知道怎么给女儿洗澡（喂奶、换尿布，等等）。她妈妈是这方面的专家！"怎么样？**要记住，多练习才能做得更好（不必做到完美）——而做得更好通常就已经足够好了**。在几代人之前，养育孩子，尤其是婴儿和学步期的孩子，被认为是女人的事情。然而，在今天，研究告诉我们，男人在养育孩子的方方面面都承担起了更多的责任——而孩子是受益者。

明智的父母们都知道，养育孩子是双方共同的责任，当父母这样做时，真正的赢家将是他们的孩子。诚然，父母、祖父母、外祖父母以及其他照料孩子的人有不同的养育风格。好消息是，这些差异对你的孩子是有好处的，他将学到与不同类型的人打交道的技巧。孩子们通常能学会根据他们遇到的不同养育风格来改变自己的行为。对于男性和女性在与孩子相处和互动时倾向采取的不同方式，尤其如此。

可以观察一位妈妈如何迎接她的孩子。她可能会用双臂搂住小贾斯汀，或者将小宝贝梅根拥抱在怀里，不停地吻她。然后，观察一下爸爸如何迎接这两个孩子。当爸爸对贾斯汀说"嗨"的时候，他会将孩子猛地举到空中，高高地举一会儿，而贾斯汀会高兴地尖叫着咯咯笑。爸爸对梅根常常是嘘着吹她圆圆的小肚子，当梅根快乐地扭来扭去时，他会哈哈大笑。这些要么活泼要么温馨的互动习惯都有其独特的益处。

身体刺激对大脑发育和孩子健康的冒险意识都有好处。（警告：千万不要摇晃或抛举小婴儿，或让他的头部没有任何支撑！还要记住，挠痒痒可能会让小孩子感觉是一种折磨，尽管他会笑——直到最后大哭。）拥抱有助于孩子感受到幸福、安全和踏实。此外，研究表明，父亲在陪婴儿玩耍时更活泼的风格实际上有助于孩子学会自我意识（"这好玩儿吗?""我累了吗?""我怎样让他知道我想停下来?"），并开始向身边的大人表达自己的感受和需要。如果你理解你的孩子并注意他的情绪和信号，你就能决定如何最好地给孩子至关重要的归属感和情感联结，以及如何恰当地回应孩子的需要。

睡眠：" 嘘……宝宝睡着了！"

新手父母们最先遇到的问题之一，就是帮助宝宝建立前后一致的睡眠模式的挑战。在出生后的几个月里，大多数宝宝睡觉的时间都比醒着的时候多——尽管这似乎难以相信。如果你允许你的孩子尽早学会自己入睡，就能避免在睡觉方面的权力之争。这意味着在宝宝入睡前把他放进婴儿床里。（我们知道，对于吸几口奶瓶或母乳就打瞌睡的小婴儿来说，这并非总是可能的，但做出努力会促进健康的睡眠模式的形成。）

有些父母发现自己害怕放下昏昏欲睡或者睡着的宝宝，因为担心会弄醒他。但是，宝宝醒来并被允许闹腾一小会儿之后再次入睡，是没什么问题的。大人们往往试图承担起让宝宝入睡的责任，并在之后控制环境以便让他睡好（"嘘！宝宝睡着了！"他们会焦虑地说），当他们没做到保证孩子睡眠不受打扰时，就会感到内疚、沮丧或恼火。

要尽你所能尽早建立良好的睡眠习惯——并要知道，在出生后的头一个月或两个月，婴儿的时间表通常是无法预测的。（我们将在第 13 章更详细地讨论睡眠问题。）

母乳喂养

喂养也是你最先遇到的挑战之一。并非所有的母亲都能够（或者会选择）母乳喂养，无论采用何种喂养方式，你都能和宝宝建立牢固的、充满爱的情感联结。然而，很多妈妈想哺乳，或者相信应该哺乳，然后发现这比自己所希望的要困难。来看看简给她的第一个孩子哺乳的故事吧：

我多么希望自己一开始就能对母乳喂养有更多的知识啊，那就不会给我自己和我的孩子们造成那么多痛苦了。我的第一个孩子出生在医生们提倡严格地按照每四小时喂一次的时候。我想当然地认为他们很在行。小特里吃一会儿奶就会睡着。通常，到下午，他睡一个小时就会醒来，并开始大哭。我会想："哦，不！还有三个多小时才可以给他喂奶呢。"我会抱着他在屋里来回走，并尽力安慰他，但他会一直哭，直到最后开始尖叫。我试了安抚奶嘴并给他喂水。这些方法只有几分钟的作用，他很快又开始尖叫。（一想起这些我就很痛苦。）

最后，在两个小时之后，到四个小时之前，我决定"作弊"，给他喂奶。他哭得筋疲力尽，以至于吃一两分钟就睡着了。我被医生的建议吓住了，以至于自己没有思考。我只是认为自己必须要再等四个小时。特里睡大约一个小时左右就会被饿醒，我们会又经历一次备受折磨的两小时，直到我再次"作弊"。

由于缺乏母乳喂养方面的知识，我相信如果不涨奶就说明我没有奶水；相信我的奶水不足，因为不是"乳白色"；并相信特里之所以哭是因为我的奶水不足。事实是，他之所以哭是因为吃奶的时间不够长，没有得到足够的营养，并且不足以刺激乳汁分泌。在三个星期之后，我沮丧地放弃了，开始给他（以及后来的三个孩子）使用奶瓶。

当我的第五个孩子丽莎出生时，我又尝试了母乳喂养。就在我即将再次失败时，我的嫂子告诉了我多年来一直在为母乳喂养提供支持的国际母乳会（www.lalecheleague.org）。她告诉我，根本就没有母乳不好这回事，并且说我应该扔掉所有的奶瓶和辅食，只要宝宝想吃就随时给她喂奶，以便刺激我的乳汁分泌。我读了书，扔掉了所有奶瓶和固体食物，开始了成功的母乳喂养。

我爱上了按需喂养。有时候，丽莎每隔一小时就吃一次奶——甚至有时候每15分钟吃一次！到她三个半月大的时候，她已经自己调整到白天每三个小时吃一次奶，并且晚上能睡一整夜了，即便不用麦片给她"填肚子"。

大多数妈妈发现自己会不时地遇到母乳、喂养、奶瓶以及宝宝的营养需要方面的问题。妈妈们能够做的最明智的事情之一，就是立即开始建立一个互助和资源网络。很多医院和妇幼中心都有哺乳方面的专家；事实上，有些机构甚至有网站和供你咨询的24小时热线服务。教会、儿童保育中心和儿科医生可能了解给新手妈妈们提供支持的团体以及很多在线资源的信息，所有这些对于回答你的问题并增强你的自信都是非常宝贵的。要记住，没有什么问题是"愚蠢的"。要确定什么对你和你的孩子最管用，在你需要时就要寻求帮助，并要相信你自己的智慧以及对自己宝宝越来越多的了解。

获得你所需要的帮助

所有的父母都会遇到问题和担忧。幸运的是，父母教育和培训终于得到了广泛的认可和信任。社会从来没有质疑过在职业领域进行教育和培训的需要，无论是瓦工还是护理，但不知怎么却形成了一种观念，认为养育应该是"天生"就会的，参加父母课堂或者阅读养育书籍就是承认自己能力不足。

现在，父母们会读书，通过社交媒体建立联系，并且参加养育工作坊，并且他们都证实自己学到的东西帮助他们喜欢上了养育这个重要的工作，而他们的孩子也学会了更自律、责任感、合作以及解决问题的技能。通常，只是知道其他父母和你有同样的担忧，就有助于你感觉不那么孤独了。当你犯错误的时候，你会知道如何纠正，并且你将能够教给孩子知道错误为学习提供了极好的机会。(这句话说多少遍都不够！)

发自内心的养育

养育小组（以及养育类书籍）是学习新技巧和新理念并持续得到一点道义支持的很好的途径。但是，归根到底，养育本质上是一件关乎内心、精神以及培训和知识的事情。或许，最重要的养育技巧就是有能力感觉到与孩子之间牢不可破的爱和温暖的亲情纽带，并且能够倾听到爱和智慧的声音，即便在你的耐心达到极限的时候。下一次，当你在夜里为小宝贝盖被子的时候，要静静地凝视那张熟睡的小脸，并牢牢地印在你的脑海中。当你面对一个歇斯底里的婴儿、一个不服从的学步期孩子，或一个怒气冲冲的学龄前儿童时（随着时光的推移，你会经历很多这样的时刻），就闭上你的眼睛，待一会儿，在你的记忆中找到那张孩子熟睡的脸。然后，让那种爱和温柔给予你处理眼前危机的智慧。

最好的养育是将爱从语言转化为深思熟虑的有效行动。有一本很受欢迎的儿童绘本，罗伯特·芒斯尔创作的《永远爱你》。在这本小书中，一位妈妈端详着小宝宝熟睡的脸庞，轻声唱道："我永远爱你，我永远喜欢你。在我的生命里，你是我永远的宝宝。"随着这个孩子从婴儿渐渐成长为难以对付的学步儿童，再到棘手的青春期，这位妈妈总是在夜间悄悄走进儿子的房间，看着熟睡的儿子，轻声哼唱那首歌。

终于有一天，妈妈躺在床上奄奄一息了，儿子坐在妈妈的床边，为妈妈唱起那首老歌。当他回到自己家之后，他又把这首歌——以及这份爱的情感联结——唱给了自己刚出生的宝贝女儿。那种感觉——父母在看着一个熟睡的孩子时感受到的那种难以言表的亲切和温暖——就是养育的精髓。

在接下来的章节中会有大量的信息、提示和技巧，但要记住，**父母和孩子之间的关系才始终是最重要的**。如果这种关系基于无条件的爱和信任——如果你的孩子从一出生就知道你无论如何都爱他——你或许就会做得很好。

需要思考的问题

1. 列出你认为一个成年人需要拥有的最重要的品质、技能和性格特征的清单。邀请你的伴侣或帮助你照顾孩子的其他人也列一份这种清单。确认你觉得自己拥有的那些特点。你怎样才能学会并增强你欠缺的那些呢？你怎样将这些特质教给你的孩子？

2. 列出那些能够令你开怀大笑、带给你快乐或使你保持健康的事情的清单。下决心每天至少做其中的一件事，以照顾好自己。

3. 如果你和伴侣共同养育孩子，要一起决定每周花时间在你们的关系上。在这段时间里你们会做些什么？你们将如何学会共同抚养孩子，而同时保持你们之间强烈的爱？如果你独自养育孩子，就想一想你怎样才能为自己建立一个互助网络。

第 2 章

正面管教的原则

运用于你的家庭中的理念

在宝宝出生后头几周和头几个月，管教都不大可能是你优先考虑的事项之一。相反，正如你已经看到的，父母们通常都集中精力迎接小宝宝的到来，与他建立情感联系，理解他的啼哭；并满足他的需要。然而，不知不觉中，那个可爱的婴儿就变成了一个有自己意志的蹒跚学步的孩子。你将如何塑造并引导他的行为呢？要成长为一个有能力、机智和自信的孩子，他需要从你和其他照料者那里得到什么呢？

有一幅很流行的漫画，描述的是一位妈妈跟她的孩子的谈话。"宝贝，"她说，"等你长大了，我希望你自信、果敢、独立。但是，现在，我希望你听话、安静、顺从。"大多数父母都知道这种感受：**我们希望孩子作为一个成年人所具有的那些品质，正是在他们小时候会给生活带来挑战的品质。**

简单地说，"管教"这个词的意思就是"教"。正面管教是充满关爱的教孩子的方式。它包括信任和情感联结、教给孩子技能，并创造一个能让你的孩子培养能力感和自信的环境。这种管教始于孩子的出生，并且随着孩子自主性和主动性的增强而变得越来越重要。一个学步期孩子的行为可能看上去（或听起来）不会总是那么招人喜爱，即便是最用心的父母有时也会感到困惑和震惊。

即便你理解并接受孩子的有些行为是"与其发展相适应的"，但如果这些行为是不可接受的，你该怎么办呢？知道正面管教将为你提供有效的、非惩罚的工具和技能，以指导孩子在成长过程中的行为，是很有帮助的。

阿德勒和德雷克斯：养育研究的先驱

正面管教是以阿尔弗雷德·阿德勒及其同事鲁道夫·德雷克斯的研究为基础的。阿德勒是维也纳的一名精神病学家，与西格蒙德·弗洛伊德是同一时代的人——但是，阿德勒和弗洛伊德在几乎所有事情上看法都不一致。阿德勒相信，人类的行为是由对归属（情感联结）和价值感的渴望所驱动的，这种渴望受着我们小时候对自己、他人以及我们周围世界所作的决定的影响。他相信，一个人对于做出贡献的渴望（gemeinschaftsgefühl①）是对其精神健康程度的一种衡量——这是鼓励你的跃跃欲试的小家伙帮你做事的绝好理由。

研究告诉我们，孩子们从出生起就"天生"会寻求与他人的情感联结，而且那些感觉到与家人、学校和社区之间情感联结的

---

① "gemeinschaftsgefühl"是阿德勒创造的一个优美的德文单词，主要指"社会兴趣"、"社会利益"、"社会责任感"。——译者注

孩子较少可能做出不良行为。正面管教的所有方法都能帮助孩子们感觉到情感联结、自己的能力，并作出贡献。

德雷克斯也是维也纳的一位精神病学家，他在第二次世界大战之前移民到了美国，并且在阿德勒于 1937 年去世之后继续致力于其思想的传播。阿德勒和德雷克斯积极提倡在所有的人际关系中都需要尊严和相互尊重，并且著有几部至今仍然广受欢迎的教育和养育书籍，包括鲁道夫·德雷克斯和薇姬·索尔兹合著的经典《孩子：挑战》。德雷克斯去世于 1972 年。我们非常自豪可以通过正面管教系列图书依然延续阿德勒和德雷克斯的事业。

什么是"管教"？

很多人都怀疑，"管教"对于婴儿和很小的孩子能意味着什么。在并不太久以前（现在也经常如此），当人们谈到"管教"时，他们实际的意思是"惩罚"，这通常是因为他们相信这两者是一回事儿。然而，真正的"管教"需要的是"教"。事实上，"管教（discipline）"这个词来源于拉丁词根"disciplina"，意思是"教或学"。正面管教是建立在教、理解、鼓励和沟通的基础之上的——而非惩罚。惩罚的目的是为了强迫孩子为他们所做的事情"付出代价"。管教的目的是帮助孩子们通过他们所做的事情来学习。

正如你将会了解到的那样，孩子在出生后头几年中的很多行为更多是与其情感、身体和认知的发展及其年龄相称的行为，而不是"不良行为"。婴儿和学步期的孩子需要能提升他们的发展和情感联结的非惩罚性管教（教和指导）——而不是指责、羞辱或痛苦。

23

对很小的孩子的管教，主要是决定你自己怎么做（并且和善而坚定地坚持到底），而不是期望你的孩子怎么做。而且，打下一个相互尊重而有效的养育方式的基础，永远都不会太早。正面管教的原则将帮助你与孩子建立一种充满爱和尊重的关系，并且会帮助你们在未来很多年里一起生活和解决问题。

为什么有些父母不接受非惩罚的方法

我们大多数人的管教理念都来自我们的父母、我们的社会和文化，以及经年累月的传统和想当然。很多人相信孩子们必须遭受痛苦（至少要吃点儿苦头），否则他们就学不会任何东西。但是，我们社会中的很多事情在过去几十年里都已经变了，包括我们对孩子成长和学习方式的理解，我们教给孩子成长为有能力、负责任和自信的人的方式也必须改变。惩罚在短期内似乎"管用"。但是，久而久之，惩罚会造成孩子的反叛、抵制，并造成他们不再相信自己的价值和能力。有一种更好的方式，而本书就是致力于帮助父母和老师们发现这种方式的。因为所有的孩子（以及所有父母）都是独一无二的个体，所以，对任何问题通常都有好几种非惩罚性的解决方案，但是，父母们往往不会立刻理解或接受这些方法。确实，正面管教需要一种"思维模式的转变"——完全不同的思考方式。那些执着于惩罚的父母们通常会问一些错误的问题。他们通常想知道：

- 我怎样才能让我的孩子做我想要他做的事情？
- 我怎样才能让我的孩子理解"不"？
- 我怎样才能让我的孩子听我的？
- 我怎样才能让这个问题不再发生？

大多数被搞得疲惫不堪的父母都曾经想知道这些问题的答案，但是，这些问题都是只注重短期效果的思考方式。当父母们问下面这些问题时，他们就会渴望非惩罚性的替代方法，并且会看到这种方式的改变给他们和他们的孩子所带来的结果：

- 我怎样帮助我的孩子学会尊重、合作和解决问题的技能？
- 我怎样帮助我的孩子感觉到有能力？
- 我怎样帮助孩子感觉到归属感和价值感？
- 我怎样进入我的孩子的内心世界，并理解其成长过程？
- 我怎样才能把问题当作学习的机会——对我的孩子，也对我自己？

这些问题解决的是全局，并且是基于长远考虑的。我们发现，当父母们找到这些长远问题的答案时，那些短期问题就自动解决了。当孩子们参与寻找问题的解决方案时，他们就会合作（至少是在大多数时候）；当他们发展到相应阶段时，他们就能够理解"不"的含义；当父母倾听孩子并以能让孩子倾听的方式说话时，孩子就会倾听。当父母运用和善而坚定的指导，直到孩子长大到足以参与设立界限和专注于解决方案的过程时，问题解决起来就会更容易。

正面管教的构成要素包括：

- **相互尊重**。父母要通过尊重自己和情形的需要，让孩子看到什么是"坚定"；并通过尊重孩子的需要和人性，让孩子看到什么是"和善"。

- **理解行为背后的信念**。人类的所有行为都是有原因的，孩子们从出生起就开始建立构成他们人格的信念。当你理解了孩子行为背后的信念时，你就会更有效地改变孩子的行为。如果你的孩子不满 3 岁，你还需要了解他发展中的能力和需要。

• **理解孩子的发展和适龄行为**。这一点很有必要，这样父母就不会期望孩子有超出其能力和理解力的行为。

• **有效的沟通**。父母和孩子们（甚至是小孩子）能够学会很好地倾听，并用尊重的话语去要求自己需要的东西。

• **能教给孩子技能的管教**。有效的管教能教给孩子有价值的技能和心态，并且既不娇纵也不惩罚。数以百万计的人已经发现这是逐渐培养孩子将来在其一生中都需要的社会和人生技能的最好方法。

• **专注于解决方案，而非惩罚**。责备永远解决不了问题。一开始，你将决定如何着手处理挑战和问题。随着你的孩子的成长和发展，你们将一起寻找解决你们所面对挑战的尊重、有益的解决方案，从打翻了果汁到睡觉时的麻烦。

• **鼓励**。鼓励祝贺的是孩子的努力和改进，而不只是成功，并且会建立起一种长期的自我价值感和自信。鼓励是正面管教中非常重要的一个原则，我们会在第 11 章进行更深入的讨论。

• **孩子在感觉更好时才会做得更好**。我们从哪里得到了一个荒唐的念头，认为为了"使"孩子守规矩，我们就应该让他们感觉到羞愧、耻辱，甚至痛苦？当孩子们感觉到鼓励、情感联结和爱时，他们才更有动力合作、学习新技能，爱并尊重他人。

应当避免的管教方式

大部分父母都曾采用过惩罚的方法。但是，如果你在对孩子大声喊叫或说教，请停下来。如果你在打孩子屁股或打手心，请停下来。如果你在试图通过威胁、警告、贿赂或说教来让孩子顺从，请停下来。所有这些方法都是不尊重的，并且会导致孩子的怀疑、羞愧和内疚，不仅在当时，而且包括未来。最终，惩罚会造成更多的不良行为。（有很多研究表明惩罚会造成长期的负面效果，这些研究通常都淹没在了父母们不看的学术期刊中。）

"等一下，"你可能在想，"这些方法对我的父母来说很管用。你是在剥夺我用来对付孩子行为的所有方法。我该怎么做呢，难道让我的孩子想做什么就做什么吗？"当然不是，我们不是在提倡骄纵。骄纵是不尊重的，而且不会教给孩子感觉到情感联结、有能力并且能够为他人作出贡献。**真正的管教会指导、教并诱发健康的行为**。正如你可能已经发现的那样，除了你自己的行为之外，你永远不可能真正控制其他任何人的行为，试图控制自己的孩子，通常会造成更多的问题和权力之争。在本书后面的部分，我们将介绍一些在鼓励你的学步期孩子形成一种健康的自主感和主动性的同时，能让孩子合作的方法（在运用时要有一种坚定并保持情感联结的心态）。

当你认可孩子在受到威胁的氛围中不会有积极的学习时，与一个活泼而有挑战性的学步期孩子一起生活就变得容易多了。正如一些知名大学儿童发展实验室的研究一致表明的那样，孩子们在感觉到害怕、伤心或生气时是无法学会健康的心态和人生技能的。当孩子们感觉受到威胁时，他们会进入到"战斗还是逃跑"

的模式——而且，因为你的大脑有镜像神经元（"有样学样"神经元；更多相关内容见第 3 章），你也可能和他们一起进入这个模式！

遗憾的是，孩子们常常因为失去了归属感或情感联结而做出"不良行为"。不良行为之所以"有效"，有一个很好的原因：那就是，它能够重新得到父母的关注和介入，尽管这种关注是负面的。无论你相信与否，孩子们不会为得到关注而"行为出格"。尽管所有的孩子都需要得到关注，但他们真正寻求的是安全可靠的情感联结。当你的孩子知道他与你有稳固的情感联结时，他的不良行为就会减少。

她想要什么就要什么

问：我的 16 个月大的女儿想做什么就做什么，尽管我和我丈夫已经尝试了各种各样的惩罚办法。我们试过了说"不"、让她去"暂停"、打她的手、冲她大喊大叫，但似乎对她都不管用。她还会大发脾气。我感觉好像我们已经试过了所有的办法。我反对打孩子屁股，只好以打手作为妥协，但也不管用。我丈夫认为我们应该打孩子屁股，以便她知道自己做了错事并且不会再犯。你们有什么建议吗？

答：和你一样，许多父母都因为不理解孩子的发展过程而感到沮丧。惩罚——无论你采用何种方式——很可能会导致我们所说的"惩罚造成的四个 R"：

1. 愤恨（Resentment）
2. 反判（Rebellion）
3. 报复（Revenge）
4. 退缩（Retreat），通过：
   a. 偷偷摸摸（"我下次绝不让他们抓到"）或者
   b. 自卑（"我是个坏孩子"）

你认识的小孩子有像这样回应的吗？大脑研究表明，惩罚会妨碍大脑的最佳发育，所以，你试过的惩罚手段都不管用就不令人惊讶了。要振作起来：你并没有"试过所有的办法"。本书后面的章节会帮助你理解为什么惩罚不会有效，并且会教给你替代的方法。

孩子们真正需要的是什么

"欲望"和"需要"是不同的，而你的孩子的需要比你能想到的要更简单。所有真正的需要都应该得到满足。然而，当你屈从于孩子所有的欲望时，就会给孩子和你自己造成问题。

比如，你的孩子需要食物、住所和依恋。他需要温暖和安全。他需要认识到自己有能力并且能作出贡献。他不需要平板电脑，不需要在卧室里放一台电视机，不需要能开动的微型怪兽卡车，或是内置DVD播放器和振动座椅并且配色讲究的婴儿车。他在只有三个月大的时候也许就喜欢盯着电视屏幕看，然而，专家告诉我们，任何类型的屏幕时间在这个年龄都会妨碍大脑的最佳发育。他可能想睡在你的床上，但如果你给他时间在他自己的小床上自己平静入睡，他就能培养自立感和能力感。确实，孩子可能喜欢并想要炸薯条和甜食，但如果你给他提供苹果片，你就能满足他的营养需要，而不是不那么健康的"欲望"。你必须决定在你家里什么管用：如果你向不健康的欲望让步，你可能就是在为儿童（和成年）肥胖打下基础，在为将来与一个觉得自己有特权的孩子发生很多权力之争打基础。你明白这个道理。

从降生到你们家的第一天起，你的孩子就有四种基本需要：

1. 归属感（情感联结）
2. 个人的力量和自主（有能力）
3. 社会和人生技能（作贡献）
4. 和善而坚定的指导，教给孩子技能的管教（以尊严和尊重的方式）

如果你能够满足孩子的这些需要，他就能顺利成长为一个有能力、机智和快乐的人。

情感联结的重要性

"哦，当然。"你可能在想，"每个人都知道小宝宝需要归属。"大多数父母的理解很简单：孩子需要爱。但是，单凭爱并不总能创造一种归属感或能力感。事实上，爱有时候会导致父母娇纵自己的孩子、惩罚自己的孩子，或作出一些不符合孩子最佳长远利益的决定。

那些不相信自己有归属的孩子会变得丧失信心，而丧失信心的孩子往往会做出不良行为。注意"相信"这个词。你可能"知道"你的孩子有归属，但如果他出于某种原因（弟弟妹妹的出生、没吃晚饭就被送回房间、没有足够的时间和父母相处，等等）而不相信这一点，他可能就会以错误的方式来努力重新得到归属。事实上，大多数小孩子的不良行为（即与发育阶段无关的行为）都是一种"密码"，是为了让你知道他们没有感觉到归属感，需要你的关注、情感联结和时间，并需要你教他们。

这种深层次的无条件的归属感和情感联结，才是研究人员所称的"依恋"，它对一个孩子的健康发展至关重要。当你能为每一位家庭成员都提供归属感和价值感时，你的家就会变成一个和睦、尊重和安全的地方。

个人的力量和自主

培养自主性和主动性，是你的孩子将要面临的最早期的成长任务之一。（更多内容见第 8 章。）而且，尽管父母们可能并不喜欢，但即便是最小的孩子也拥有个人的力量——并且很快就能学会如何运用它。如果你怀疑这一点，就想想你上次看到一个两岁的孩子不服气地扬起下巴，胖胖的双臂交叉在胸前，大胆地说："不！你不能指使我！"

我们一次又一次地听到父母们抱怨与一个"意志坚强"的孩子（即那些不服从、不听话或发脾气的孩子）之间的权力之争。（我们总是很奇怪："难道这些父母宁愿自己的孩子意志薄弱吗？"）这类行为中有一些是孩子在探究并试验，以发现自己是谁以及自己能做什么的过程中的典型行为。然而，很多这种权力之争之所以发生，仅仅是因为父母们剥夺了孩子们的权力，而不是指导孩子们通过有用的方式来发展他与生俱来的力量。

你作为父母的一部分职责，就是要帮助你的学步期的孩子学会将他的力量运用于积极的方面——和善而坚定地分散孩子的注意力并转移其行为，直到他大到足以能帮忙解决问题、学习人生技能、尊重他人并与他人合作。惩罚无法教给孩子这些重要的技能，有效而充满爱心的管教却可以。

社会和人生技能

教给你的学步期孩子技能——如何与其他孩子和成年人相处，如何独自入睡，如何自己吃饭、穿衣——将占去你在这头几年中大部分的时间。但是，孩子对于社会和实际生活技能的需要始终都在。事实上，真正的自我价值感并不是来源于被爱、被赞扬或一大堆好东西，而是来自于拥有能给孩子带来处理生活中的起伏和失望的能力感和适应能力的技能。当你的孩子感觉到自己的才干和能力时，他也将更有能力为家庭和社区中的其他人作出贡献。

孩子们在小时候很喜欢模仿父母、祖父母、外祖父母以及其他照料者。你的学步期的孩子会想推真空吸尘器，想挤浴室清洁剂的瓶子，想做早餐（需认真监督）。随着你的小家伙越来越能干，你可以用这些日常生活中的时刻教给他如何成为一个能干而自信的人。让孩子和你一起学习技能，有时可能会搞得很脏乱，但这也是养育孩子过程中充满乐趣并极其宝贵的一部分。

需要思考的问题

1. "和善"对你意味着什么？列出那些你会将其描述为"和善"的行为，或者回忆一个你看到的能表明"和善"的行为。

2. "坚定"对你意味着什么？列出那些你会将其描述为"坚定"的行为，或者回忆一个你看到的能表明"坚定"的行为。

3. 现在，将这两个概念结合起来。如何将你清单上"和善"的行为与"坚定"结合在一起？如何让你列出的"坚定"行为同时能够表明"和善"呢？

4. 想象你和你的孩子（或者是你照料的一个孩子）一起经历的某个场景，如何做才是和善而坚定的？如果做到和善与坚定并行，你和那个孩子之间的关系会产生什么样的改变？

第 3 章

神奇的大脑

帮助你的孩子学习

马丁和罗莎莉只想给他们的宝宝瑞秋最好的。当瑞秋还在妈妈肚子里时，他们每天都至少花半小时和她说话；他们将头盔式耳机放在罗莎莉隆起的肚子上，以便宝宝可以学着欣赏音乐。瑞秋出生后，这对自豪而雄心勃勃的父母在婴儿房里配备了几乎每一种能加快孩子学习的装置。她的婴儿床上方装着别致的 Mobile 玩具；房间里不断播放着音乐；马丁和罗莎莉在"教育类"书籍、光碟和玩具上投入了一大笔。他们甚至购买了一辆能将马丁的 iPad 固定在上面的婴儿车，还有很多复杂的教育类应用软件；每当瑞秋似乎被五颜六色的图像吸引住时，他们会很高兴。他们想让宝贝女儿抓住人生的每一个机会，但这是实现他们目标的最好方法吗？

杰夫和卡罗尔也热切地教他们的儿子，但他们选择了一种不同的方式。他们会花几个小时和 10 个月大的格雷戈里说话、唱歌和玩耍。他们会凝视着他的眼睛，经常和他说话，对他的啼哭和动作作出回应，并鼓励他探索他的世界。当格雷戈里在一堆五颜六色的玩具中爬来爬去时，杰夫或卡罗尔常常会坐在旁边的地板上，在格雷戈里递给他们玩具时，他们会开怀大笑，并欣赏他的每一次新发现。晚上，你常常会发现格雷戈里开心地坐在父母的腿上，用胖乎乎的小手指着爸爸或妈妈正绘声绘色地讲着的一本书上的图画。格雷戈里的父母关注的是与他们的小儿子建立一种牢固的爱的情感联结——并且希望以这种方式为儿子一生的健康学习和发展打下基础。他们这种方式行吗？

有很多像马丁、罗莎莉、杰夫和卡罗尔这样的父母，他们对孩子爱护有加，尽着最大努力让孩子有一个好的人生起点，帮助他们在学校、人际关系和人生中取得成功。然而，直到最近，我们都没有办法确切地知道怎样做才真正管用。孩子们是如何学习的？有办法帮助他们更成功并最大化地发挥其潜能吗？鼓励早期的学习是错的吗？到底什么才是"成功"？小孩子们需要学习学业知识还是社会技能？或者，两者同等重要吗？

持续成长的大脑

专家们以前相信婴儿在出生时大脑差不多就已经"发育完成"了；剩下的事情就是往他们等待就绪的大脑中填入必要的信息。对大脑功能日益深入的了解，不断地改变着我们对人类大脑（以及作为其一部分的"思维"）的理解——以及对婴儿和孩子们如何了解他们周围世界的理解。大脑扫描已经能让研究人员观察到活生生的大脑内部，观察其结构，并发现大脑如何运用能量、血流和一种叫作"神经递质"的特殊物质来思考、感知和学习。这些研究人员的发现是非同凡响的，并且使得父母和孩子的照料者理解孩子人生中这至关重要的头几年比以前更重要了。

人类的大脑一开始是胎儿的一小簇细胞。到怀孕的第四周，这些细胞就已经开始根据它们未来某一天将要承担的功能进行分类，令研究人员感到惊奇的是，它们会逐渐"迁移"到它们最终要占据的大脑位置上。大自然给胎儿提供的细胞比需要的多；有些细胞会在迁移过程中死去，但其他细胞则会连接成一个被称为"突触"的网络。

一个孩子拥有的个人经历和人际关系会刺激并塑造大脑，并且为这个孩子终生需要的神经网络创建过程提供动力。孩子两岁时，其大脑的突触数量与成年人的已经相同了；到 3 岁时，孩子大脑的连接数量就超过了一千万亿个——相当于其父母和照料人的两倍！到大约 10 岁时，孩子的大脑开始修剪多余的突触（即那些未被充分利用的）。然后，在青春期，开始"第二波"修剪和生长。人类的大脑在整个童年期和青春期都处在"建设中"；事实上，大脑的前额皮质——负责良好的判断、情绪调节、冲动控制以及其他"成年人"的优秀品质——直到 20 岁之后都尚未完全发育成熟！

正如丹尼尔·西格尔和蒂娜·佩恩·布赖森在《全脑教养法》中所说那样：

发生在我们身上的每一件事都影响着大脑的发育方式。这个连接和再连接的过程，就是整合的全部：给我们的孩子体验，以建立大脑不同部分之间的连接。当这些部分协调运转时，它们就会创建并强化连接大脑不同部分的整合纤维。结果，大脑的不同部分会以更加牢固的方式连接起来，并能更和谐地运转。

与我们曾经相信的相反，人类的大脑永远不会停止生长，并且永远不会失去形成新的突触和连接的能力。随着年龄的增长，改变可能会变得更困难，但是，改变——在态度、行为和人际关系方面——始终是可能的。

然而，出生后的头三年是尤其重要的；一个孩子对自己的认识和决定（"有人爱我还是没人爱我，我有能力还是没有能力？"），以及对周围世界的认识和决定（"这个世界是安全的还是充满威胁的，是令人鼓舞的还是令人沮丧的？"），会变成其大脑"回路"的一部分。一个孩子通过感官（听觉、视觉、嗅觉和触觉）所体验到的外部世界，能够使大脑形成连接或改变连接。我们还知道，婴儿并不像我们曾经相信的那样是"一块白板"："婴儿和小孩子们会思考、观察并推理。他们会考虑证据，得出结论，做试验，解决问题，并且寻找真相。"[1]

尽管大脑有着惊人的灵活性，并且能够适应变化或损伤，但是，在孩子生命早期有一些进行重要学习（比如视觉和语言能力的发展）的机会之窗。如果错过这些机会之窗，一个孩子获得这些能力就会变得更困难。对于某些功能而言，大脑发育是"用则进不用则废"的；对于另外一些功能——比如社会技能的发展，学习过程会持续到成年阶段早期。父母们和孩子的照料人塑造着一个孩子的世界，在这个过程中，他们还塑造着这个成长中的大脑。

---

[1] 《摇篮里的科学家：心智、大脑和儿童学习》，艾利森·戈波尼克、安德鲁·梅尔佐夫、帕特利夏·库尔合著，华东师范大学出版社，2004 年。——译者注

先天还是后天？

在书籍、杂志和科学期刊中，随处可见有关人类基因及其对我们如何生活以及我们会成为什么样的人所具有的重要性的最新研究。研究人员现在相信，基因对人的性情和个性具有的影响可能比我们以前认为的更强烈。有证据表明，基因会影响诸如乐观、抑郁、攻击性之类的品质，甚至影响一个人是否是"刺激寻求者"——这对于总是需要把大胆的学步期孩子从墙头、攀爬架和树上解救下来的父母们来说，并不新鲜！父母们可能会发现自己想知道自己对成长中的孩子到底有多大的影响。如果基因的力量如此强大，你如何养育自己的孩子真的还有那么重要吗？

答案是，你的养育方式是非常重要的。尽管一个孩子会通过基因继承某些特点和性情，但这些特点将如何发展的故事是在你的孩子与周围世界打交道过程中写就的。（大脑研究人员将这些早期的反应和决定称为"适应性"。）你的孩子可能是带着他的独特性情降临在这个星球的，但是，你和其他照料者与他互动的方式将会塑造他成为一个什么样的人。（关于性情的更多内容见第10章。）正如教育心理学家简·M. 希利所说："大脑塑造行为，而行为又塑造大脑。"

这不再是一个先天还是后天的问题：一个孩子天生的特点和能力以及他身处的环境之间是一种亲密、复杂的舞蹈，两者共同决定着孩子将成为什么样的人。更为重要的是你的孩子对他是谁以及他可以从周围世界期待什么将作出的决定。父母们——可能既脆弱，又不完美——承担着塑造一个孩子环境的责任。尤其是在出生后的头几年，与关爱并积极做出回应的父母和其他照料人之间的情感联结对你的孩子是至关重要的。你影响着宝宝的大脑结构和回路；你影响着他将成为什么样的人以及他将拥有什么样的未来。

"更好" 的宝宝

你可能想知道，像马丁和罗莎莉对小瑞秋做的那样，早点开始教孩子学业知识是否会有帮助。毕竟，如果大脑在头几年里仍在成长，难道你不应该往里面放入尽可能多的知识吗？或许你会很惊讶，很多大脑研究人员都相信，为孩子的学习提供一个良好基础的最佳方式是老式的方法：允许孩子通过动手的玩耍来探索他的世界。

没有谁能确切地说出教多少以及多少刺激对小孩子来说才"足够"——但是时机的掌握很重要。有些研究人员相信，强迫孩子们过早学习学业知识，或者强迫他们吸收其大脑还没有成熟到足以处理的概念，甚至是有害的。如果大脑还没有准备好学习抽象概念（比如数学），它就可能匆忙拼凑一个连接通路，这种通路要比晚些时候才会用到的通路效率低很多——而且这种低效率的通路会成为"固定回路"。孩子小时候就使用屏幕产品，比如马丁和罗莎莉鼓励女儿看 iPad，也让人担心，因为我们不完全了解这对发育中的大脑回路会有怎样的影响，更不用说孩子所看的内容是否与其成长相适应了。研究人员还越来越担心看屏幕所具有的潜在成瘾影响。

过早强调学业学习，还会有情感方面的影响。孩子们始终在对自己和周围的世界做着决定。当孩子们难以掌握充满爱心的父母或照料人教给他们的一个概念时，他们可能会形成"我不够聪明"的信念。这种信念可能会破坏大脑的最佳发育。

然而，对于大脑的发育来说，没有什么是绝对的。每个人的大脑都是独一无二而特别的，不可能一般化地概括对一个孩子来说什么是对的或错的 。然而，很多学者，比如简·希利相信，我们快节奏的现代文化（以及一些有"教育意义"的游戏和科技产品）可能正在影响着孩子们的专注能力、倾听能力以及在以后生活中学习的能力。

有些专家，比如斯坦利·I. 格林斯潘，强调遵循你的孩子的线索和信号并首先对孩子的情感信息作出回应的重要性。将情感与交流联系在一起（比如，像杰夫和卡罗尔与宝宝格雷戈里之间的那些互动）的能力，在宝宝出生的第一年就会显现出来。鼓励与真实的人建立关系，是大脑早期发育的最重要任务之一。（你在第6章会了解情感发展的更多内容。）

回路连接：
你的孩子的真正需要

婴儿和小孩子在与真实的人的互动中才能学得最好。在

神奇的镜像神经元

你是否曾好奇，你的宝宝是如何学会拍手、挥手再见，或者伸出手掌说"拍手"的？研究人员描述了人类大脑中"镜像神经元"的存在，它感知身体的动作、面部表情以及情绪，并让大脑准备好重复它所"看到"的。当你和宝宝玩藏猫猫时，他的镜像神经元会帮助他搞清楚如何模仿你。同样，当你生气、兴奋或焦虑时，他的镜像神经元就会"捕捉"到你的情绪，并在他自己身上造成同样的感受。镜像神经元有助于解释为什么我们很容易彼此一起哭泣、欢笑或发怒。它还解释了为什么你作为父母所做的事情（你做出的行为榜样）要比你在教孩子时所说的话更有力量。顺便说一下，镜像神经元的作用是双向的。如果你在对待你的孩子时是平和的，他就更有可能也平和，在不可避免地发脾气时，记住这一点会有帮助！

对自己体验到的与他人的关系的本质和特点的回应中（而不是自己接收到的事实、数据或学业知识），人类大脑改变着其结构和功能。**你的孩子在出生后头三年最需要学习的东西，在识字卡片或电子设备屏幕上是找不到的。大脑的发育完全在于与他人的情感联结，而你的孩子的大脑从出生那一刻开始就会本能地寻求情感联结。你和你的孩子的其他照料人如何与孩子互动——你们如何对他说话、玩耍以及如何养育——是影响婴儿或学步期孩子发展的最重要因素。**玛格达·格柏将婴儿的照料者称为"教育看护者"（edecarers）①，她甚至认为，日常的喂食、大小便和照顾宝宝的任务，实际上就是在头几个月乃至头几年里照料孩子的真正核心所在。这些反复发生的行为创建着成长中的大脑所需要的至关重要的亲情纽带和情感连接。

根据罗斯·A. 汤普森②的观点，小孩子在没有压力并且生活在有合理刺激的环境中时，才会学得最好——是的，厨房里的锅碗瓢盆就能给孩子很好的刺激。汤普森相信，特别的刺激，比如视频和其他学习学业知识的工具，都是不必要的（抱歉，马丁和罗莎莉）；事实上，孩子们的成长和发展真正需要的是与关爱他们的大人从容不迫地共度时光，这些人要全神贯注于孩子身上，并遵循孩子给出的线索，不分散注意力或带有任何企图（坚持下去，杰夫和卡罗尔）。要记住，无论是父母还是孩子的照料人都可以提供这种以孩子为中心的互动。重要的是要注意，这并不意味着允许孩子主宰整个家庭。

---

① "edecarer"是著名早期教育专家玛格达·格柏女士首创的词汇，旨在强调父母和看护者所承担的"照顾孩子（caring）"以及"教育孩子（educating）"的双重责任。——译者注

② 罗斯·汤普森（Ross A. Thompson）是加利福尼亚大学戴维斯分校的一位心理学教授，也是国家儿童发展科学委员会（developingchild. net）的创始会员。——作者注

依恋的重要性

当你和孩子的情感联结很好时——当你能识别并回应他的信号，提供爱和归属感，并让你的小家伙形成一种信任感和安全感时——你就是在帮助你的孩子形成一种"安全的依恋"。这可能正是鲁道夫·德雷克斯所定义的一种强烈的"归属感"。形成了安全依恋的孩子们，能够与他们自己和他人建立良好的情感联结，并且有最好的机会培养健康、平衡的人际关系。他们还更有可能习得父母希望他们具备的社会技能、情感技能和智力能力。有趣的是，玛丽·梅恩等研究人员发现，预测一个孩子依恋感的最好指标，就是其父母对于他或她自己原生家庭的依恋程度①。你如何理解并看待自己的

健康的依恋所带来的长期好处

对从婴儿期到成年期的孩子们进行的追踪研究告诉我们，健康的依恋是很多重要品质的最有力的预测指标。拥有健康依恋的孩子们会：

- 更有学习的动力
- 在学校里做得更好
- 更有自信和自我价值感
- 形成解决问题的良好技能
- 形成更健康的人际关系
- 变得更自立
- 很好地对待压力和处理挫折

（摘自《早期经历的重要性：细小步骤，长远影响》，www. pbs. org/ thisemotionallife）

---

① 埃里克·埃里克森发现，婴儿在出生后头一年信任感的发展与其母亲对她自己的信任直接相关。——作者注

过去和经历，对你成长中的孩子会有直接影响①。

然而，就目前而言，要知道没有什么事情比你与你的小家伙建立牢固的关系更重要，这种关系要基于爱、信任和无条件的接纳——即便在孩子的行为给你造成挑战的时候。本书将教给你很多用于指导你的孩子行为的实用工具，但是，没有任何工具能替代真正的情感联结。

如何培养成长中的大脑
——以及拥有这个大脑的孩子

小孩子灵活的大脑有能力适应多种不同的环境和情形。他在出生后头几年里学到的东西，决定着大脑将保留哪些突触，以及会遗弃哪些突触。一个孩子在出生后头几年中所受到的虐待和忽视，可能会损害他信任他人以及与他人建立情感联结的能力。另一方面，那些人生早期的经历很快乐而健康的孩子，会在他们的大脑中建立帮助他们茁壮成长的品质和感知。

专家们现在提供的很多建议，都是睿智的父母们从孩子一出生就已经本能地在做的事情。然而，当你理解了这些养育一个宝宝的方式的真正重要性时，你就能够满怀信心有意识地这样做了，因为你知道你所提供的正是你的小宝宝最需要从你这里得到的。

_____

① 关于依恋的详细信息超出了本书的探讨范围，认识到你不能给予孩子你不具备的东西是明智的。理解并解决好你自己的困扰、挑战和情感问题，会改变你与孩子之间的互动，并且这可能成为你给予孩子的最好的一份礼物。对依恋、大脑发育和养育的更多了解，见《由内而外的教养：做好父母，从接纳自己开始》，丹尼尔·西格尔、玛丽·哈策尔著，浙江人民出版社，2013年。——译者注

心灵创伤的影响

有时候，小孩子的生活并非父母所想象的那般平静和理想。婴儿和学步期的孩子可能会体验到压力；有时，他们会在家或社区里遭受伤害、恐惧或暴力。有时候，他们必须面对令人恐惧或痛苦的医学治疗或住院。这些给身体或情感造成压力的体验，被称作"心灵创伤"，能对一个孩子的情感发展产生深远的影响。

遭受心灵创伤的孩子可能会难以入睡，或者他们可能做噩梦。他们可能会显得很焦虑或孤僻，可能会黏着父母和照料者。他们可能会因为一件在你看来毫无意义的小事——比如没有给他们想要的那个特别的杯子——而大发脾气。他们可能经常说起自己亲眼目睹的场景，并且一次又一次地用玩具或向其他人把它演示出来。或者，他们可能会把自己封闭起来，并拒绝表现出任何情感。他们放松、学习以及专注于技能和各种想法的能力都可能会受到影响。

要记住：大脑是有适应能力的，在安全的环境中，大多数孩子和大人都能从心灵创伤中恢复过来。最好的"药物"就是能够给孩子提供其所需要的信任、安全和情感联结的耐心而关爱的照料者——需要多久就提供多久。尽快消除压力或暴力来源也很重要。当你需要时，就要寻求帮助——为你自己，也为了孩子。

父母应当知道些什么呢？你怎样做才能给你的孩子一个健康的大脑——以及一个健康的人生呢？

对宝宝的线索作出回应

在小宝宝哭的时候作出回应——提供食物、干净的尿布或抱一抱——对于帮助宝宝学会信任很重要，信任或许可能是人生早期最重要的一课。父母们可以对宝宝蹬踹着的小腿或挥舞着的小拳头作出回应，在宝宝渴望得到刺激时对他报以微笑或玩手指游戏①；而且，他们能够学会识别宝宝什么时候需要安静时间来打盹，或者只是静静地待一会儿。这种类型的情感联结被大脑研究人员称为"接轨沟通（contingent communication）②"，是大脑早期发育过程中最重要的构成要素之一。（这也是跨越所有文化的不多的几种养育技巧之一。）学会倾听、理解并以恰当的方式对宝宝给出的线索作出回应，是你首要的并且最重要的几项养育任务之一。那些能与自己小宝宝的信号和需要协调的父母们，很容易就能与宝宝建立牢固的关系。

你的小宝宝会让你知道他的喜好——他需要什么以及何时需要——你和他在一起的时间越多，就越容易识别出他的信号。没有什么能替代时间和关注，那些有机会与父母建立牢固的亲情纽带的孩子们，会发现与他人相处更容易，并且在成长的过程中会更轻松。当孩子与父母在一起的时间有限时，无论是由于工作、上幼儿园、健康原因或是其他家庭变化，照料的方式就更重要了。所有的照料者，无论是否有亲戚关系，都需要专注于培养情感联结。③

花时间陪你的宝宝、对其线索作出回应，并培养一种健康的情感联结，与骄纵不是一回事。骄纵，有时称为"溺爱"，会让你的孩子依赖你。正如你将会看到的，满足你的孩子对爱和基本

---

① 是一种一边念诵儿歌或者韵律，一边协调双手动作变化的游戏。——译者注

② 含义是：我们发出一个信号，期待能通过一种及时有效的方式被他人所接收、理解和反馈。——译者注

③ 玛格达·格柏的书籍《尊重地养育婴幼儿》是你和其他看护人的宝贵资源。——作者注

照料的全部需求是很重要的；但是，向孩子的所有欲望让步则是有害的。在你获得信息和知识的过程中，要记住运用你的内心和内在智慧来寻找对你和你的孩子都尊重而健康的平衡。

触摸、说话和唱歌

研究表明，经常得到爱抚、按摩并被抱着的婴儿往往较少烦躁，体重增加得也更快。抱着、轻摇和搂着孩子，可能比任何其他方式都能更好地传递爱和接纳。婴儿、学步期的孩子，甚至父母们都需要拥抱，而一个爱的拥抱可能就是你的小家伙在生活的小危机中所需要的全部"帮助"。

很多成年人对身体接触会感到不舒服。很多人自己就不愿意拥抱或爱抚，或者可能爱抚的方式不对。父亲们尤其可能会对爱抚或拥抱孩子感到不舒服，并且有时会以打闹（可能会有很多乐趣）替代拥抱和情感表达。

尽管触摸有助于你的小家伙依恋你，并能给孩子提供安慰和刺激，但是爱抚始终应该掌握正确的方式和正确的时间。问大一些的孩子，"你需要一个拥抱吗？"或者"我可以抱抱你吗？"将有助于让孩子有一种对自己身体的掌控感。

说话也很重要。什么样的成年人能够忍住不对一个新生儿温柔低语呢？对明显还不能理解你的话的婴儿和小孩子说话和读书，可能看起来并不重要，但这些"交谈"刺激着孩子大脑中负责说话和语言能力发展的部分。

要记住，重复尽管对你来说可能很乏味，但对你的孩子来说却并非如此。婴儿和学步期的孩子是通过重复来学习的，这正是日常惯例对于教这个年龄的孩子是如此有效而重要的一种工具的原因。你可能认为你无法忍受再读一遍《拍拍小兔子》①——但是，你的小家伙可能一连几个月都会喜欢这本经典图画书里的声音和触摸的质感。知道你正在塑造一个健康的大脑，可能会赋予你一遍又一遍地讲述孩子最喜欢的故事所需要的耐心。顺便说一下，电视对婴儿和学步期的孩子不会产生与真实的人说话的同样效果。电视和屏幕上的动画不是交谈，并且其狂乱、快变的结构对孩子的注意力持续时间和倾听的能力可能产生不良影响。没有什么能替代跟孩子说话，也没有更好的方式让孩子说话。

音乐对发育中的大脑似乎也有强烈的影响。尽管小玛丽可能并不在意她听的是莫扎特还是儿歌，但旋律和节奏会影响她。音乐似乎能激发创造性；我们的心率和脑电波往往会随着我们听到的音乐节拍变快或变慢。事实上，在你唱歌或听音乐时，轻轻地扶着宝宝让他在你的腿上蹦跳，有助于他的大脑建立"听"节奏的回路。没有什么事情能像看着一个学步期的孩子跳舞那样快乐，不管是跟着经典韵律儿歌《变戏法》的鼓点蹦蹦跳跳，还是随着一首当代流行的曲子轻轻摇摆。不要只依赖于录好的音乐，你要唱歌给孩子听。（是的，你可以唱——你的学步期的孩子不是评论家！）一开始，你会一个人唱，但不用多久，你的学步期的孩子就会用一种奇怪的声音与你一起唱了。这不是噪音：这是健康发育的大脑发出的声音！

记住，音乐还能安慰人。轻柔、温和的声音对于孩子们来说，就像对大人一样让人放松。在休息时或在就寝之前，试试放一些舒缓的音乐，并看看你那忙碌的宝宝如何开始慢下来并平静下来。（轻柔的音乐在幼儿园也是让孩子放松下来进入休息时段的好方法。）

---

① 《拍拍小兔子》（Pat the Bunny）英文创意触摸书，作者是美国著名儿童文学作家多萝西·孔哈特（Dorothy Kunhardt）。——译者注

提供玩耍的机会——并和孩子一起玩

在当今这个父母们非常忙碌、孩子的照料者负担沉重的时代，被限制在婴儿座椅和婴儿围栏里以及待在屏幕前的时间替代了玩耍。但是，婴儿和学步期的孩子正在发现自己的身体——并且正在形成将大脑与行动联系起来的关键连接。他们正在发展自己的运动控制能力，并了解物品的质地和重力。他们需要活泼地玩耍的机会。

玩耍真的就是孩子的工作。这是他体验自己的世界、了解各种关系以及尝试新角色和新个性的方式。父母们往往擅长于带着孩子去孩子们能玩耍的地方——我们总是不停地奔波在去参加体操课、婴儿游泳课或者游戏小组的路上——但是，父母们通常不那么擅长自己和孩子玩，或者可能相信自己没有时间。

祖父母、外祖父母们常说，他们发现的一大乐趣就是和孙辈们一起玩，不管是玩骑马游戏，为布置童话小屋采集鲜花和树叶，还是在用毯子搭的"城堡"里一起喝茶。因为从同时应对工作、家庭和照料他们自己的孩子的日常压力中解脱了出来，祖父母和外祖父母们发现他们可以放松下来并全身心地陪可爱的孙辈玩耍了。

玩耍是与任何一个孩子建立爱的情感联结关系的一种重要工具。玩具实际上无关紧要；有价值的玩耍可以是拿一个色彩艳丽的拨浪鼓，你摇一下，递给孩子摇一下，听它发出的声音（很多很多次）。要让孩子"引领"游戏。要理解一个学步期孩子的世界，没有能比跟他一起玩耍更好的方法了。

在成长过程中，你的孩子需要大量的机会运用其想象力和创造性。（有时包括一些独自玩耍的时间。）孩子们可以玩装玩具的盒子或水槽里的锅碗瓢盆。当一个孩子能够——并且应该——自己动手发出各种声音时，谁还需要一辆能发出警笛声的电动玩具消防车呢？那些深受孩子们喜爱的老式玩法仍然能发挥宝贵的作用；提供一些积木、几件装扮的衣服、一个沙盒和几块粘土，然后，就看着你的小家伙发现建造、触摸并塑造自己世界的乐趣吧。更好的方法是和孩子一起玩。坐到地板上用沙发垫搭一个城堡，或者玩孩子最喜欢的棋盘游戏（大一点的学步期孩子喜欢"滑道梯子棋"或"糖果乐园"①，只需要你提供一点点帮助，他们就能玩得很好）；打水仗或者在泥巴里玩。记住，孩子们是通过他们的所有感官来学习的，有机会搞得到处乱七八糟是玩耍——和学习——的非常宝贵的一部分。（你们事后总是可以一起收拾干净——这个过程也会很好玩。）你将会造就你们都将珍视的特别回忆和与孩子之间的亲情纽带，以及孩子大脑中正在成长的重要回路连接。

鼓励好奇心和安全的探索

当你需要一些自由时间时，婴儿座椅、摇篮和围栏可能会有帮助，但是，你的活泼好动的学步期孩子需要时间和空间来发展自己的自主感和主动性，没有什么办法能比允许孩子在屋子里、院子里或者附近的公园随意走动和探索更好了——当然，要在你的监督之下。（关于自主性和儿童安全防护的更多内容见第

---

① "滑道梯子棋"（Chutes and Ladders）和"糖果乐园"（Candyland）是美国孩之宝（Hasbro）出品的学龄前儿童经典棋盘游戏。——译者注

8 章。)

一个孩子主动感兴趣的东西，才能让其大脑得到最佳的和最好的刺激。如果你的小家伙对颜色和颜料、动物或大卡车表现出好奇心，通过找到方法探究他最想学什么，你就是在帮助他的大脑发育。要花些时间去发现哪些东西让你的小家伙眼睛发亮，然后就创造一些探索的机会。

让宝宝有自己的时间

千万不要误以为你的宝宝需要持续不断的刺激。婴儿需要自己的时间进行独自探索。当你看到一个婴儿凝视着自己的手指或者玩自己的脚趾时，他是在探索。很多宝宝会满足地坐在自己的婴儿座椅上，目不转睛地盯着忙碌其他事情的父母。

像通常一样，关键还在于"平衡"。提供刺激——说话、低语、唱歌——固然是好事，但并不是所有时间都如此。过度刺激实际上可能会让婴儿暴躁，而过多的刺激可能会对大脑的最佳发育起反面作用。如果你的宝宝在你跟他玩耍或说话时把脸扭向一边，他可能是在让你知道他需要一些"安静时间"来休息和调整。然而，要记住，并非所有的婴儿都是一样的。有些婴儿比其他婴儿更满足于安静地玩耍和平静时间。

要教孩子——永远不要摇晃或打孩子

成长中的大脑极其脆弱。每天都有婴儿因为被愤怒、沮丧的

当不只是"产后抑郁症"时

大多数妈妈在生完孩子后的几个月里，都会经历一些情绪低落和波动，然而，有数量惊人的妈妈们所经历的抑郁会严重到足以干扰她们正常做事和快乐生活的能力。产后抑郁不是任何人的错——但它对妈妈们的健康和孩子的发育有严重的影响。

产后抑郁会干扰母亲喜欢自己的宝宝以及对其线索和信号做出回应的能力。抑郁的母亲经常会感到异乎寻常地疲惫和悲伤，并且可能很容易对孩子的需要感到恼怒或生气。抑郁影响睡眠和食欲；抑郁的妈妈们可能会神不守舍，并且可能会回避他人或外出。抑郁对婴儿也有严重的影响：有抑郁症妈妈的宝宝可能会变得易怒并很难安慰，可能说话晚，并发育迟缓，而且最终会出现行为问题。

如果你发现自己有任何抑郁的症状，请你务必寻求帮助。有很多方法能治疗抑郁症，得到对你和你的小宝宝的支持，生活可以变得更轻松。

大人摇晃或打而夭折或造成永久残疾。"我永远也不会打我的宝宝。"你可能会说，但是，了解到无情的批评、惩罚或羞辱也可能损害孩子的大脑和信任你的能力，可能会让你大吃一惊。要记住，大脑中那些最常用到的连接会成为永久性的连接；而那些没被用过的连接则会被遗弃。所有的父母都会犯错，并且所有的父母都会体验到强烈的沮丧感，以及和很小的孩子生活在一起有时会出现的筋疲力尽。当你知道自己对待孩子的方式所带来的长期效果时，你就能够做出正确的选择——不仅能教给孩子东西并提供他所需要的条理性，还能让他知道他有归属和价值——这是将持续孩子一生的功课。

照顾好你自己

你可能会好奇，我的健康和心情怎么会影响我的孩子的大脑呢？父母和照料者是小孩子生活中最重要的人。你呈现给孩子的特点，往往会受到你自己作为常人的心情和情绪的影响。压力、疲惫或焦虑影响着你和宝宝或学步期孩子的互动方式——而且，最终会影响到孩子感知你和他自己的方式。

仔细选择幼儿园

孩子大脑的发育并不会在他进入幼儿园后就停止。现在，大多数父母都要外出工作，很多婴儿和学步期的孩子醒着的大部分时间都是在另一个人的照料下度过的。毫不奇怪，对于父母们来说必须具备的那些有助于成长中的大脑发育的技能，对其他看护人来说也同样至关重要。将你的孩子交给别人照料可能很难，但认识到高质量的看护能促进孩子的发育可能会有帮助。重要的是要确保孩子不在你身边时所得到的看护是真正高质量的。我们将在第19章进行更深入的探讨。

喜爱并欣赏你的孩子

要记住，你的孩子（以及我们所有人）需要知道的是自己有归属，自己在生活中有一个特别的位置，自己对身边的人来说是有价值的。**无论你的生活多么忙碌，你多么认真地对待自己作为父母的责任，都要花时间去喜爱和并欣赏你的孩子。**那些神奇的安静时刻、那些欢声笑语，我们从小家伙的独特品质、第一次说话和可爱的举动中得到的那些快乐，都不是浪费时间，而是对你们的家庭未来的宝贵投资。打扫屋子、整理庭院和洗熨衣服都可以暂时放一放；要经常慢下来，全身心地享受你和孩子在一起的时光。这样的时光转瞬即逝。

头三年会影响孩子的一生

养育小孩子的正面管教方法与我们对大脑如何发育的知识是完全契合的，尽你所能去做几乎肯定会做到"足够好"。认识始终是行动的第一步，知识将帮助你作出符合你的宝宝和学步期孩子最大利益的选择和决定。养育一个小孩子确实是一份庄重的责任。在很多方面，一个孩子人生的头三年会影响他的一生。

认真负责、充满爱心的父母们经常会担心他们无法满足自己孩子的需要，担心他们会遗漏一些事情，或者没能提供孩子发育中的大脑所需要的照料和环境。记住我们没有哪个人是完美的——你也不需要做到完美，可能会有帮助。你的小宝宝和学步期的孩子不需要完美；他只需要你给他温暖和爱，并意识到他的需要。

促进婴儿的大脑发育

• 对宝宝的线索作出回应。

• 触摸、说话和唱歌。

• 提供玩耍的机会——并和孩子一起玩。

• 鼓励好奇心和安全的探索。

• 让宝宝有自己的时间。

• 要教孩子——永远不要摇晃或打孩子。

• 照顾好你自己。

• 仔细选择幼儿园。

• 喜爱并欣赏你的孩子。

需要思考的问题

1. 想一想（或许还要看看日记）你的原生家庭。你欣赏父母的哪些方面？你的其他亲戚呢？

你的照料者呢？你希望当初哪些方面可以有所不同？你认为由于他们对你的养育方式，你做了哪些关于自己和他人的决定？你如何运用从自己成长经历中所学到的东西来加强你与自己孩子之间的情感联结？

2. 从本章选择一种能促进你的宝宝大脑发育的方法，执行一个星期。比如，你可以决定致力于对宝宝进行"触摸、说话和唱歌"。在下一周，再选择另一种方法。当你每周都集中执行一个建议时，你认为你和孩子之间的关系会有怎样的改变？

3. 你认为哪个更重要——是运用技术设备刺激孩子的智力学习，还是专注于你和孩子的关系？为什么？有可能在两者之间保持平衡吗？

第 4 章

了解你的孩子

玛莎有事情要说。她瘫坐在椅子里，不耐烦地等着育儿小组中的其他人叽叽喳喳的聊天停下来并安顿下来。

小组的带领人注意到了玛莎的恼怒，微笑着说："玛莎，你好像已经准备好和我们分享一些事情了。我们何不从你开始呢？"

玛莎叹了一口气，摇摇头。"我真不知道该怎么办，"她抱怨道，语气明显很沮丧，"我两岁的儿子丹尼尔快把我逼疯了。他总是在商店里乱摸东西，尽管我已经告诉过他十几次不要摸了。当我不立刻给他读故事或陪他玩时，他就会生气——他似乎都不能耐心地等 5 分钟。我们一起走路时，他总是把手从我手里抽出来，而我担心他会跑远或者跑到马路上。"

当玛莎在讲这些让她苦恼的事情时，小组里的其他人都同情地微笑着，有几个人还点着头。其他父母也有过这种经历，理解她的感受。"然而，今天上午是我最不能容忍的。"她停顿了一下，"今天上午，丹尼尔故意对我说谎。我告诉过他我不会容忍撒谎，但是他竟然当着我的面撒谎。"

带领人看着玛莎的眼睛，点着头说："我能看出来，你真的很心烦。丹尼尔说什么了？"

"哦，"玛莎说，"他告诉我，他在后院看见了一头狮子。这不是太荒唐了吗？他知道我们家后院根本没有狮子！如果丹尼尔现在就开始撒谎，他长大后会什么样？"

另一位妈妈大声地说："我也担心。如果我的孩子现在就这么做，那他长大后会是什么样子？"其他人都担忧地点着头。

这些父母们感觉到的担忧和困惑是很容易理解的；大多数父母都会有类似的沮丧和失望的时刻。但是，小丹尼尔并不是故意要把妈妈搞得心烦意乱的。正如玛莎的养育小组带领人无疑将会解释的那样，丹尼尔很可能只是正在表现出与其年龄相应的自我：一个正以他所知道的唯一方式来了解自己的世界的活泼而好奇的两岁孩子。

进入你的孩子的世界

你的小家伙生活在一个与你的世界有极大不同的世界。在养育婴儿或学步期孩子的过程中，最重要的挑战之一，就是理解他的世界看起来和感觉起来是什么样子——从他的角度，并且要理解孩子的大脑和技能是怎样发展的。期望你的孩子以你的方式思考、行动和感受，将会造成各种各样的困难和误解。

成为一位有效的父母——或者，从这一点来说，一个有效的人——的最好方式之一，就是要理解他人的看法，并且能够"进入他们的世界"。对于孩子还很小的父母们来说，尤其如此；毕竟，孩子们的世界与你的有那么大的不同！（有趣的是，在进入青春期之前，你的孩子不会发展出这种被研究人员称为"心智直观"①的能力。无论他多么聪明，他都做不到完全像你那样看待这个世界。）婴儿不是缩微版的成年人，但是，他们肯定能开始了解感受了。

新生儿是从妈妈心脏旁边一个温暖而安全的地方降临到这个世界的，在那里，他的每一个需要都立即能得到满足。突然之间，在一段不由自主而疲劳的脱离妈妈身体的旅程之后，他发现自己身处一个有冷有热，有嘈杂的噪音、移动的物体和明亮光线的世界。一张张脸庞来来往往，声音从四面八方传来，这个新世界遵循着他还无法理解的时间表在运转。随时能够得到的营养和舒适不见了；为了让人给他喂食或让他感到舒适，他现在必须嚎啕大哭。睡眠、饮食以及其他简单的事情，都必须作出调整以适应他的新生活。如果我们通过某种方式发现婴儿渴望回到妈妈子宫里的科学证据，那也不足为奇！

从出生那一刻起，孩子的头几月和头几年都是一次发现之旅。而一个孩子必须发现的最初几件事情之一，就是他自己。一个婴儿对自己身体的控制是从中心向外扩展的。也就是说，他要在发育四肢的小肌肉之前，发育身体中心部位（呼吸的肺，跳动的心脏）的大肌肉。一开始，他很无助，自己只能实现最基本的身体功能，在没有帮助的情况下甚至无法抬头或翻身。一个婴儿的生存，取决于他吸引一个成年人的关注，从而得到他所需要的照料的能力。

随着时间的推移，他的控制力逐渐增强。他学会了真正地看（"那是妈妈吗？"）以及用目光追踪物体。某一天，他意识到自

---

① 加拿大心理学家罗纳德·任辛科在《心理学》杂志上报告说，他通过实验发现，某些人可能会意识到他们正在看的景像已经发生了变化，但又不能确定这变化到底是什么。他认为，这可能是一种新发现的、有意识的视觉模式。他把这种现象命名为"心智直观"（mindsight）。——译者注

己能控制在面前摆动的双手；他能让双手动、握紧它们，甚至——哦，太高兴了——把它们塞进嘴里！后来，他知道了自己还能用手指抓其他东西，并把那些东西塞进嘴里。

很多其他发展过程中的里程碑也会适时到来。一个婴儿学会了翻身、挪动、爬行、拽着家具站起来，最终学会了走路。他成了一个小小科学家，探索着他能接触到的每一件事物。父母们有时会将这些探索视为"淘气"，并且可能不了解这对大脑的健康发育所具有的价值。最后被掌握的是精细的技能，比如平衡和精细动作控制，这解释了为什么一个 5 岁甚至 6 岁的孩子在掌握系鞋带的技巧时会那么难。要成为一个有效的、爱孩子的父母或老师，其中的一部分就意味着要理解你面对的那些小家伙们的世界，并尽一切努力进入那个世界。

理解你的孩子的性格

是什么在塑造一个人的性格呢？为什么一个 2 岁的孩子安静而顺从，热切地取悦他人，并容易相处，而隔壁的 2 岁孩子却似乎决心要挑战所有规则，不顾所有限制，并打破所看到的每一样东西呢？孩子是父母基因的产物（先天），并且他们毫无疑问受着身边的环境和观念的影响（后天）。研究似乎表明，基因和先天的性情特点起着比专家们之前认为的更大的作用，而另一些研究表明，信念实际上可以改变 DNA[①]。或许，更重要的是要认识到，尽管孩子们是由先天继承的"原材料"以及周围环境的力量

[①] 《信念的力量》（The Biology of Belief），布鲁斯·利普顿著，中国城市出版社，2012 年翻译出版。——译者注

共同塑造的，但他们也会带给这个世界一些自己独一无二的东西：他们自己的精神和个性。这些因素和他们随着时间的推移所作出的有关必须怎样做才能生存或茁壮成长的个人决定（很多都是潜意识的）结合在一起，将形成他们的性格。这些决定是如此重要，以至于我们在帮助你进入你的小家伙的世界的过程中，要经常提到它们。

你可曾注意过，同一个家庭中的孩子们尽管有相同的父母并成长于同一个家庭，却可能有难以置信的差异？这是因为，每个孩子都基于自己对这

> ### 理解孩子的世界
>
> • 孩子是通过"做"来了解这个世界。
>
> • 出生顺序影响着孩子如何看待这个世界。
>
> • 孩子探索和试验的发展需要可能会被贴上"不良行为"的标签。
>
> • 小孩子很少故意做出不良行为。
>
> • 孩子的身高和能力对其行为有很大影响。
>
> • 孩子对"现实"和"幻想"的概念与成年人的不同。
>
> • 耐心是大多数小孩子难以达到的美德。

个世界的感知而作出了独一无二的决定。一个孩子可能决定："我喜欢界限带来的安全。"另一个孩子可能决定："我感到界限是一种阻碍。"这些决定中有很多是凭"一种感觉"作出的，而不是通过理性的认识。父母们需要花时间去了解——并且接纳——自己的孩子最本真的样子。

还记得玛莎和她两岁的儿子丹尼尔吗？让我们来看看以下几点，或许能够解释这位妈妈发现那么令人沮丧的行为的原因。（我们在后面几章对这几点会有更详细的分析。）

孩子是通过 "做" 来了解这个世界的

一个正在"玩"的孩子，实际上是在努力工作，在尝试新角色和想法、品尝、触摸、闻气味，并做生活试验。学习是一种充满着发现的热情和喜悦的动手经历。孩子们需要一段时间（以及父母的一些耐心）才能了解界限在哪里。有些孩子会接受这些界限，而另一些孩子则会不停地挑战这些界限。这并不会使"挑战界限的孩子"成为坏孩子。他只是拥有不同的性情，并会使其父母不断地运用和善而坚定的正面管教方法。

出生顺序影响着孩子如何看待这个世界

出生在一个家庭中的每个孩子体验到的家庭结构与在之前或之后出生的孩子所体验到的会不同。家里的人增多了，有了更多的兄弟姐妹，家里的大人们可能有所成长或在某些方面改变了。他们在第一个孩子出生时可能欠缺养育知识，或者到家里又有孩子出生时已经获得了一定的洞察力和经验。

玛丽亚说，女儿法蒂玛发脾气会在家里引出一场大戏，玛丽亚和法蒂玛的姑姑们会试图跟她讲道理，抱起她并恳求她冷静下来，或者会被激怒，沮丧地和她一起大叫。法蒂玛的弟弟米格尔于两年后出生，到他开始发脾气时，家里的其他人已经能平静下来了。他们已经从法蒂玛那里知道了发脾气是养育学步期孩子的一个正常部分。因为他们知道这个阶段会过去（并且，如果不给予过多关注，会更快地过去），他们发现自己将小米格尔的发脾气看成了可爱的事情。他们会笑着摇摇头，等着他把脾气发完。与法蒂玛相比，米格尔出生在了一个不一样并且更放松的家庭里。

出生顺序的另一个方面，是兄弟姐妹的出现（或没有兄弟姐妹）。一个饿了的"独生子"或"头胎孩子"在想要饼干的时候，通常会有一个大人给他一块饼干。当家里还有其他孩子的时候，他可能不得不等到大人给小弟弟换完尿布或等到小妹妹吃完奶后才能得到那块饼干。家里的老大或许还能更早学会自己做事情，而他的小妹妹则会有哥哥姐姐递给她饼干。

这些差异并没有好坏之分，但确实会影响孩子们的行为。当一个大孩子在大家都围着刚出生的小弟弟忙碌时，突然开始哼唧并做出不良行为，其原因是很容易理解的。而一个在哥哥或姐姐去幼儿园时开始粘着妈妈的小孩子，可能原因就不那么明显了。无论何种行为，将孩子出生顺序的影响考虑在内会有助于你理解孩子的"不良行为"。[1]

孩子探索和试验的发展需要
可能会被贴上"不良行为"的标签

孩子们需要安全、关爱的界限才能有安全感，正如每个人都需要坚固的四壁和屋顶，以便感觉受到保护而不受风吹雨打一样。然而，任何一个有自尊的孩子都会感觉必须迫近你设定的界

---

[1] 对出生顺序的更多了解，见《3~6岁孩子的正面管教》关于出生顺序的章节以及《正面管教》一书的第3章。——作者注

限，并且会时常对它们进行试探，只是为了确信那些界限是不可动摇的。他不是故意要把你逼疯；他要么是在进行与其年龄相应的探索，要么是在了解界限是否会得到一致的执行并确定大人能否说到做到（这是信任感的一个重要组成部分）。通常，成年人意识不到他们根本无法跟一个蹒跚学步的孩子讲道理并因而把更多的时间用来说，而不是行动。无论你多么擅长于说，言语对小孩子们来说通常只是声音而已。行动，比如把孩子从你禁止他接触的东西旁边抱到另外一个地方，会给出一个确定无疑的信息。(然而，有些行为或话语可能只会让事情变得更糟：打孩子的手，大喊"不，不"，或者那种会招致孩子因为觉得很有趣而继续其行为的瞪着眼睛和孩子相互怒视——或者以牙还牙地报复孩子!)这些试探都很烦人吗？当然。令人沮丧？绝对！但是，孩子们很少是像父母认为的那样故意淘气的——他们只是做出了与其年龄相应的行为。

小孩子很少故意做出不良行为

成年人对孩子行为的动机——即行为的本意——的错误解读，反映的是大人的想法，而不是学步期孩子的想法。有些大人的行为，就好像是他们的孩子整夜不睡觉，躺在床上暗中策划着把他们逼疯的办法。玛莎对儿子不要乱摸东西的警告根本无效；监督以及和善而坚定地转移孩子的注意力才会更有帮助。学步期的孩子是非常冲动的小人儿，警告只会被他们想要触摸、拿住和探索的欲望战胜。一个紧紧地抓着自己的婴儿车的边缘，去摸用极其易碎的杯子堆成的金字塔底部的一只闪闪发光的杯子的孩子，其本意不是要"不服从"。杯子上的色彩吸引了他的注意力；

他便伸手去够那只杯子，并想探究一下。他是一个小小的科学家，在用自己的双手、嘴巴和不完美的协调性来确定自己身边奇妙的世界的特性。作为父母，你真正的任务是预防、警觉——并快速反应。

孩子的身高和能力对其行为有很大影响

你最近可以找个时间，蹲下身来使你的视线处于和孩子同样的高度。你看到了什么？从低处看到的世界会有很大的不同！看一个大人的脸需要你把头后仰——如果时间太长，这个姿势很不舒服。大多数时候，小孩子目光所及之处都是膝盖、小腿和脚，能够引起成年人注意的唯一可靠方式就是拽对方的手或腿！想象一下，一个用手指着你并大声喊叫的父母，从这么低的位置来看有多么恐怖。

当对一个孩子仰头看到的东西有了充分的理解之后，挂在婴儿床上的 Mobile 玩具就有了全新的面貌。成年人看到的在空中转着圈飞的可爱的小动物，从下面看就成了没有形状的移动着的色条。现在的 Mobile 玩具关注的是从下面看到的视觉图像，强调对婴儿更有吸引力的醒目的黑白图形。

孩子的世界里闪烁着令人愉快并让人分心的图像、声音和各种材质。确保小家伙注意到你在对他说话的最佳方式，就是进行眼神接触。要把你的高度降下来，和他处于同一水平，注视着那双充满好奇的眼睛，直接对他说话。

你还坐在地板上吗？如果旁边还有另一个成年人，伸出你的手拉一会儿他的手。想象一下以这个姿势在附近的购物中心逛很长时间。经常被父母们看作是孩子不服从的突然把手从你的手中抽出来，可能只是孩子试图让血液循环回到手和胳膊！另外，大人的腿比小家伙的长得多；孩子们几乎总是需要小跑着才能跟上。难怪他们会落在我们后面，或者跑开去按照自己的步调走。

作为一个双手还不能完全如愿完成任务的小人儿，有时是令人很沮丧的。孩子们往往非常想帮忙，想自己穿衣服，想做点家里的其他事情，但所需要的技巧完全超出了他们的能力。其结果就是一个沮丧、愤怒的孩子——还有一个沮丧、愤怒的父母。这就无法建立一种学习的积极氛围。如果你尝试的每一件事情都有一点超出自己的能力而无法成功——并且你还会为自己付出的努力遭受批评，你会有什么感受？你可能会放弃，并且出于极度沮丧而开始做出"不良行为"。我们会在后面详细讨论期望、鼓励以及庆祝每一小步进步。

孩子对"现实"和"幻想"的概念与成年人的不同

你知道吗？当你离开一个婴儿的视线时，他就认为你不存在了；当玩具从手中意外地掉到地上时，他就认为玩具永远消失了。婴儿还没有形成"物体恒久性"的概念。当婴儿理解了父母永远都存在而他们又不愿意与父母分离时，分离焦虑就开始出现了。一旦他们理解了玩具仍然存在，当玩具被拿走时，他们就会感到沮丧并啼哭。

同样，小孩子是用想象力实验来探索和学习的。我们前面提到的小朋友丹尼尔在自家的后院可能没有看到狮子，但他可能看到了邻居家的猫。或者，他可能看了丛林里的狮子的卡通片。或者，他的图画书上可能有狮子和狮子宝宝。丹尼尔的狮子并不是

"谎话"，而是生动的想象力加上少许创造力的产物。在一个孩子出生后的头几年，幻想与现实之间的界限始终是模糊不清的。

幻想还可能是一个孩子了解自己尚无法说出的感受的方式，一种探究自己内心的方式。后院里的狮子或许是孩子表达对孤单的恐惧的另一种方式。父母的认真倾听（后面会有更多介绍）和接纳，将帮助孩子理解自己的感受，将其感受辨别出来，并找到健康的方式来处理这些感受。

耐心是大多数小孩子难以达到的美德

回想一下你自己小时候。还记得你的生日需要多长时间才能到来吗？你注意过随着年龄的增长，生日的到来似乎越来越快吗？

对于一个急切的孩子来说，时间过得要比对一个成年人来说慢得多。大人们必须要知道，时间的单位对于孩子们来说含义是不一样的。对于小丹尼尔来说，五分钟可能看上去就是永恒，而且他确信妈妈做每件事情所需要的时间都太长了。是的，孩子需要学会耐心，但父母们需要有足够的耐心来让孩子学会。期望学步期的孩子们安静地坐很长时间，是不现实的，无论是在教堂，还是在给孩子讲故事的时候。

吉米是个极其聪明的 18 个月大的孩子。一天晚上，他的父母带他去一家快餐店买了冰激凌。一个星期后，当全家开车再次经过这家快餐店时，吉米兴奋地喊道："我们昨天去过那儿!"他的爸爸斥责吉米撒谎。但是，吉米不是在撒谎；他的父亲不了解孩子的发展，因而没有认识到吉米还没有掌握时间的概念。如果爸爸对此有更多了解，他就会为吉米发展中的记忆力感到高兴，而不是担心他的"不诚实"。

男孩和女孩：性别重要吗？

当你向大家宣布自己家有了一个新宝宝时，被问到的第一个问题很可能是"生了个什么？"这些好奇的人们问的不是物种；他们想知道的是性别。是一个男孩还是一个女孩？你有偏爱吗？

为什么性别如此重要？好吧，性别所涉及的远远不止是你给宝宝穿蓝色还是粉色衣服。男孩和女孩有一些非常显著的差异（尤其是在出生后的头几年）；父母对男孩和女孩的说话、触摸和相处方式也可能会不同。

在大多数方面，女孩和男孩的相同之处要多于不同之处。男孩和女孩都需要爱、归属和鼓励。他们需要培养良好的品质以及社会和人生技能。女孩和男孩都需要和善而坚定的管教，以及与父母和照料他们的大人之间的情感联结。文化的差异和信念对于男孩和女孩的培养有着重要影响。然而，由于婴儿的大脑在孕期会受到性激素的影响，某些性别差异似乎是孩子天生的一部分。

关于男孩和女孩的事实

你也许会惊讶地得知男婴实际上在出生时似乎比女婴更脆弱。男婴似乎更容易紧张，并且更容易出现健康问题。他们往往比女孩"更难待候"；他们更容易哭，并且似乎更难学会自己平静下来（有时候被称为"自我安慰"）。男婴对日常惯例的变化以及对父母的愤怒或沮丧可能更敏感。他们还可能会比女孩体验到更多的分离焦虑，并且似乎更"情绪化"。

另一方面，女婴要比男婴更早开始眼神接触。她们往往比男孩更早习得语言能力，并且在出生后的头几年会拥有更成熟的社会和情感技能。女孩们还可能会比男孩更早发展出小肌肉运动技能。研究表明，与对男孩相比，父母们会更经常地对女婴和学步期女孩说话、触摸和拥抱。随着孩子们逐渐进入学步期，男孩似乎更冲动；他们学会自我控制会更慢，身体更活跃，当然，他们往往比小女孩更有攻击性、好奇心，更加冲动，并且更好竞争。[①]不用说，父母们和幼儿园老师可能更喜欢小女孩较"顺从"的行为——这会让小男孩们对自己在这个世界上的位置得到非我们本意的教训。

值得记住的是：**大多数性别差异都是以概括归纳为基础的，而每个孩子都是独一无二而特别的。**到你的孩子上学时，这些差异大部分就不明显了。

父母和性别

父母对于小孩子如何形成性别认同有着强烈的影响。你的宝宝并不是生来就知道自己是男孩还是女孩的——或者这两个词是什么意思。如果文化强调男孩应当"坚强而寡言"（不幸的是，通常都是如此），父母们在儿子小时候可能会本能地试图使他"坚强起来"。如果对女孩的期望是她们要喜欢安静的游戏并尽早发展书写能力，父母可能就会忽视女儿的运动能力，并错过鼓励

---

① 《男孩随爸，女孩随妈》（A Field Guide to Boys and Girls），苏珊·吉尔伯特著，中信出版社，2003 年翻译出版。——译者注

这种能力的机会。请给你的孩子提供各种可能的益处。你的小女儿可以很坚强，而你的儿子也可以很有同情心。

很多孩子不能被简单地归为"男孩"或"女孩"；事实上，试验不同的角色、玩具和身份，是这个年龄孩子们的典型行为。对有些孩子来说，典型的性别认同永远不会让他们很舒服，在他们学着生活在一个对他们将成为什么样的人有很多期待的世界的过程中，他们将需要耐心、鼓励和发自内心的接纳。

每一种文化（正如其音乐、电影、玩具和着装反映的那样）对于男孩和女孩"应该"看上去什么样子以及如何行为都有很多话要说。我们将名字、颜色、工作甚至乐器都与男孩或女孩联系了起来；这些认识中的大多数是在人生的头几年吸收的，远在孩子们能够清醒地意识到自己的决定之前很久。研究似乎表明，当男孩和女孩能够发展出既坚强又和善，并且既勇敢又有同情心的能力时，他们都会更健康。

在你的孩子出生后头几年的某个时刻，要花时间探究一下你对性别所抱有的信念。小男孩"应该"什么样？小女孩呢？在养育你的独一无二的小家伙时，你怎样才能最好地培养其优势和敏感性？进入孩子的内心世界并理解他的发展，将有助于你教会、鼓励并安慰你那独一无二的孩子。

是正常发展，还是不良行为？

正如你已经了解到的那样，养育小孩子的挑战之一就是要了解正常的发展和故意的行为之间的不同。对于日常养育中的很多困境来说，都没有一个"正确的"答案，但不要将速效的（通常是暂时的）结果看得比需要较慢（长期的）培养的人生技能更重要。越来越多的研究表明，从长远来看，非惩罚性的方法比惩罚更有效，尽管惩罚看似能带来立竿见影的效果。当你和孩子的其他照料者能够对成长和发展有尽可能多的了解，并且理解每一个独一无二的孩子时，你们和孩子就都将受益。要学着相信你作为父母的内在智慧。没有哪一个专家或哪一本书（包括这本书）能够给你提供全部答案——然而，正如你通过本书将会了解到的那样，正面管教的工具和原理将帮助你在这重要的头几年里为孩子提供指导和鼓励。

需要思考的问题

1. 花时间想一想你的小宝宝或学步期孩子给你带来挑战的行为。那些"不良行为"中有多少可以归因于孩子的年龄和发展？有多少是孩子实际上能控制的？

2. 在你怀孕的时候，你希望是个女孩还是男孩？为什么？你认为孩子的性别为什么重要？如果孩子的性别与你期望的不符，你怎样学着为孩子提供鼓励并建立情感联结？

第 2 部分

你的发展中的孩子

第 *5* 章

我该如何开始？

正面管教工具

　　舞台现在搭好了；你和你的小家伙已经开始了一起成长和学习的过程，并且你现在理解了为什么情感联结、尊重以及和善而坚定如此重要。但是，你在现实中该怎样运用正面管教呢？如果惩罚不管用，什么方法管用呢？本章将为你提供所需要的工具，使你在指导孩子培养对其一生都有用的品质和人生技能的同时，与你的孩子建立一种合作而尊重的关系。我们在后面各章中会反复提到这些工具，而当你开始引导并影响你的孩子的行为时，本章会成为一个方便查阅的参考。

　　要记住，没有哪种工具，无论多么有帮助，能在所有的时间对所有的孩子都管用。随着你的孩子的成长和变化，你将不得不经历很多次的重头再来，但是，这些理念将会为很多年的有效养育打下一个基础。此外，需要记住的很重要的一点是，如果这些工具被用来作为控制的技巧，而不是激励的原则，它们就不会有效。你做一件事情时背后的感受（和心态），要比你所做的事情本身更重要。

纠正之前先建立情感联结

因为帮助孩子们感受到一种归属感和价值感（情感联结）是正面管教的基础，我们提多少次你与孩子之间建立的关系的重要性都不够。成千上万的父母们告诉过我们，正面管教怎样帮助他们与自己的孩子（以及自己的伴侣）建立了一种充满更多爱的关系。然而，当父母们说这些工具不管用时，通常是因为他们没有花时间先与自己的孩子建立真正的情感联结。

实施正面管教的 10 种基本方法：

1. 纠正之前先建立情感联结。

2. 让孩子参与：

　　a. 提供可接受的选择。

　　b. 给孩子提供帮忙的机会。

3. 建立日常惯例。

4. 以尊重的方式教给孩子尊重。

5. 运用你的幽默感。

6. 进入孩子的内心世界。

7. 以和善而坚定的行动坚持到底：说了就要当真，如果当真，就要坚持到底。

8. 要有耐心。

9. 对孩子进行照管、分散其注意力和转移其行为。

10. 接受你的孩子的独特性。

情感联结可以采用很多形式。它可以简单到说："我爱你，而答案是'不'。"或认可孩子的感受："我知道你还想玩，而你该上床睡觉了。"当你发现自己陷入了与孩子的权力之争时，能够自知并注意到，是很有帮助的。当出现这种情况时，要愿意后退一步，并在你的态度改变之后再重新开始——这会让你的孩子也改变他的态度。

让孩子参与

在出生后的第一年，孩子所有的事情都要依赖于你。但是，你可能会惊讶于他那么快就能形成自己的风格和独特的个性。不要告诉他怎么做，而要找到让他参与作决定（当然，要以适合其年龄的方式）并说出他的想法和理解的方法。"启发式问题"是一种方法。要问："我们把你的尿布放在哪儿？""你想读哪本书？""如果你把三轮脚踏车倒在马路牙子上，你认为会发生什么事？"或者"我们应该怎样为去幼儿园做好准备？"对于还不会说话的孩子，在和善而坚定地做给他看而不是命令他怎么做的同时，要说："接下来，我们_____。"

提供可接受的选择

拥有选择能给孩子一种力量感：他们有权力选择一种可能或另一种可能。选择还能让孩子在认真考虑要做什么时运用其思考能力。而且，当选择中包括一个帮忙的机会时，学步期的孩子当然常常会更喜欢选择。"我们到家之后应该先把哪样东西放好——冰激凌还是橙汁？你来决定。""在咱们走向汽车时，你愿意拿着这个毯子还是饼干盒？你来决定。"加上一句"你来决定"，会增强孩子的力量感。要确保提供的选择与孩子的发展水平相称，并且所有的选择都是你乐意接受的。当你的孩子想做其他事情时，你可以说："这不是其中的选择。你可以在_____（重复你所提供的选择）之间确定一个。"

给孩子提供帮忙的机会

学步期的孩子通常会抗拒诸如"上车"之类的命令，但会对一个"我需要你的帮助。你愿意帮我把钥匙拿到车那里吗？"之类的请求作出愉快的回应。如果你能运用自己的直觉和创造性，那些很容易变成权力之争和战争的事情，就能变成欢笑和亲密的机会。

建立日常惯例

小孩子最好的学习方式，是通过重复和一致性来学习。你可以通过为你的小家伙建立可靠的日常惯例，让家庭生活中各种活动之间的转换更容易。每一件反复发生的事情都可以建立日常惯例：起床、睡觉、吃饭、购物，等等。然后，你就可以对孩子说："现在是＿＿＿＿＿＿＿的时间了。"一旦你的孩子长到足够大的时候，就要让他参与帮助你制作日常惯例表。这些惯例表是一种"地图"（不是小贴片或奖励表，示例见第 219 页），可以用你的孩子正在做需要完成的事情的图片加以说明。到孩子大一些的时候，他会很喜欢告诉你他的惯例表上的下一项是什么。如果他忘记了，你要避免告诉他，而是要问："你的日常惯例表上的下一项是什么？"奖励表会剥夺孩子内心的能力感，因为它关注的焦点是奖励。惯例表只是按时间顺序列出一系列事情，作为对日常任务的指导。

以尊重的方式教给孩子尊重

父母们通常相信，孩子应该表现出对大人的尊重，但是，大人对孩子们的尊重呢？**孩子们是通过看到实际中的尊重是什么来学习尊重的。**当你提要求时，要尊重孩子。当你打断孩子正在全神贯注地做着的事情时，不要期望孩子"马上"去做什么事。要给他一些提醒："我们再过 2 分钟就要离开公园了。你想再荡一次秋千，还是坐跷跷板？"要随身带一个小计时器，或者让孩子帮你挑选一种手机的提醒铃声。然后，要一起设定一个商量好的时间。当闹铃响起时，就该离开了。

还要记住，羞辱和让孩子丢脸是不尊重的，一个被不尊重地对待的孩子很可能会回报以不尊重。和善而坚定表明的是对你的孩子的尊严、你自己的尊严以及情形的需要的尊重。

运用你的幽默感

没有哪个人说过养育孩子就得无聊或不愉快。通常，笑声是处理一种情形的最好方式。要学会和孩子一起大笑，并创造一些能使令人不快的活儿很快做完的游戏。幽默是最好并且最令人愉快的养育工具之一。

当把命令变成一个游戏的邀请时，一个原本对直接命令很抗拒的孩子会怎样热切地回应，简直令人惊讶。要告诉你的学步期孩子："我打赌，在我数到 10 之前，你没办法把你的所有小汽车都捡起来。"或者"我想看看，你能不能比爸爸更快地刷完牙并穿上睡衣。"

进入孩子的内心世界

理解婴儿和学步期孩子的发展需要和局限，对于出生后头 3 年的养育是至关重要的。当你的孩子哭（或发脾气）的时候，要尽最大努力与孩子共情。他可能只是因为自己能力不足而沮丧。

共情包括理解和情感联结，而不是解救。如果你想离开公园而你的孩子还不准备走，要给他一个拥抱并认可他的感受："你现在真的很失望。我知道你想待在这儿，可我们该离开了。"然后，在进行接下来的事情之前，要抱住孩子，让他体验自己的感受。如果你通过让孩子在公园里待更长时间来娇纵孩子，他就没有机会从自己能承受失望的体验中学到东西了——他学到的可能是你可以被操纵。

进入孩子的内心世界，还意味着从孩子的角度看待这个世界并承认他的能力——和他的局限。要经常问问你自己，如果你是你的孩子，你会有什么样的感受（和行为）。透过一个小人儿的眼睛来看这个世界，会很有启发。

以和善而坚定的行动坚持到底：
说了就要当真，如果当真，就要坚持到底

孩子们通常能感觉到你什么时候说话是当真的，什么时候说话不当真。通常，最好的做法是什么都不要说，除非你说话当真、愿意去做，并能以尊重的方式说出来——而且，能以尊严和尊重的方式坚持到底。有时候，你说的越简短越好！这可能意味着转移孩子的行为或让孩子看到他可以做什么，而不是因为他不应该做的事情惩罚他。这还可能意味着，在孩子拒绝离开时，要一言不发地把孩子从滑梯旁带走，而不是陷入跟孩子的争论或意志的较量。当以和善、坚定并且不发脾气或不唠叨的方式这样做时，就会是既尊重又有效的。

要有耐心

要明白，在孩子成长到能够理解之前，你可能需要反反复复地教给孩子很多事情。比如，你可以鼓励一个小孩子分享，但不要期望他能立刻理解这个概念并自动做到。学会分享需要时间、练习以及发展更成熟的冲动控制能力。当他拒绝分享时，请放心，这并不意味着他会永远自私。理解他的行为是与其年龄相符的，对你会有帮助。不要将你的孩子的行为当作是针对你的，并认为孩子是在对你发脾气，是坏孩子或在挑衅你。要像个成年人一样行事（有时说起来容易做起来难），做你需要做的事情，不要内疚和羞愧。

对孩子进行照管、分散其注意力和转移其行为

要尽量少说话，多行动。正如鲁道夫·德雷克斯曾说过的那样："闭上嘴，去行动。"小孩子们需要持续的照管。如果一个孩子正朝着一扇敞开的门走去，要平静地牵起他的手，领着他去需要去的地方。要让他看到可以做什么，而不是不可以做什么。不要说"不要打小狗"，而要让他看到如何温柔地摸小狗。当你知道孩子们对于"不"的理解与你认为他们应该理解的不一样时，你就会更理解运用分散孩子的注意力、转移孩子的行为，以及正面管教的其他方法的意义了。

我的孩子不听！

问：我两岁的儿子太固执了。无论我怎么跟他说，他就是拒绝听我的；他只想做自己想做的事情。如果我告诉他睡觉时间到了，他会不理我，并继续看电视。我似乎没办法让他做任何事情，除非我发火——而发脾气后我总是感觉很糟糕。我怎么才能让他听我的呢？

答：这是我们最常听到的父母们的抱怨之一："我的孩子不听！"（当大多数父母说"我的孩子不听"时，他们真正的意思是"我的孩子不服从"。）这不大可能是因为你的儿子听力有问题；他只是不想做你告诉他去做的事情。有很多方法可以吸引你的孩子的注意并让他合作；本章就有很多。你还可以尝试我们已经提到的一些工具：请（而不是告诉）他去做一件事情；在说话之前蹲下身来和孩子保持同一视线高度；制作一个就寝惯例表；设定计时器，然后以和善而坚定的行动坚持到底；此外，如果有必要的话，可以把孩子抱回到他自己的房间。不管你信不信，你的儿子的拒绝"听"对他来说是很管用的：这能让你长时间地围着他团团转。大多数父母都会时不时地发脾气。在出现这种情况时，要向孩子道歉，并请求一个拥抱，然后要想想下次怎样才能得到一个不同的结果。

接受你的孩子的独特性

要记住，孩子们的成长是各不相同的，并且各有不同的长处。期望一个孩子做不到的事情，只会让你和孩子都沮丧。你姐姐的孩子也许能够在饭店里安静地坐几个小时，而你的孩子只坐几分钟就会焦躁不安，无论你多么用心地做了准备。（对这个问题的更多介绍，参见第 9 章和第 10 章中与年龄相称的行为和性情。）情况就是这样，你可以决定等到只有成年人朋友在一起时再享用这顿大餐——或者等到孩子足够大的时候再一起享用。

把你自己当成一个帮助你的孩子成功并学习如何做事情的教练，或许会有帮助。你还是一个观察者，要了解你的孩子是怎样一个独一无二的人。永远不要低估一个小孩子的能力。在你给孩子提供新机会或做新活动时，要认真观察；要发现孩子对什么感兴趣、孩子可以独自做哪些事情，以及他需要你哪些帮助才能学会。

重新思考 "暂停"

很多父母都运用被称为"暂停"的方法，但是，很少有人真正理解"暂停"是什么，或者如何最好地将其用在小孩子身上。如果你曾听到一位父母对一个不听话的学步期孩子说："我受够了！你去'暂停'，想想你都做了什么"，或者数"一……二……"，你可能想知道暂停在正面管教方法中处于什么位置。

积极的暂停（完全不同于惩罚性的暂停）可以成为帮助一个孩子（和一位父母！）足够平静下来，以便一起解决问题的极其有效的方法。事实上，当你心烦或生气时，你无法接通大脑中负责让你清晰地思考的部分，所以，暂停是一种极其适合的养育工具——当它是积极的而不是惩罚性的，并且被用来鼓励、安慰和教孩子的时候。但是，对于小孩子的"暂停"，有几个要点是需要说明的。

• **"暂停"不应该用于三岁半至四岁以下的孩子。**（如果孩子还没有大到能够帮助建立一个暂停区，就说明还不能对他们运用"暂停"。）在孩子们能够理解因果关系并且开始符合逻辑地思考之前——这始于两岁半左右（并且是一个持续的过程，甚至有些成年人还没有完全掌握这种能力）——照管和转移孩子的注意力是最有效的养育工具。即便孩子们到了刚开始能进行理性思考的阶段，他们也不具备作出合乎逻辑的决定所需要的成熟度和判断力。

大多数父母都会有那么一两次发现自己在与一个身高只及他们膝盖的孩子激烈地争论——并且，大多数父母都会承认讲道理、说教和争论不管用。你的孩子也许能够理解你的情绪能量，并且理解你想要某种东西；他也许甚至能猜出来那个东西是什么。但是，他无法以你认为他应有的方式来理解你们的争论的逻辑。

看着一个还没有发育到能理解是怎么回事的小孩子被送去做惩罚性的"暂停"，真让人心碎。惩罚性的"暂停"容易让小孩子形成一种怀疑感和羞愧感，而不是一种健康的自主感。（关于自主性的发展与怀疑感和羞愧感的重要信息见第 8 章。）

• **孩子们在感觉更好时才能做得更好。**即便是小孩子，也能从一次"冷静"下来的机会中获益，尤其是在你和他们一起去的时候。我们认识一位对自己 18 个月大的孩子成功地运用了"积极暂停"的妈妈。这个方法之所以"管用"，无疑是因为妈妈的态度。她会对自己的孩子说："你愿意在自己舒服的枕头上躺一会儿吗？"有时候，孩子会摇摇晃晃地走到枕头那儿躺下来，直到他感觉好起来。如果他不愿意，她会问："你想让我和你一起去吗？"这位妈妈理解积极暂停的目的——帮助孩子们感觉好起来，以便他们能做得更好；而不是让他的感觉更糟，并希望这种糟糕的感觉能激励他们做得更好（其实不能），或者去"想想他们都做了什么"（他们做不到）。

• **你的态度是关键**。你的孩子更可能只关注你做了什么（以及行为背后的情感），而不是他自己做了什么。在人生的这个阶段，孩子们需要大量的指导，而不能期待他们马上吸收并运用他们正在学习的东西。在大多数情况下，"暂停"完全不应该被用在不到 3 岁的孩子身上——除非由大人们做出榜样。有时候，只要求一个拥抱就是能帮助你和孩子感觉都好起来的一种快速的"暂停"。

• **和你的孩子一起建立一个冷静区**。如果你确实决定要对孩子尝试积极的"暂停"，就要让他帮助你建立一个你们能一起去的安全而舒适的区域。这可以简单到只是你们最喜欢的一把椅子，让孩子可以坐在你的腿上听你唱一首让人平静的歌或读一本书。不，这不是奖励不良行为，而是对学会处理感受需要时间和练习的理解。枕头、填充动物玩具，或者孩子最喜欢的能使其得到安抚的玩具都可能有帮助。在孩子三岁半以前，你可能会发现这样说很有帮助："让我们去你的冷静角读一本书或听一会儿音乐吧，直到我们俩都感觉好起来。"你的孩子可能不理解"暂停"的目的，但他会感觉到你的话语背后的"能量"，并作出相应的回应。①

• **通过建立你自己的"冷静空间"来示范积极的"暂停"**。当你感觉难以承受时，你可以说："我需要去自己的特别的地方

---

① 你可能会发现和孩子一起阅读《杰瑞的冷静太空》会有帮助，这本书由简·尼尔森、阿什莉·威尔金著。观察杰瑞创建和使用他"冷静太空"的过程也许会带给孩子灵感——对你也是！中文版已由北京联合出版公司于 2013 年出版。——作者注

待几分钟，直到我感觉好起来。你想和我一起去吗?"你的孩子需要一段时间才能理解你这样做的意义，但是，他最终会发现"冷静下来"对每个人都有帮助。

• **要确保你的养育工具箱里不是只有"暂停"**。没有哪种养育工具会在所有时间都管用。从来没有哪一种养育工具——或3种，甚至10种——能在每一种情形中对每一个孩子都有效。在你的养育工具箱里装满各种健康的、非惩罚的备选工具，将有助于你在孩子挑战你时——他毫无疑问会这样——避免惩罚的诱惑。你了解的越多，在处理与一个小孩子一起生活的起起伏伏时就会越自信。

乔治娅恼怒地叹了口气——这是阿曼达今天下午第三次发脾气了。两岁的阿曼达今天过得很辛苦：她的哥哥卢克下午邀请了一屋子朋友到家里来玩，阿曼达没能像往常那样睡午觉。现在，她既烦躁又难受，把乔治娅的新杂志撕坏了一半，然后把它们全扔到了地上。她抬头盯着妈妈，带着倔强而挑衅的表情——下巴还在微微地颤抖。

乔治娅自己也很累。她克制住对小女儿说教的冲动，深吸了一口气。"你愿意盖着你的小毯子在你的特别角落里躺一会儿吗?"她问阿曼达。

阿曼达只是摇了摇头，坐在了那堆被撕坏的杂志碎纸片中。

"那么，玩你的玩具屋怎么样?"乔治娅建议说，伸出手拉住了阿曼达的手，带着她向她最喜欢的玩具走去。

阿曼达猛地抽出手，躺在了地板上，使劲地摇着头。

乔治娅又叹了口气，坐到了女儿旁边。让我们看看吧，她想。他们在父母课堂上还建议了其他什么方法——好像有一个是寻求帮助?

乔治娅站起身，疲惫地向阿曼达笑了笑。"宝贝儿，你知道吗？"她尽可能亲切地说，"我需要开始准备晚饭了——我肯定需要一些帮助。你可以躺在这儿休息，或者你可以和我一起去厨房帮我洗生菜——你来决定。"说着，乔治娅走进了厨房。

有那么一会儿，客厅里的抽噎声和踢地板的声音在继续。然而，没多久，一张满是泪痕的小脸就在厨房的门口向里看了。阿曼达犹豫不决地看着妈妈，但乔治娅只是微笑着指了指水槽。

阿曼达受到了鼓励，去拿自己的小凳子，把它拖到了水槽旁，开始把生菜叶泡进水里。等到阿曼达的爸爸回到家时，家里早已恢复了往日的融洽：乔治娅已经帮助阿曼达清扫了撕坏的杂志，并且乔治娅、卢克和阿曼达正在一起友好地摆餐具。乔治娅很高兴，积极的"暂停"并不是她养育工具箱里的唯一工具。

确实，经常会出现今天对小孩子管用的方法到第二天就不管用的情况。但是，如果你已经花了时间了解自己的孩子，并且学会了所有鼓励和教孩子的不同方法，你就很有可能发现管用的东西——只是今天管用。

· **要始终记住孩子的发展阶段和能力**。理解哪些是（以及哪些不是）适龄行为，将有助于你不期望超出你的孩子的能力的事情。

查克和苏茜带着他们18个月大的双胞胎儿子去参加一个乐队的音乐会，他们七岁的女儿要在其中表演长笛独奏。这对双胞胎对音乐会很着迷——大约有10分钟。然后，他们就发现了娱乐自己的其他方法。其中一个孩子开始在座位下面爬，而另一个很快也加入了进去。查克把双胞胎带到了外面，并因为他们没有安静地坐着而打了他们的屁股。双胞胎大哭了起来，没有办法再回去听音乐会了。查克因为错过了女儿的独奏而非常失望；他的女儿也很失望，因为爸爸没有听到她演奏；而苏茜和双胞胎儿子对打屁股这件事都很生气。每个人都很痛苦。

孩子们因为适龄行为而受到惩罚，是一件很悲哀的事情，即便他们的行为与情形的需要不符。期待小孩子们安静地坐很长时间，是不合理的。然而，允许孩子打扰别人也是不可以的。由于查克和苏茜没有选择把双胞胎儿子留给别人照料，对他们来说，更有效的方法是轮流带孩子到外面去，以便他们能轮流听音乐会的一部分。惩罚两个孩子是不合适，但提供一个转移孩子注意力的东西会有帮助，比如带上他们可以玩的涂色纸笔或者可以看的图画书。这种事先计划会使你的孩子更有可能行为得当。

把爱的信息传递给孩子

我们经常问参加讲习班的父母们，为什么想让自己的孩子"做好孩子"。在片刻的抓耳挠腮和一脸茫然之后，他们会告诉我们，他们爱自己的孩子，并认为如果孩子们是"好孩子"，将来就会成为更幸福的人——或者如果他们变成"被惯坏的孩子"，就会很悲惨。所以，他们会以爱的名义惩罚（或奖励）孩子。但是，他们的孩子感觉到父母的爱了吗？正面管教意味着要学会和善与坚定并行，这会在教给孩子技能和得体行为的同时，培养你与孩子之间的情感联结。

即便是最有效的非惩罚性养育工具，也必须在一种充满爱、无条件接纳和归属感的氛围中运用。要确保你花时间拥抱孩子，向孩子微笑、充满爱心地抚摸孩子。你的孩子在感觉更好时会做得更好，而且，当他生活在一个他知道自己有归属并且大人会以和善而坚定的方式教他的世界中——并且能学习人生课程——时，他就会感觉更好。

需要思考的问题

1. 想想你能感觉到接纳和归属感的一种人际关系。是什么让你有这种感觉的？是什么在妨碍你有归属感？现在，想一想你的孩子的归属感。是什么造就了归属感？如果孩子真正感觉到了与你的情感联结，他的行为会发生怎样的改变？

2. 想想你的孩子做出不良行为或"不听话"的一个时刻。在读过本章之后，你能想到正面管教的哪种工具能为这一情形带来改变吗？决定当这种行为下次出现时你要做些什么。记录下你和孩子的变化。

第 *6* 章

情感能力和语言的发展

你观察过一位父母抱着一个婴儿，低头凝视着他的脸庞，温柔可爱地说着爱的话语吗？这对这个婴儿意味着什么呢？他还无法理解语言；他是如何学会识别这些感受的呢？感受和模糊的印象是如何随着孩子的成长逐渐变成话语、想法和真正的交流的？你的宝宝是如何学会给予和接受爱的？

情感和连接

婴儿和非常小的孩子是通过解读非语言信号、面部表情以及情感能量来了解与人的关系的。一个婴儿不会理解"爱"这个字所蕴含的全部复杂含义和概念，但是，他确实学会了理解自己身边的世界。在有些家庭中，只有很少的情感联结、安全感或信任。然而，在大多数家庭里，婴儿会体验到信任和情感联结，因为大人们会听到并对婴儿的啼哭和寻求关注的信号作出回应。他会感觉到摸他的手是温柔而亲切的，跟他说话的声音是温暖而轻柔的。妈妈或爸爸会凝视他的双眼，吸引着他的注意（直到他天生的"自我舒缓"能力让他把目光从所有这些令人兴奋的事情中移开）。他会感觉到温柔的吻像雨点一样落在他柔软的头发上。他能辨别出表明特别的人正在走近的熟悉的味道，他能感觉到支持着他的新生活的充满关爱的环境。这些事情向一个小孩子传递着一种"爱"的感觉，而他也会用类似的感受和行为作出回应。

在出生后的头几年，小孩子的大脑始终在生成着连接，他与周围世界的互动在塑造着他将怎样成长和发展。我们凭本能渴望对婴儿所做的事情——抚摸、胳肢、微笑、爱——正是那些能促进孩子健康和幸福的事情，这难道不是很美妙吗？

孩子会吸收感受的能量

你给孩子传递的非语言信号，要比你的话语有力量得多。小孩子们对非语言的沟通极其敏感。婴儿会"收听"人的面孔，并积极地寻求与身边大人的情感联结。当感到恼怒、疲倦或烦躁不安的妈妈坐下来给孩子哺乳时，她的宝宝就会局促不安、烦躁，并且不会安静下来吃奶。一个刚出生几周的婴儿就能感觉到妈妈身体的紧张，感觉到她手臂僵硬的肌肉，并且在躺到贴近妈妈胸口的位置时听到妈妈怦怦的心跳。

艾丽西娅很喜欢与自己三周大的宝宝朱利安在一起的安静的上午和下午时光。丈夫去上班了，大孩子们都去上学了。朱利安大多数时间都在睡觉。在他醒着的时候，在吃完奶和换过尿布之后，他会心满意足地看着妈妈在厨房里忙碌。艾丽西娅确信孩子脸上闪过的那些微笑并不是没有含义的。

然而，每天下午四点左右，朱利安就会开始哭闹。抱着和搂着似乎都不能安慰他。这有可能是因为宝宝感觉到了妈妈为准备晚餐以及照顾放学回家的大孩子们所感受到的压力吗？这似乎是一个合理的解释，因为一旦忙碌的傍晚过去并且艾丽西娅放松下来，宝宝就会平静下来。

创造一种平静的氛围

家里有一个婴儿或非常小的孩子，是一件既美妙又让人有点不安的事情。因为小家伙们能够准确地感应上父母的情感状态，因此，如果你能放松、保持平静，并且找到与孩子建立一种充满爱和信任的情感联结的方式，会很有帮助（尽管并不总是能找到）。在适应有一个新宝宝（并帮助他适应你们）的生活的过程中，如果你只准备简单的晚餐，你的家人不会感觉难以忍受。一种平静的氛围会让人愉快得多——并且健康得多——对每个人来说都是如此。当你慢下来并且花时间解读家里每个人的情感能量时，你就能对你的宝宝的心情和需要更敏感。

在结束了一天令人疲惫的工作之后，曼卡像每天一样到婴儿看护中心接自己的儿子塔希尔。她匆匆地抱起儿子，收拾起他的各种物品，在拥挤的车流中匆匆开车回家。一到家，她就把塔希尔安顿在高脚椅里，塞给他一块饼干。因为她到家通常都比丈夫早，她便立即着手准备晚餐。对于妈妈和儿子来说，这是一天中最糟糕的时间。塔希尔在椅子里很烦躁，会不安地扭动，并把他的薄脆饼干推到地板上。曼卡在切蔬菜时伤了手，往锅里放了太多调味料，等到丈夫开门进屋时，她已经彻底筋疲力尽了，并且感到很沮丧。

曼卡的丈夫桑达也感到很痛苦，回到家看到的是一个哭哭啼啼的孩子、要么有点生要么煮过头的晚餐，以及整个晚上都在抱怨的妻子。看到丈夫在走过去拥抱塔希尔时把地上的饼干踩成了碎屑，曼卡的心情更糟糕了。

一天晚上，桑达把一盘稀糊糊的蔬菜推到了一边。他凝视着餐桌对面疲惫的妻子，开始讨论这些令人痛苦的例行做法。他脸上带着理解的微笑，向曼卡保证，如果他到家时能够看到更加放松的妻子和孩子，他会非常乐意为两人做三明治。

曼卡感到如释重负。她承认，她感到自己难以承受再准备他们在塔希尔出生前都喜欢的那种精致的晚餐了。第二天晚上，当曼卡带着塔希尔回到家里时，她把自己拿着的所有袋子、文件和玩具都放了下来。她给了塔希尔一个大大的拥抱，然后，和他一起依偎在摇椅上，两人在接下来的半个小时里都在那儿玩挠痒痒游戏，低语，微笑。当桑达开门进来时，他发现曼卡在啃儿子的小脚丫，塔希尔咯咯地笑着。当爸爸也加入进来时，塔希尔尖叫着笑了起来。没过一会儿，轻松的一家人就开始享用烤奶酪三明治，喝着加热的罐装汤。晚餐的味道已经很久没有这么好过了。

塔希尔和曼卡每天都需要时间重新建立情感联结，这要远远超过家里的任何一个人对美食的需要。通过放慢节奏，并留出时间从白天忙乱的事务中转换到家庭时光，曼卡就能关注塔希尔的需要——而她的丈夫也可以分担晚上的家务。随着家里情感能量的改善，全家人都在成长。

发脾气：情绪失控

每个人都有感受。事实上，研究人员告诉我们，情感（而不是逻辑或理性）是维持大脑运转的能量。然而，情感并不是掌管并造成难以对付或令人尴尬的行为的神秘力量。情感只是信息，并且是为了帮助我们每个人决定自己需要怎么做才能保持健康和安全。然而，无可否认的是，强烈的情感可能会造成挑战。无论你是否喜欢，所有的小孩子都会时不时地发脾气。理解孩子为什么发脾气——以及如何对待——能帮助你在即便最严重的情感风暴中保持平静和沉着。

尼克一家人步行穿过购物中心。两岁的尼克一手拿着吃得只剩一口的饼干，一手拿着一盒新蜡笔。就在这时，他看见了一个商店橱窗里陈列的复活节填充兔子玩具。他飞奔过去，用手指着那些兔子，匆忙之中把蜡笔都掉在了地上。妈妈和爸爸跟着他来到橱窗前，捡起了洒落的蜡笔。他们一起欣赏着那些小兔子。毫不意外，尼克想要一只。"尼基的小兔兔！"他指着一只特别有趣的蓝色兔子说。爸爸妈妈同意这些小兔子看上去很可爱，并说改天或许可以给他买一只。

尼克对这个回答不满意。他躺到了地上，打着滚，又蹬腿，又挥拳，哭喊声足以打动任何一位路过的好莱坞制片人。妈妈尴尬地看着四周，而她的丈夫则站在小尼克旁边，告诉他马上站起来！尼克的脚无意中踢到了爸爸的膝盖。爸爸的声音变得比尼克的还大。此时，妈妈恨不得能找个地缝钻进去。当然，每个人都看到了这一幕，并在想他们是多么糟糕的一对父母。

实际上，尼克的父母一点儿也不糟糕——尼克也不糟糕。在小兔子出现之前，他们一直很顺利。尼克的父母尽量以不引起权力之争的方式对他做了回应；他们已经给了他一项特别的款待（饼干和新蜡笔），并且他们平静地回应了他的要求。那么，尼克为什么会发脾气呢？他是一个被宠坏的孩子吗？他"就是需要好好揍一顿"吗？不。最可能的答案是，尼克发脾气"只是因为"——他想得到自己想要的东西，并且想马上得到。他不理解诸如"合理""可行"或"延迟满足"之类的概念。

发脾气时嗓门会很大、惹人注目并且会令人尴尬（至少对大人来说）。这种行为也是很正常的。小孩子会有成年人拥有的所有感受。他们会感到伤心、兴奋和沮丧，但是他们既缺乏表达这些感受的词汇，又缺乏处理这些感受的技巧（以及对冲动的控制）。事实上，大脑中负责情绪控制和自我平静下来的部分（前额皮质）在一个人长到20~25岁之前尚未完全发育成熟。**如果你想一想控制你自己的情绪有多么难，你就不会对自己学步期的孩子很少能成功地做到这一点感到吃惊了。**

一旦大人们理解了为什么孩子们承载的过多感受有时候会变成发脾气，他们就能不再感觉自己要为此承担责任了。有时候，无论你说或做了什么，你的孩子都会感到难以承受并发一通脾气。大人们可以学着别再乱上加乱。还记得那些镜像神经元吗？很不幸的是（但也是人之常情），尼克的爸爸以自己发脾气的方式插手进来。尼克的发脾气很快就会过去，但他的父母——此刻正抱着咆哮的儿子走向汽车——可能需要更久的时间才能恢复平静。

让步不是答案

你也许在想："好吧，那么，在遇到孩子发脾气时我该怎么做——尤其是在公共场合？"让步也许会让孩子暂时停止发脾气，但会造成一些长期的负面效果。

如果你在孩子发脾气时让步，你认为孩子会从中学到什么并作出什么决定呢？我们猜，他只会学到一种消极的人生技能：要不惜一切手段达到自己的目的。他可能会决定："我只有在得到我想要的东西时才是被爱着的——而且我知道怎样让人们给我想要的东西。"孩子们会重复"管用"的方法。

相反，要遵循鲁道夫·德雷克斯——养育教育的开拓者之一——的建议。德雷克斯建议父母们"闭上嘴，去行动"，并要记住你的行为不如行为背后的态度更重要。你可以抱起尖叫着的孩子，并把他抱到车上。要以一种平静、和善而坚定的方式来做这件事——这可能需要你先做几次深呼吸来让自己平静下来。要允许孩子有他自己的感受；事实上，你甚至可以与他共情，并把他的感受的名称说出来，以便他能开始理解这些感受。"我们没有买那只蓝色的小兔子，你真的很失望。"

> **手掌中的大脑**
>
> 丹尼尔·西格尔博士用一个简单而有创造性的方法解释了你在生气时大脑会发生什么，以及为什么在解决与孩子之间的问题时重要的第一步是平静下来。你可以通过在线视频看西格尔对"手掌中的大脑"（http：//www. youtube. com/watch？v=DD-lfP1FBFk）。花两分钟时间看这个视频是非常值得的。

之所以要避免说教，有三个原因：

1. 当孩子的大脑被情感淹没时，他无法"思考"。
2. 话语通常只会火上浇油。
3. 不说话能防止情绪第二次失控——你自己的！

当孩子确实足够平静下来，能听你说话时，要避免斥责。要和他一起喘口气。给他时间重新启动他的大脑。要认可他的感受。经过一段时间之后，他能学会自己缓和难以处理的情感。

自己平静下来的重要性

大脑研究人员告诉我们，当我们"发脾气"时（所有的父母都会时不时发脾气），大脑的前额皮质实际上会"断开连接"，使得我们只能从大脑中负责情感和身体感官的部分得到输入。而且，由于所有的人都有镜像神经元，所以愤怒和发脾气是会传染的。我们没有人能在生气时做到最好。

处理发脾气（无论是你的还是孩子的）的第一步，就是要平静下来。深呼吸并数到 10。研究人员告诉我们，专注、平静的呼吸有助于大脑的"整合"——也就是说，大脑会重新连接，清醒地思考和寻找真正的解决方案的能力会得到恢复。一旦你花时间冷静了下来，就要帮助你的孩子也冷静下来。而且，他确实需要你的帮助：情绪控制是需要他花若干年时间才能掌握的一种技能。

帮助你的孩子平静下来

小孩子缺乏识别和处理自己情感的能力，而因为这种能力不足惩罚他们是不公平的，也不会有任何帮助。如果你的孩子已经到了3岁或稍大一点，你或许可以用积极的"暂停"（你在第5章了解的）作为教给他在生气或不高兴时平静下来的一种方式。

对于一个不到3岁的孩子来说，在处理问题之前，要致力于安抚他。温柔的抚摸、有节奏的呼吸或者轻柔的音乐可能有助于孩子恢复控制。允许孩子有自己的感受直到其烟消云散，而不是试图改变或替孩子解决，也是可以的。如果你足够冷静，可以坐在孩子旁边并传递爱的能量，而不加任何干涉。要记住，目标是要帮助孩子平静下来，而不是惩罚他或者让他"想想他都干了什么"。

婴儿也会负担过重

马乔里和凯伦试图用来回走动、唱歌和轻拍来安慰他们的小女儿，但只是使她哭得更厉害了。当他们最终把她放下时，她似乎轻松了。她哭了一两分钟，然后就放松下来睡着了。他们出于好意而造成的刺激实际上延长了她的不适；她真正需要的是一段不受打扰的时间。

要记住，啼哭对婴儿来说是沟通，而不是不良行为。每一位父母都必须学会解读自己孩子所发送的信息。啼哭并不总是意味着相同的事情；对一个婴儿的啼哭作出回应不是在强化孩子的负面行为。有时候，恰当的回应就是让孩子通过啼哭来释放压力。最终，父母会明白哭声的含义——而这可能取决于一个孩子所体验到的整体氛围和归属感。

　　要确保你的孩子是安全而健康的，然后要决定需要采取什么行动（如果有的话）。当给予小家伙们时间在一个安全并能得到回应的环境中练习时，他们就能更快地学会处理自己的情绪。

渡过难关：在孩子发脾气时该怎么做

父母和照料人怎么做才能帮助孩子度过发脾气的状态呢？下面是一些建议：

　　•**让你自己先平静下来**。榜样是最好的老师，而且，当你平静时，你将会对你的孩子的激烈情绪做出更有效的回应。花点时间做深呼吸。一旦孩子处于安全状态，你就可以离开几秒钟让自己想出办法。要尽一切可能来保持和善而坚定。

　　•**保证安全，防止损伤**。虽然发脾气可能是和小孩子一起生活的一部分，但损坏物品和身体伤害却不是。明智的做法是将孩子带到一个更安全的地方，或者，如果是在公共场所，则可以带到一个僻静的角落。不要大声喊叫或说教，要平静地将孩子可能会扔或损坏的物品移到他够不到的地方。

　　•**克制住试图"解决"孩子的发脾气，或用奖励来哄劝孩子的冲动**。提出将引起你们的争端的物品给孩子，会教给他知道发脾气是达到其目的的一个好办法。要记住，发脾气是很正常的，但向孩子的要求让步只会导致孩子更经常发脾气。要保持和善、平静和坚定，并让暴风雨自己停息。

　　•**不要纠结于孩子的行为**。发脾气很少会像看上去那样是针对你的。要记住，你的孩子不是蓄意的或者"坏"，而是缺乏完全控制自己情绪的能力。

孩子撞头怎么办?

问：我有三个女儿，分别是 5 岁、3 岁和 2 岁。我想知道怎样才能阻止我 2 岁的女儿发脾气或伤害她自己。我已经试过对她发脾气置之不理。如果她得不到她想要的东西，她就会躺到地上并开始撞头，有时候非常用力。我不知道该怎么办。请帮帮我。

答：发脾气、撞头、屏住呼吸——在那些未能得偿所愿的孩子身上都是很常见的。这些行为都会让忧心忡忡的父母们非常苦恼。有时候，这些行为是一个孩子发泄自己的沮丧感的方式。你两岁的女儿可能还发现这些行为"管用"——也就是说，这让她得到了她相信自己需要的一些东西：她想要的物品，或者你的关注和介入。两岁的孩子正在发展自主性，并且想要得到自己做选择的权力——尽管此时他们还缺乏作出恰当决定的技能。

如果你担心你的女儿会把头撞到硬物上弄伤自己，那就把她抱起来，什么也不说，把她转移到一个有软东西的地方（地毯上、她的床上或枕头上）。你可以试试这样说："我愿意和你一起解决这个问题，但在你这么生气时我们无法交谈。"（即便她理解不了这些话，但你平静的语调会引起她的共鸣。）然后，要让她知道，当她平静下来后可以随时来找你。要确保她待在一个安全的地方，并且你要做几次深呼吸让自己平静下来。这需要一些时间，但如果你是和善而坚定的，她就会明白你不会受到发脾气、掉眼泪和威胁的操纵。

积极的倾听：说出感受的名称

孩子们在不断地发送着非语言信息。他们的面部表情、姿势和行为都为有洞察力的大人了解他们的感受提供了线索；一个18个月大的孩子无法告诉你："我感到疲倦、困惑，而且因为够不到饼干筒感到沮丧。"他还没有掌握表达一系列如此复杂的想法和感受的词汇。你能听到的是尖声的哭叫，伴随着被扔到地上的一个玩具、一张皱起来的小脸以及躺在地上的小人儿。

可以理解，一位妈妈面对这种情况也会感到沮丧，并且可能会用难听的话表达出来。或者，她可以选择帮助孩子理解他的感受，说出这些感受的名称，以帮助孩子在将来识别它们，并为处理眼前情形的方法打开一扇大门。

妈妈可以这样回应："我能看出来你因为够不到那个饼干筒而感到很沮丧。当我做不到一些事情时，我也会感到沮丧。让我们一起来想出解决办法吧。"一旦一个孩子的感受被说了出来、得到认可和理解，他通常就会感觉好一些，并且更愿意寻找解决方案。在这个例子中，妈妈和她的儿子想出了把饼干筒放在孩子容易够着的低一些的架子上的办法。他们还决定在饼干筒里装上健康的零食，比如水果片或葡萄干，以便孩子能随时自己取。你的孩子可能不会总是听你的话或对你的话作出回应，但是，说出这些话能帮助你改变自己的态度。

要记住，你的孩子不是天生就掌握表达其情感的词汇的。他无法用话语明确说出自己的感受，并且可能不理解自己的感受到底是什么。**积极的倾听——注意一个孩子的感受并用平静而明确的话语说出这些感受——是教给你的孩子处理他的情感并最终控制自己的行为的重要一步**。即便在你的孩子还太小而无法理解这些情感词汇的含义时，你也会为他了解常常让人感到困惑的感受世界提供一些线索。总有一天，他会开始将自己的感受与你告诉他的那些词汇联系起来，并且不再需要"将其付诸行动"——至少不会那么经常。

挺过风暴：在孩子发完脾气后该怎么做

在孩子发完脾气之后，可以试试以下方法：

• **让情绪缓和下来**。给孩子一段安静的时间，以便他冷静下来，歇一口气。要平静地谈谈刚才发生的事情，并向你的孩子保证，尽管他的行为可能是不恰当的，但你依然很爱他。

• **重新建立情感联结**。在这么剧烈的一场情感风暴之后，孩子可能需要一个拥抱。在孩子释放超负荷的情感过程中，发脾气之后往往会哭并抽泣。一个无声、安慰的拥抱可以帮助你和孩子都感觉好起来。

• **帮助孩子做出弥补**。在你和孩子都平静下来后，造成的任何损坏都应该得到处理。乱扔的东西要捡起来，撕碎的纸片要收拾起来并扔掉，靠枕要重新放到床上或沙发上。大人可以提出帮助孩子做这些事情。帮助你的孩子修理破坏的其他东西，比如被损坏的玩具，也是恰当的。要承认你的孩子的能力和发展阶段，不要期望他做不到的事情，但是，让他挤胶水、操作真空吸尘器或者往撕坏的书上贴胶带，能够帮助他再次找到到自我控制感，并让他以一种切实的方式了解如何做出弥补。

• **原谅并忘掉——以及提前计划**。一旦脾气发完并且造成的混乱被收拾干净，这件事就过去了。要将注意力集中在你们的关系上，以及（如果你能）搞清楚是什么导致了孩子发脾气。预防通常是处理孩子们情绪爆发的最好方式。发脾气可能发生在孩子错过了午睡或吃饭、身处不熟悉的环境，或者要应对承受着很大压力的大人们的时候。了解你的孩子的性情以及日常生活节奏，将帮助你们双方避免很多（尽管不是全部）此类的情绪爆发。

性别和情感素养

由于我们尚未明确了解的原因，女孩习得社会、语言和情感技能通常要比男孩早；男孩往往比女孩更容易生气（并且更难安慰）。此外，在很多文化中，男孩听到的有关情感表达的讯息可能会使他们更难识别和处理自己的感受。

很多研究人员——比如威廉·波洛克（William Pollock）、丹·金德伦（Dan Kindlon）和迈克尔·汤普森（Michael Thompson）——都注意到，尽管小女孩被认为就应该有哭有笑并表达她们的感受，但是，大人们和同龄人在有意或无意中可能给小男孩传递的信息都是公开地表达诸如伤心、害怕或孤独之类的情感是"软弱"。当他们跌了一跤并伤到自己时，经常会有人告诉他们"你没事"之类的话，即便他们感觉一点都不好。而女孩在这种情况下更可能得到拥抱和温柔的安慰。

研究还表明，父母们对女儿比对儿子更经常谈论感受。（事实上，很多父母跟女儿说的话总体来看会更多，每天所说的单词量也比跟男孩说得更多——而每天所说的单词量是衡量入学准备程度的一个重要因素。）小男孩们由于很少得到指导和鼓励，通常形成的信念是有感受是"错误"的。

有趣的是，虽然人类大脑确实存在一些基于性别的差异，但是，情感的敏锐性却不在此列。男孩和女孩会有完全相同的感受，并且同样需要学会情感认知和控制的技能。金德伦和汤普森将其称为"情感素养"，他们相信，情感识别和表达能力的缺乏，可能是男孩子在青春期更容易抑郁、滥用药物、酗酒、辍学和自杀的原因之一；这也许还能解释青春期男孩和成年男性为什么更经常发怒。拥抱、抚摸和谈论感受，不会使你的儿子"软弱"——这些行为会帮助你的儿子成长为一个健康的男人。要运用积极的倾听；在交谈中大量运用"情感词汇"。随着你的小男孩不断成长，你将会找到教会他理解他的感受——并选择尊重而恰当的行为的办法。

处理愤怒和抗拒

或许，没有哪种情感能像一个孩子的愤怒那样给父母造成更多的担忧。小孩子表达愤怒的方式让父母感到很害怕：大发脾气、扔东西、大喊大叫、打人、乱踢，甚至咬人。（咬人对于那些还没有语言能力表达愤怒或沮丧的孩子们来说，是一种很常见的方式。）所有的人都有感受——很多感受——而且，我们所有的人，不论成年人还是孩子，都需要表达并理解自己感受的方法。

这意味着父母应当容忍孩子将打人、大喊大叫或乱踢作为可接受的愤怒表达方式吗？当然不。伤害他人（或自己）的行为，不是表达感受的恰当方式。父母和老师们可以做出努力，进入到小孩子的内心世界并进行理解。他们可以运用积极的倾听来认可并澄清孩子的感受，并在之后教给孩子以可接受的方式表达他们的愤怒（可能是有正当理由的）。

孩子们是通过观察大人来学习的。当父母们安静地站着并做几次深呼吸，而不是立即对让人生气的事情作出反应时；当他们对一个试图打人的孩子不以打为回应时；当他们走到孩子身边、蹲下身来看着孩子的眼睛并请他停止一种行为，而不是从房间的另一头大声嚷嚷时，他们就是在向孩子做出如何处理强烈感受的榜样。

孩子们是以以下方式了解愤怒的：

- 观察大人们在愤怒时会怎么做
- 体验别人在愤怒时如何对待他们
- 学着识别自己内心的愤怒感受

我们很容易用愤怒来回应愤怒——和孩子一起大叫，让孩子去做惩罚性的"暂停"，或者相反，试图"搞定"愤怒的孩子。这些回应通常会导致冲突升级，并毁掉本来可以用于教孩子、理解孩子或找到解决问题的可行方案的机会。具有讽刺意味的是，父母给孩子做出的榜样可能与他们想教给孩子的相反。如果你不能控制你的行为，就很难教给一个孩子控制他的行为。要记住，你的小家伙对于愤怒的理解与你的理解并不一样。他既需要你帮助他识别他的感受，又需要你帮助他学会以恰当的方式来处理并表达其感受。父母和照料人怎样才能帮助一个愤怒的孩子呢？

> **当一个孩子愤怒时，你应该如何反应？**
> - 说出你的孩子的感受。
> - 认可孩子的感受。
> - 为孩子提供表达自己感受的恰当方式。

说出你的孩子的感受

要用一种平静的语气，将你的孩子的感受"映射"给他。你可以说："儿子，你看上去很生气！我看到你翘着下巴，紧皱着眉，握着拳头。"给出这些线索可以帮助孩子将自己的感受和当时的行为联系起来。显然，真正的理解需要时间，但任何时候开始都不嫌早。

认可孩子的感受

情感产生于孩子的大脑深处。他的情感不是他"选择"的，而且，事实上也没有所谓"错误的"感受——这是很多大人还不了解的。你的孩子的感受都是有原因的，即便在他并不能清醒地知道是什么原因的时候。要开始教给你的孩子知道他有任何感受都可以，但有些行为是不可以的。要试着说："生气没关系——如果我是你，我也会感到很生气。但打我或伤害你自己是不可以的。怎样才能帮助你感觉好一些呢？"要记住，我们通常在感觉更好时，才能做得更好。现在学到的有关识别和对待感受的方法，会让你的孩子受益终生。

为孩子提供表达自己感受的恰当方式

一个生气的学步期孩子可以做些什么来处理自己的愤怒呢？哦，像一只恐龙那样咆哮、用笔在纸上乱涂乱画、在后院里跑或者揉一团橡皮泥，或许会有帮助。这些方法为情感能量提供了身体上的发泄方式。父母们通常会发现，以健康的方式表达出来的愤怒消散得会快得多；事实上，他们常常会发现自己正和片刻之前还在大怒的学步期孩子咯咯地笑成了一团。（打或捶枕头或其他

说出感受

砸木桩

画出你的感受

砸培乐多胶泥

班会
马克—生气
萨利—吃零食
荷西—午睡时间

用玩偶来
表达愤怒

物品，有时会使愤怒升级，而不是减轻孩子的愤怒。如果你选择这种方式，要注意你的孩子从中学到了什么。左图是表达愤怒的几种可接受的方式。）

我们的感官也能提供平静下来的方式。做深呼吸，闻闻花香，听轻柔的音乐，抚摸柔软的泰迪熊，或者在一个水盆里拍水，都有助于情绪的恢复。

关于"小毯子"和其他依恋物

与一个孩子的信任感和安全感紧密联系在一起的，是已经逐渐变成了一种民间传说的小孩子的物品：安乐毯。连环漫画《花生》（Peanuts）中的奈勒斯，去哪里都带着他的毯子，甚至用它来攻击他讨厌的姐姐。全世界的孩子都依赖小毯子、最喜欢的填充动物玩具或想象中的朋友来帮助他获得安全感——而且，全世界的父母通常都会怀疑允许自己的孩子这样做是否健康。

只需要稍想一下，就很容易理解我们这个世界对于很小的孩子来说有多么可怕。一个孩子对自己的小毯子的依恋可能会非常强烈；它通常都有其独特的感觉和味道，而孩子通常都能知道自己最喜欢的东西是否被替换或更换了。很多父母都有过把泰迪熊或小毯子忘在了商店或汽车旅馆，然后不得不带着一个歇斯底里的孩子紧急赶回去取的惊慌经历。

尽管不安全感和恐惧可能会让父母们感到心烦意乱，但它们和其他情感是一样的。它们只是感受，并且可以用积极的倾听、热情和理解来处理。如果伴着一条特殊的毯子或一个填充玩具睡觉有助于一个孩子放松下来并感到舒适，会有任何真正的害处吗？

有些孩子从来不接受小毯子或填充玩具，而是更喜欢吮吸大拇指或安抚奶嘴。莫妮卡原来相信，如果她给孩子们足够的哺乳机会，他们就不会吮吸大拇指。然而，她的一个按需哺乳的女儿直到6岁才不再吮吸大拇指。莫妮卡不得不承认："那套理论到此为止吧！"

安抚奶嘴可以成为让一个婴儿满足自己的吮吸需要的一种有益方式，并且能在孩子烦躁或有压力时提供安全感（和平静的心情）。事实上，一个似乎已经放弃吮吸拇指或安抚奶嘴的孩子，如果遇到搬家，或者看护环境或照料者的改变，或生活中的其他剧变，常常会恢复这个习惯。大多数父母最终都会怀疑允许孩子吮吸拇指或使用安抚奶嘴是否明智，尤其是当孩子越来越大的时候。美国儿科学会推荐在孩子出生后的第一年小睡和晚上睡觉时使用安抚奶嘴。研究表明，安抚奶嘴的使用能够降低婴儿猝死综合征（SIDS）的发生率。他们明确提出，安抚奶嘴不应该在吃母乳习惯牢固地建立起来之前使用，并且不应该强迫抗拒安抚奶嘴的孩子使用。

当孩子到5岁停止使用安抚奶嘴时，牙齿受到的影响通常是可以恢复的。如果你关心孩子的吮吸需求，尤其是在涉及牙齿和畸齿矫正的情况下，你也许可以通过向儿科牙医咨询来消除你的恐惧。一般说来，大人越少大惊小怪，问题往往就会越快得到解决。随着孩子逐渐长大，他们通常都会愿意把安全依恋物的使用限制在晚上睡觉或小睡的时候，尤其是在他们感受到来自父母的理解和接纳的情况下。通常，大多数孩子不用大人干预，到6岁时就会自动放弃自己的小毯子或安抚奶嘴。

戒除安抚奶嘴

问：我想知道，你有没有什么建议能让我两岁半和四岁半的两个儿子不再使用安抚奶嘴。我以前从来没有担心过这个问题，在他们想用的时候就让他们用，因为我知道这能安慰他们，并且我没有看到这对他们有任何危害。但是，我今天带着大儿子卢克去看了牙齿矫正医生，因为他的天包地已经影响到了说话和牙齿。牙医确实说安抚奶嘴肯定使这个问题更严重了。

所以，我认为是时候戒掉奶嘴了。我想确保尽可能以最和善、最尊重孩子的方式来做到这一点。我想，对他的弟弟杰克也需要这么做，因为如果看到弟弟还在使用奶嘴，卢克就很难戒掉。请给我一些建议！

答：有些父母发现安抚奶嘴"丢了"，并且相信孩子能挺过去——他们确实能——非常有效。当你允许孩子经历一点小"痛苦"（与"让他们受苦"很不一样）时，他们就能发展自己的"失望肌肉"并从经历中知道自己能够恢复。从长远来看，这会帮助他们感觉到自己更有能力。你可以试试跟卢克谈谈奶嘴为什么对他没好处，并且一起制定一个放弃奶嘴的计划。

几个星期后，这位妈妈告诉了我们下面这个故事："我坐下来和卢克谈这件事，问他想怎样戒掉自己的奶嘴。他立刻说想把奶嘴全都收起来，洗干净，然后放到带拉链的袋子里交给我妹妹，留着她有孩子的时候用。他太可爱了！于是，我们就这么做了，他的弟弟像通常一样也跟着这么做了。他们在当天下午哼唧了一会儿，晚上又哼唧了一小会儿，但我安慰了他们，事情就过去了。真的很容易。今天早晨，卢克跑进来说：'我知道我能做到！'"

"我家小丫头的小毯子都有点破烂不堪了，"另一位妈妈说，"确实破旧的不行了，直到最后破成了几片。对她来说，找到这些碎片已经变成了一件烦心事，因此这个小毯子就无声无息地成为了历史。实际上，我收起来了几片，把它们收进了我的首饰盒。我割舍不掉它们。我打算将来有一天把它们缝进我外孙的被子里。"令人惊奇的是，有那么多曾为自己的孩子对小毯子的依恋而叹息的父母，在孩子将其放弃很久之后，还保留着一小块作为纪念。

语言能力和沟通

大多数父母都热切地期待着自己的孩子第一次说话，他们会告诉朋友和家人，并记录在婴儿手册和日志里作为永久纪念。父母们会对孩子天真的发音错误和其他语言错误报以微笑，并在孩子能连贯地表达自己的意思时欣喜万分。

婴儿通常要到6、7个月大时才开始理解话的意思，并且大多数孩子要到10~18个月大时才会说话。然而，在此前很久，婴儿就会把头转向一个熟悉的声音，冲着父母的脸微笑，或者高兴地伸手去够喜欢的人。试图与一个还不能表达自己感受和想法的小孩子沟通并理解他，可能会让人很沮丧——也会让这个孩子感觉很沮丧！

像发展中的大多数其他能力一样，不同孩子的语言习得速度是不一样的。如果你的孩子显得很机敏并能很好地回应你，那很可能是一切都好，即便他还说得不多。（如果你担心自己孩子语言能力的发展，就要和你的儿科医生谈谈。确实有些孩子说话和语言发育迟缓；接受语言治疗专家的治疗可能会有帮助。）

你需要知道，孩子学习语言的最好方式，就是经常有人跟他们说话，并且给他们大量回应的机会。全世界的父母们出于本能而对新生儿的温柔低语，实际上让婴儿开始了解自己母语的声音，并帮助他将这些声音与嘴唇的动作同步了起来。

当你们在商店里货架间的过道走过时，与宝宝聊聊鲜红的苹果、家里的花生酱是不是吃完了，或者晚餐吃三文鱼好不好，并不意味着你期望自己 4 个月大的孩子很快就能替你购物。这种交谈能让孩子的耳朵习惯于语言，就像那些古老的童谣能教孩子们认识韵律和词的发音——并且在长到一定阶段时自己唱这些童谣一样。无论让人多么疲倦，一个学步期孩子无休无止的"为什么"和"怎么会"的问题都应该得到心平气和的回答。正如一个 3 岁的孩子提醒自己恼怒的妈妈时说的那样："小男孩就是这么学习的!"

交谈的重要性

语言——你说的话以及你说出这些话的方式——塑造着你的思维。大多数研究人员都相信，语言能力的习得对于思考、解决问题以及记忆提取能力的发展都是至关重要的。不幸的是，教育工作者和研究人员都担忧良好地运用语言（和批判性思考）的能力正在降低。为什么呢?

其罪魁祸首可能是我们忙乱、事务缠身的生活方式，以及父母们选择如何运用与孩子在一起的时间。父母和孩子一起坐下来读书或交谈的时间都太有限了。父母们在准备晚餐、做家务或在家里工作的时候，孩子会被放在移动电子装置和电视机前。孩子们也许能学会一个卡通人物的主题曲或认识一些字母和数字，但是，与大多数父母的信念相反，孩子们不会通过看屏幕学习语言。**语言能力需要情感联结、专注以及真正的对话互动。**

太多的时候，大人们对孩子说的话都是完全实用性的。"穿上你的睡衣"、"吃饭"或者"别打你妹妹"可能就是一些学步期孩子所听到的全部会话。另外一些孩子醒着的很多时间都是在儿童看护中心度过的，那里的照料者因负担过重可能会看重安静和顺从，而不是孩子刚开始发展的语言技能。

教孩子语言

很多父母相信，"以后"会有时间教给孩子语言能力，但是，大多数语言的学习都发生在出生后的头三年。父母和照料人现在——以及在孩子上学后——怎样做才能为小家伙提供学习语言的最好机会呢？

跟孩子说话

大多数父母都本能地知道婴儿和小孩子所需要的那种语言游戏。字词游戏、童谣和简单的歌都是婴儿熟悉语言奥秘的好办法。要让孩子听你的声音；要经常对他们说话；要唱那些经典的童谣。你说了什么或许不如给了他们试验声音和语言的机会更重要。

随着你的孩子逐渐长大，讲故事是帮助孩子理解故事情节、了解词的含义，并锻炼他们的形象思维和想象能力的一种很好的方式，所有这些都是孩子今后学习和入学准备的至关重要的组成部分。

> **你怎样才能促进孩子语言能力的发展？**
> - 跟孩子说话。
> - 鼓励孩子"回应"。
> - 大量地朗读图书。
> - 关掉科技产品——至少在大多数时间。

鼓励孩子"回应"

不，我们指的不是顶嘴。但是，给孩子机会和你、其他成年人、其他孩子交谈，是很重要的。一开始，孩子们的"话"可能是由声音、单个字和手势组成的，但是，随着你不断地鼓励他们（问"什么"和"如何"的问题是一种很有益的方法），他们跟你说话并表达想法和感受的能力就会增强。大人们（以及哥哥姐姐）有时候对小孩子会不耐烦，并会急于替孩子说完他们想说的话，或者提前预见并满足他们的需要。要尽可能忍耐一下，给你的小家伙一些沟通的空间和时间。

大量地朗读图书

给小孩子大声地朗读图书，可能是父母能做的最有益的活动。即便是婴儿，也可以坐在你的腿上盯着看彩色的纸板书，而学步期的孩子通常喜欢和你依偎在一起读故事。在你读的时候，你要变成书中的角色，变换不同的声调并读出不同的声音效果，要鼓励你的孩子也这么做。既要读那些文字较多的书，鼓励你的孩子根据你朗读的内容来形成他自己的画面，也要看一些能让你们创做出自己的故事的无字图画书。讲故事也是一种逐渐学习语言和创造性的一种极好的方法。讲你自己经历的故事或你们文化中的故事，可以培养孩子刚开始发展的语言能力，并且与你的小家伙建立情感联结。

我的孩子还好吗？

儿科医生都知道，父母通常能对自己孩子的发育做出最好的判断。由于早期介入对于很多发育迟缓和疾病的治疗都是很重要的，所以，你对自己孩子的直觉——和担心——始终都是值得关注的，尤其是在出生后的头三年。（关于特殊需要的更多内容见第20章。）比如，近年来，自闭症和与自闭症相关的疾病的发生率有大幅度的上升[1]。沟通、语言和情感能力的发展为我们提供了关于孩子发育情况的重要线索。虽然只有训练有素的专家才能诊断这些问题[2]，但是下面这些问题可以帮助你决定你的孩子是否需要帮助：

- 你的孩子能认出熟悉的面孔并做出回应吗？
- 他想让你看东西时，是用手指吗？
- 当你叫孩子名字时，他会转头看你吗？
- 他模仿你的动作、姿势和面部表情吗？
- 他跟你进行眼神接触吗？
- 你的孩子对别的孩子、人或物品感兴趣吗？
- 他对你的微笑、拥抱和手势有回应吗？
- 你的孩子摇晃、蹦跳，或花很长时间发呆吗？
- 你的孩子会努力让你注意他的行为吗？
- 你的孩子会非同寻常地坚持一些常规、可预测性或具体的物品吗？

孩子会在不同的年龄展现出这些回应，但是，如果你对上述很多问题的回答是"是"，那你可能就没什么可担心的。如果你对其中很多问题的回答是"不"，而且你的孩子似乎没有进步，你或许就要跟医生谈一谈。尽管"症状"并不一定表明有问题，但早期介入是极其重要的。如果你怀疑自己的孩子发育与常人不同，或者不能轻易地与照料他们的人建立关系，就要毫不犹豫地去和你的儿科医生谈谈。

---

① 根据美国疾病控制和预防中心在2014年的一份研究报告，如今大约每68名新生儿中就有一个孩子患有自闭症。——作者注

② 你可以访问 http：//www.cdc.gov/ncbddd/actearly/milestone，免费下载孩子按月或年的主要发育对照表。

阅读可以成为学步期孩子每天的生活中最喜欢的时刻，小孩子们通常都会热切地想沉浸在书籍所打开的迷人世界中。有一天，当3 岁的凯文为妈妈"读"他最喜欢的贝贝熊的书时，妈妈大吃了一惊。他已经记住了所有的文字和发音——并且能在该翻页的时候翻页。芭芭拉 13 个月大时，她最喜欢的姑姑坐下来给她读一本关于花的书。芭芭拉专注地盯着图画，然后把书拽到了自己手里，把鼻子凑到书页上深深地吸了一口气。姑姑很惊讶地发现芭芭拉居然能那么理解书上印着的花朵图案和一朵真花的香味之间的联系。

等孩子长大一些后，你可以与他分享你在他这个年龄时喜欢的图书，或者问问朋友们他们的孩子都喜欢看什么书。① 要把一起读书作为你们睡前惯例的一部分。很多父母发现，这一温馨的惯例会延续到远远超过孩子的学步期，并且为未来几年提供一段温暖而亲密的时光。

关掉科技产品——至少在大多数时间

电视、应用软件和电子游戏可能确实会改变孩子大脑的运转方式，而且电视开着时的背景噪音会造成孩子语言能力发展的迟缓。美国儿科学会建议，不满两岁的孩子不要接触屏幕设备。

要记住，当父母和照料者花时间跟孩子们玩耍和说话时，大多数语言和情感能力就会得到自然而然的发展。做个深呼吸，放松下来，并提醒自己要享受这几年。任何时候开始都不会太晚——或太早。

---

① 并非所有男孩都会被书吸引，尤其在女性看护人负责为其选书的情况下。可访问 www.guysread.com 查询男孩感兴趣的书单推荐。——作者注

需要思考的问题

1. 想想你的孩子上一次在公共场所发脾气的情形。（大多数孩子终究都会如此！）你当时最在意的是什么：帮助你的孩子平静下来并学习处理情感的技巧，还是想知道旁边的人会怎么看待你？记录下孩子的情绪失控会如何影响你，以及你下一次该怎样做才能保持平静并帮助孩子。

2. 因为小孩子的视觉比语言能力强，图表和图画可以成为有益的工具。和你的孩子（如果他足够大的话）一起制作一个"愤怒选择轮"，以帮助他学会自己平静下来。（见 108 页的图。）做一个分成 6 等份或 8 等份的简单饼状图；在每个部分画上能帮助你的孩子在愤怒或不高兴时平静下来并感觉好起来的事情，比如玩水、抱一个依恋物、听有声书，或一些类似的事情。让孩子帮助你给选择轮涂颜色，或者用小亮片来装饰；然后挂在他能很容易看到的一个地方。当他愤怒或心烦的时候，让他去看看选择轮，选择一个能让他感觉好起来的方法。

3. 没有人喜欢别人告诉自己去做什么——包括你的孩子。要练习将你的指令和命令（"刷牙去""穿上你的外套""收起你的玩具"）变为提问："你需要怎么做才能让你的牙齿不再感觉黏糊糊的？""你应该穿些什么才不会在外面感到冷？""你在晚餐前需要做些什么？"传递的信息是相同的，但是，提问会让孩子们自己思考，并且通常比命令会被更好地接受。试试看！

4. 做一些关于感受的日志。你相信有些感受可以有，而另一些感受不可以有吗？你认为有些感受是你的儿子或女儿不该有的吗？关于男孩、女孩和感受，你从自己的父母和老师那里了解到的是什么？你想对自己的孩子有不同的做法吗？

第 7 章

信任与不信任

"我可以依靠你吗？"

　　埃里克·埃里克森①在其关于情感发展的开创性著作中（他的著作已经得到了很多研究的证实），确认了所有人都必须掌握的几大关键任务。第一个关键任务，即信任感与不信任感，是在出生后的第一年形成的。要形成信任感——安全依恋的一个重要部分——一个婴儿必须了解到他的基本需要始终会得到关爱和满足。这些需要包括正常的营养、舒适的温度、干爽的尿布、充足的睡眠，以及大量的抚摸、抱和拥抱。

　　重要的是要注意到，信任感的形成，就像所有的发展任务一样，并不会在出生后的第一年就得到一劳永逸的解决。相反，它会在以后的若干年里，在你和孩子一起面对新挑战的过程中，被

---

　　① Erik Erikson（1902~1994），出生于德国，美国精神病学家，著名的发展心理学家和精神分析学家。他提出了人格的社会心理发展理论，把心理的发展划分为八个阶段，指出了每一阶段的特殊社会心理任务，并认为每一阶段都有一个特殊矛盾，矛盾的顺利解决是人格健康发展的前提。——译者注

建立和扩展很多次。然而，不信任感会打下一个在未来很多年中都难以克服的（尽管不是完全不可能）基础。为此，知道怎样帮助你的孩子形成一种信任感是非常重要的。

很多父母对于满足婴儿的需要和溺爱之间的区别都感到很困惑——而且，他们肯定听到过很多观点。这些观点从"要让你的宝宝遵循严格的时间表（毕竟，他或她已经来到你们家生活了，没有理由太多地改变你的生活）"，到"忘掉你的生活吧；要时刻不离你的宝宝，并尽量预见到宝宝的每一个需要和每一次啼哭"。这两种极端都不可能管用。理解你的孩子形成信任感而不是不信任感的重要性，是找到你和宝宝之间的恰当平衡的一个关键因素。

一个被忽视的婴儿（一个对食物、舒适和爱抚的基本需要没有得到满足的婴儿）会在生活中形成一种不信任感，我们现在称之为"不安全依恋"。你或许会感到很惊讶，一个被极度溺爱的婴儿可能也会形成一种不信任感，因为他从来都不必很耐心或自立。就像养育中的很多其他方面一样，最好的解决办法是建立一种健康的平衡。

第一年的发展适应性

要想以能达到积极结果的方式对待小孩子的行为，其中的一个方面就是要知道什么是"发展适应性"，这是我们用来描述孩子们在某个年龄的典型特征和行为的一个术语。你越了解你的孩子心理、智力和生理的发育，就越能知道什么是发展适应性，并且越有能力进入你的孩子的内心世界并影响其人生早期的决定和行为。

你会宠坏一个婴儿吗？

在一个婴儿出生后头几周或头几个月的某个时候，其父母会听到这样的告诫："不要每次宝宝哭的时候都抱起他——你会宠坏他的！"但是，大多数父母对于让一个婴儿哭会感到不舒服，尤其是哭很长时间。你怎么才能知道什么时候该抱起你的宝宝，以及什么时候让他自己解决呢？

形成信任感——以及拥有一种安全的依恋——意味着一个孩子相信："我在这里是被爱、被需要的，无论怎样。"这个任务在出生后忙乱的头几周里比任何其他事情都重要，而且，对一个婴儿的哭声和信号作出回应，并且确定你的宝宝是否需要食物、干净的尿布或者安慰，自始至终都是很重要的。他正在通过观察你如何对他的行为作出反应，来决定什么"管用"（从一个不成熟、没有任何技能、很小的人的角度来看）。在一个婴儿生命的初期，他需要你始终作出回应，并给予他爱、舒适和照料。

在第一年的某个时候，婴儿开始形成关于自己和他人的信念，以及如何得到他们认为自己需要的东西的信念。（有些人相信这个过程甚至可能在子宫里就开始了。）这个时候，婴儿可能学会用哭来得到关注。有需要并且想得到关注，没有任何错。然而，对此有一个古老的经验法则：如果你感觉自己好像被你的孩子操纵了——那就有可能是！

如果父母不是始终对一个婴儿的信号作出回应，这个婴儿可能就会认定自己没有归属，并且无法相信自己生活中的大人们。这会损害对于社会能力、情感能力以及智力发展都极其重要的依恋关系。但是，如果父母溺爱一个婴儿，当他每次一哼唧时，就把他抱起来，从来不让他体验自己的感受或学会自己缓和下来，这个婴儿可能就会认定让别人为自己做事才是最好的。时间会帮助你发现怎样对自己的宝宝做出回应，但要记住：他需要时间和空间练习各种技能。啼哭是不会致命的，无论它可能多么令人沮丧或恼怒，而且，让你的宝宝哭闹一会儿并不是糟糕的养育——尤其是在过了头几个月之后。真正了解你的孩子，是你的首要关键任务。如果你有疑虑，则宁可偏重于与孩子建立依恋关系，到孩子会说话时，再开始充满挑战的"戒除"过程。

艾莉莎非常爱自己4个月大的宝宝马修，很喜欢抱着他，但是，她不想被这个迷人的小家伙操纵。所以，她采纳了婆婆的建议，让宝宝"发泄出来"；当他睡醒开始哭的时候，她不再进去抱他。这似乎很管用，而且马修和妈妈终于都能睡得更好了。但是，一天晚上，小马修哭了一个多小时，拒绝安静下来睡觉。最后，艾莉莎实在想休息一会儿了，进去看孩子是怎么回事，发现他已经高烧40度了。她意识到，尽管自己不想溺爱宝宝，但她确实需要做些回应，以确保孩子的基本需要得到满足。她还决定，要等到孩子再大一点的时候再教他适应能力。

学着了解婴儿真正的"需要"与"欲望"之间的区别，给父母们造成了相当的焦虑，但是，随着你的了解的增加，你的自信会越来越强。正如我们之前说过的那样，重要的是要满足你的孩子的所有需要，而不是他的所有欲望。当一个孩子生活在一个能体验到大量情感联结的环境中时，她就不会因为偶尔的失望而遭受心灵创伤。**要成为一个有效的父母，你需要运用你的头脑和内心。**你了解的知识越多，你就越能相信自己的头脑。你越知道喜欢你的孩子有多么重要，你就越能信任你的内心。在有怀疑的时候，永远要相信你的内心。

独特性、自信和父母的信心

说每个人都是不同的、独一无二的，既不新鲜，也不深刻，但是，这一点却很容易被忘记。假以时日，你会找到让你感觉舒服并且有效的养育工具。这与信任感与不信任感的形成有什么关系呢？埃里克森发现，一个孩子形成信任感的一个首要因素，就是这个孩子感觉到他的主要照料人——通常是他的妈妈——对她自己有信心。

由于自信如此重要，我们想再说一次：大多数母亲会发现，当她们对孩子的发展和养育技巧有了基本了解——并且相信自己的直觉时，她们会更相信自己。这就是为什么父母教育如此重要的一个原因。当你对孩子的发展、适龄行为以及帮助你的孩子茁壮成长的非惩罚性方法有了更多的了解时，你就会对自己理解和照料自己孩子的能力感到更有信心。

当有人始终对孩子的啼哭作出回应时，孩子们就会形成一种信任感，但是，不要错误地将此理解为这意味着如果你没有对孩子的每一次哼唧都作出回应，他就会遭受心灵创伤。父母们很快就能学会辨别一个婴儿的不同哭声——他是饿了、痛了，还是生气了。有时候，婴儿会为了释放过剩的精力而啼哭；让他哭到自己平静下来或许能帮助他学会自我舒缓。当父母们相信他们不得不通过摇晃孩子、给他们哺乳或用奶瓶，甚至和他们一起躺下来帮助孩子入睡时，孩子们学会的可能是操纵技巧，而不是信任（对自己和对父母的信任）。这并不意味着在奶奶的臂弯里被轻摇着入睡会对孩子造成危害。始终要记住，保持平衡要比任何极端做法都好。

信任与不信任

在出生后的第一年，孩子开始了解信任的基本概念，这是情感发展的第一个重要阶段。如果他哭了，会有人过来吗？如果他饿了、冷了或尿湿了，会有人给予帮助吗？日常生活中的惯例和常规会如常发生吗？正是通过这些简单的经历，孩子才能学会信任并依赖自己的父母。

没有这种基本的信任感，生活会变得困难得多。那些在出生后的头几年频繁更换抚养家庭的孩子们，或者得不到爱和持续的关心的孩子们，通常会拒绝与人进行眼神接触，或对哪怕最充满爱意的尝试做出回应。逐渐培养起孩子在出生后头几年被抑制的信任感，会需要大量的耐心和决心。

我们大多数人都认识一些很难相信自己或他人的人，以及不大相信自己有能力影响发生在自己身上的事情的人。你的孩子会带着信任感还是不信任感、相信还是怀疑度过一生呢？这在很大程度上取决于他在出生后的第一年得到了怎样的对待（以及他基于自己的经历所做出的下意识决定）。信任感的形成始于这关键的头一年，并且会在孩子成长的过程中持续。

需要知识和自信（以及对你的孩子的信心）才能知道什么时候让孩子体验到一点不适是可以的，以便他形成一种信任感和对自己的信心。要记住，没有哪个父母天生就知道平衡在哪里——犯错误会让我们调整自己的认识。不仅关注你的宝宝，而且关注你自己的感受和智慧，你就很可能会很快知道什么对你的孩子最好。

惯例和常规

孩子出生后的头几个月和头几年是一段不断变化的时期。任何一个新生儿的妈妈都能证明，她的日常生活安排每一天都会发生巨大的变化，因为对婴儿及其父母来说，所有的事情都是新的。要让一个孩子形成信任感，生活必须是可预见的，而这就是惯例的作用。建立惯例是孩子和父母一起生活的头几个月和头几年重要的一部分。到3个月大的时候，大多数婴儿都已经习惯了一个可预测的时间表。如果是母乳喂养，3个月大似乎是造成孩子哭闹停止的生长突增期的时点。母乳在此时满足了孩子的需要。但是，随着孩子的成长和发展，惯例会一直受到考验——比如，虽然宝宝准备放弃小睡，但你还没有准备好放弃能让自己安静一会儿的这段时间。

每天的活动，如果一如往日那样是可预见的，就能形成将变为一个孩子的生活经历的可预测性和联系的背景。当我们以此为背景看待事情时，就能理解当我们的生活中出现混乱时——从搬家，到离婚，到天灾人祸所造成的混乱——我们的安全感可以通过遵循熟悉的惯例而得以重建，使得我们恢复自己对周围世界的信任。在孩子小时候的这些日常照料中的活动可能看上去并不是极其重要，但是，这些简单的日常行为却在塑造着我们终生的信任能力。

常规，在孩子出生后的头几年尽管并不详尽、复杂，但确实对于加强和发展信任感具有重要影响。妈妈在哺乳后轻轻地扶着宝宝蹦跳并温柔低语；爸爸在给宝宝奶瓶前用哑嘴声逗他微笑；或者姐姐在睡觉前给他唱"一闪一闪小星星"——都是能给一个小孩子的生活增加质感并使其开始理解生活的常规活动。这些事情向孩子证实着他对这个世界是一个可预测并值得信任的地方的体验，并且能让他知道他是安全的。随着孩子的成长，家庭常规的庆贺和传统的活动会继续为孩子的生活增添欢乐和联结感。

喜爱你的孩子和你自己

生活会给新父母们出很多难题，从中耳感染到对未支付的账单的担忧，但是，如果你忘记了享受一些特别的时刻，学习新技能和适应有一个成长中的孩子的生活可能就会显得像是一种沉重的负担。我们真的需要提到喜欢你的孩子的重要性吗？我们认为是如此。和一个孩子一起生活，尤其是在孩子出生的第一年，可能会是一段令人不知所措的经历。每一件事情都是新的，宝宝不断地有各种需要，而你有时会担心自己做得是否"对"。你的宝宝会感觉到你的担忧和怀疑，而他增长中的信任感可能就会受到阻碍。要利用这个机会来增强你对自己的信任——要记住，把自己犯的错误看得太严重是无益的。以感激的心态从错误中学习是有益的。当你有了愉快、认知和不断学习的基础时，信心就会渗入你的内心，而你就会知道该怎么做了。(是的，你真的会知道!)

帮助你的宝宝发展信任感：

• 满足宝宝的所有需要。

• 了解需要和欲望之间的区别。

• 避免溺爱（满足所有的需要，但不是所有的欲望）。

• 了解发育的需要（社会的、智力的和生理的）。

• 学习养育技巧（包括对你所做事情的长期效果的了解）。

• 对你自己和你的孩子有信心和信任。

• 喜爱你的孩子。

以愉快为先

如果婴儿从父母和照料人那里感觉不到喜悦的能量并知道自己是被爱、被需要和被欣赏的，他们怎么能形成信任感呢？马娅·安杰卢①在"奥普拉秀"的一次节目中说得很对："当你的孩

---

① Maya Angelou（1928~2014），美国黑人作家、诗人、剧作家、编辑、演员、导演和教师，当代美国黑人诗人的杰出代表。——译者注

子走进房间时，你的眼睛会亮起来吗？"当你的孩子还是一个婴儿时，要确保你在走到他面前时你的眼睛会亮起来——并且在你以后的生活里要继续这样做。

当环境妨碍你喜欢你的孩子时，你要问自己这样一个问题："这会给 10 年之后带来变化吗？"屋子是否干净、草坪是否已经修剪或者家具是否已经上蜡不会带来任何区别；另一方面，你与伴侣和孩子在一起的时光，会让这个世界大不一样！

需要思考的问题

1. 花一点时间记录下你对自己作为父母的信心。在照顾孩子时，哪些方面会让你放松下来并享受这个过程？哪些事情会让你感到紧张或不知所措？如果你能够更经常地放松下来，你和孩子之间的关系会有什么改变？什么会让你增强作为父母的信心？

2. 你有时候感觉自己被你的孩子操纵了吗？你认为有必要经常抱着孩子吗？你能否轻松地做到容忍孩子哭并让他试着自己平静下来？了解孩子形成信任的需要，会怎样帮助你放松下来，并给孩子学习的空间？

第 *8* 章

自主与怀疑和羞愧

"我可以自立（但不要不管我!）"

　　埃里克·埃里克森提出的第二大关键任务（自主的感觉与怀疑感和羞愧感）是在孩子出生的第二年开始形成的。了解这一点，将有助于你从自己的学步期孩子的很多古怪行为中发现更多的快乐而不是沮丧。学步期孩子们想做什么？几乎所有的事情：探索、触摸、检验、把手指伸进插座、玩遥控器、拿出橱柜里的全部锅碗瓢盆、在洗手间里玩、扯卫生纸、吃唇膏、喷香水，以及研究他们能够触及到的一切。

　　当父母们不允许学步期的孩子探索，或者在孩子触摸了不该摸的东西而打他的手时，会造成什么结果呢？他可能会形成在以后的生活中挥之不去的一种怀疑感和羞愧感。结果表明，羞愧感是一个人所具有的最"毒"的情感反应之一，并且不会激发出信任、自信和亲密。

　　那些还不了解这个重要发展阶段的好意的父母们可能不知道，太多的限制和惩罚或经常恼怒地提到"烦人的两岁"，会逐渐灌输给孩子一种怀疑感和羞愧感，而不是一种自主的感觉——尽管这种怀疑和羞愧感要到以后才会在生活中显现出来。注意，我们说的是一种自主的感觉——而不是自主本身。

埃里克·埃里克森用"……的感觉"这个词来描述在一个方向或另一个方向的一种趋势。"……的感觉"这个词还描述了小孩子们在不具备语言能力或成熟度来解释正在发生的事情时，可能会体验到的信心或困惑。埃里克森相信，在 1~3 岁之间，孩子们有机会在父母的帮助下，开始寻求比怀疑和羞愧感更有力量并更健康的自主感。

自主感对于孩子的健康发展是极其重要的；正是自主给了一个孩子信心和能力，去追求他自己的想法和打算。毫不奇怪，一个小孩子的自主愿望会给其父母带来一些挑战（正如任何一个家里有学步期孩子的人所能证实的那样），但是，孩子们没有自主就无法茁壮成长。你的孩子对自主感的追求会贯穿其整个童年时期的始终，但是，其基础是在出生后的第二年和第三年打下的。一种强烈的信任感发端于出生后的第一年，而一种强烈的自主感是在第二年和第三年形成的，这还为健康的自我价值感打下了基础。

什么是自主？

由于一种强烈的自主感是如此重要，因此你需要知道它到底是什么，以及如何帮助你的学步期孩子培养它。字典里将"自主"定义为独立或自由，具有自己行动的意愿。"什么？"你可能会问，"给我的学步期孩子独立和自由？我的学步期孩子还是一个需要依赖我的婴儿呢！"事实是，你的学步期孩子既需要自主，又需要对你的健康依赖。他需要在父母和家庭所提供的安全和他发现自身能力的自由之间的一种平衡。

这在哈利·哈洛①对猴子及其幼崽的经典研究中得到了完美体现。在哈洛的研究中，猴妈妈带着猴宝宝们进到一个有很多玩具的房间。猴宝宝们在观察那些有趣的玩具时紧紧地抓着妈妈。最终，它们探索的需要占了上风，它们离开了妈妈去玩那些玩具。每隔一段时间，它们会回来跳到妈妈怀里以获得一定的安全感，之后又继续去玩。孩子们也需要这种安全感和自由的巧妙结合。太多的自由，对于一个学步期的孩子来说有时是危险而可怕的。太少的自由则会妨碍大脑的健康发育，并可能抑制自主感的发展。

鼓励自主，而不娇纵

人们很容易误解自主对于学步期的孩子意味着什么。拥有自主，并不意味着孩子不再需要指导和安全的界限。他需要。自主并不意味着他应该主宰整个家庭和为所欲为。他不可以。自主的发展，需要的是安全边界之内的自由，以及和善而坚定的指导，这样，你的孩子才能开始走向独立的重要过程。

自主并不意味着一个孩子已经准备好了为生活中的各种情形作决定。问一个孩子是愿意帮你拿着钥匙还是钱包，会给他一个体验到自己力量的有益的机会。问他是喜欢去这个幼儿园还是那个幼儿园，全家人是否要在感恩节去看望奶奶，或者他是否介意爸爸妈妈今晚去看一场电影，可能会导致他相信是（或者应当是）他说了算。这些决定都是成年人的责任。让孩子们背负太多

① Harry F. Harlow（1905~1981），英国比较心理学家，早期研究灵长类动物的问题解决和辨别反应学习，其后用学习定势的训练方法比较灵长类和其他动物的智力水平，曾获美国心理学杰出贡献奖。——译者注

的选择——或者不应当由他们作出的选择——会让孩子变成难伺候的、焦虑的暴君。这是无效的养育——并且可能是有害的。

如何妥善地促进孩子的自主

因为自主是健康成长中如此重要的一步，你可能想知道你在促进自己的小家伙的自信中应该发挥什么样的作用，而又不让他遇到过度的风险。在儿童早期的养育中，一个更持久的争论就是家庭中的儿童安全防护：收起有毒物品、塞住电源插座、锁好橱柜、把贵重或易碎物品放到小孩子够不到的地方，以及使家里的环境更适合孩子安全地探索的其他措施。发展孩子自主性的重要性，是支持在你的家里做好安全防护的极好论据。有些大人担心儿童安全防护无法教给孩子们约束自己。要记住，这是一个需要照管的年龄：自我克制是以后的事情。小孩子的成长决定了他们要探索，并且缺乏对冲动的控制。如果你无视孩子发展的需要和局限，最可能的结果就是巨大的心理压力。随之而来的冲突和权力之争，不会教给你的孩子任何有益的东西。

有很多事情是不应该允许孩子做的——比如拿着奶奶的水晶花瓶到处乱跑，或者拿着爸爸的锤子去鱼缸旁边。很多大人都相信，教给学步期孩子不摸不该摸的东西或不去做不该做的事情的最好方法，就是打他们的手。不是这样的。当有人问一位主持一个养育学习班的幼儿园园长，他怎样让孩子们远离那些不该摸的东西时，他毫不犹豫地回答："如果孩子们不该摸一样东西，它就不该放在孩子们能够到的地方。"真的很简单。奶奶的花瓶应该放在壁炉台上，爸爸的锤子应该收在工具箱里。（金鱼会感谢你的。）

重新布置房间并不总是很容易，但是，你还是可以做很多事情来为孩子提供一个安全的、适合探索的环境。试试用一小块布或毛巾盖住那些诱人的遥控器或电脑键盘。要限制你的学步期孩子接近他能够到的东西，并提供一些适合探索的替代品，比如在低处的抽屉里装上锅和盆或塑料容器。要通过在电线或其他禁止触碰的东西前放一篮诱人的玩具，来阻止孩子接近这些东西。

想一想，如果学步期的孩子不想探索和触摸，他们就不正常了。他们是在做自己的成长任务，而这在他们的自主感中是一个重要的因素。因为孩子做了对于其健康发展正常且重要的事情而惩罚他们，有任何道理吗？打手和打屁股更可能造成怀疑感和羞愧感，而根本不是健康的自主。有效的养育能够帮助孩子们认识到限制，而又不造成怀疑和羞愧感。

一位母亲坚持认为，当事关安全时，比如孩子冲到马路上，她就必须打孩子的屁股。有人问她是否认为打一顿能足够好地教给她儿子知道，她可以允许他在无人照管的情况下在繁忙的街道旁边玩。她不得不承认教不会。当有人问她："打一百次屁股怎么样？这能教好孩子，你就能让他独自在繁忙的街道旁玩吗？"她不得不承认，无论再怎么经常打他，她都不会让自己这个学步期的孩子在繁忙的街道旁玩。她本能地知道，他缺乏自己处理这种危险情形的成熟度和判断力，知道了打屁股不是有效地教孩子的方法。

教孩子，但并不期望孩子能理解
——直到他能

这位妈妈可以做的是，教给她的孩子一条繁忙街道所具有的危险——而不期望他能理解，直到他大到能够明白自己学到的东西的意义。她可以在走近一个繁忙的十字路口时拉着孩子的手，让他看看马路两边是否有车辆来往，并让他在认为可以安全地过马路时告诉她。即便他理解了只有在没有车辆经过时过马路才安全，他仍然需要照管，直到他大得多的时候——至少要 6~10 岁，这取决于你们社区的环境。

这种教孩子的方法，遵循的是与孩子们如何学说话相同的原则。没有人会期望一个婴儿能理解父母对他所说的全部爱的话语。父母们不会期望自己的学步期孩子理解刚开始给他读的那些书。然而，他们承认，除非自己的孩子听过大量的谈话和朗读——需要多久就多久——否则，他们永远也学不会说话或理解故事。

作为一种人生技能的自主

想象一下，你从沉睡中醒来，发现自己置身于一个不熟悉的新世界中，并且不仅必须要了解自己崭新的身体和情感是怎么回事，而且还要了解你周围的人是如何生活的——以及他们对你的期望。学会生存和茁壮成长将需要极大的勇气。

做一个学步期的孩子本身就需要勇气，这种勇气是小孩子天生的，除非父母向他们灌输一种恐惧感。小家伙们生来就具有探究他们的世界怎样运转的勇气和精力。这是一项充满危险的任务——从父母的角度来看。实际上，父母和学步期孩子是一个很好的团队。一个学步期的孩子可以开心地在沙发上爬上爬下，而父母可以随时准备在孩子太靠近沙发边缘时抓住他。

健康的自主，是在保护孩子们与允许他们探索和试探他们将居住的这个世界之间达到一种平衡。多少自主是太多了呢？你怎样才能知道你（和你的孩子）达到了恰当的平衡呢？

在安全的环境中探索的需要

在出生后的第 2 年，自主性发展的一个重要方面在于肌肉系统的成熟。给孩子提供一个安全探索的环境，是帮助学步期的孩子发展自主性以及健康的肌肉的最好方式之一。在探索过程中，他们通过试验诸如攀爬、抓握和放手之类的活动锻炼他们的肌肉，并促进肌肉的成熟。（是的，一次又一次地让勺子从自己的手里掉下去，这既是在帮助他们发展自主感，又是在帮助他们发展对肌肉的控制。）那些受到过多限制的孩子，没有机会发展一种强烈的自主感。他们的大脑可能无法形成由探索和试探自己能做什么以及不能做什么所促生的重要回路。

珍妮不知道帮助她的学步期孩子形成一种强烈的自主感的重要性。她是一位喜欢在白天光线好的时候画画的画家。她的女儿达尼似乎满足于长时间坐在高脚椅里吃薄脆饼干。当达尼厌烦高脚椅的时候，珍妮就把她抱到游戏围栏里或者弹跳椅上。达尼从不被允许在屋里随处溜达。

珍妮不是一个"坏"母亲。她感到既兴奋又幸运，因为达尼似乎很满足于妈妈对她的限制，而且她可以完成那么多绘画工作。珍妮不了解，她不给予女儿更多探索的机会，是在阻碍达尼自主、大脑发育和肌肉控制能力的发展。

正面管教的方法有助于孩子们形成自主感和大脑的发育，以及当他们不再依赖于成年人时所需要的品质和人生技能。从出生到 6 岁的这段时间里，孩子们始终都需要大人照管。他们也需要有机会开始学习最终自己作决定和解决问题所必备的心态和技能。

惩罚会造成怀疑和羞愧

惩罚是一个权势较大的人对一个权势较小的人所采取的一些措施，希望造成一种行为的改变。不幸的是，惩罚无法培养健康的自主感，也无法教给孩子人生技能。然而，对很多父母来说，不惩罚孩子似乎需要态度上的一种真正转变。惩罚（因为孩子们做了与其发展相称的事情而打他们的屁股并羞辱他们）带来的是怀疑和羞愧感。当孩子们遇到自己能力的真正限制时，他们会体验到自己对自己足够多的怀疑和羞愧感。

真正的管教在于教。惩罚不会教给孩子有益的技能或态度。不要打手、打屁股或用诸如"坏女孩"之类羞辱性的言辞。一个小孩子往往无法理解自己所做的事情（伸手去够电线）和大人的回应（马上打手）之间的联系。很多父母都有过在满怀爱意地向孩子伸出手时，孩子却害怕地躲开，就好像会挨巴掌一样这种令人不安的经历。这种关系肯定无法培养信任和亲密感，也肯定不是大多数父母想要的选择。

当你不允许孩子玩你的智能手机或旋转烤炉上的旋钮时，他们会体验到挫折感。这就是埃里克森所说的这一发育阶段的真正"危机"。但是，在自然的危机上加上惩罚，无异于往伤口上撒盐。当父母们在坚定的时候记住要和善时，这种挫折感就会极大地减轻。孩子们能感觉到这种区别。

打还是不打

问：我的儿子3岁时非常好。偶尔有那么几次坏的时候，我一般就带他回到他的房间，让他坐在"暂停"椅上，这种方法很管用。现在，我女儿3岁了。她总是很坏。我已经尝试了我能想到的各种办法。"暂停"椅不管用，所以我试着对她说"不"、拿走玩具、跟她解释为什么她那样做就是坏孩子，甚至给她大量的拥抱，说她的做法很不好，应该努力别再那样做。我唯一还没试过的方法就是打她屁股了。我从来没打过我儿子，我母亲也从来没打过我。我不知道我该不该打孩子。如果我真的打她的话，什么方式最好？我应该用手还是用腰带？应该让她站着还是趴在我的膝盖上？我想采取对女儿最好的方法。

答：父母们需要知道，从来就没有"坏"孩子，即便孩子们可能会淘气。当父母们了解了孩子的发展、埃里克森所描述的社会能力和情感发展阶段，以及性情的概念时，甚至"淘气"的定义也会发生改变。你的女儿不是"坏"，你的儿子也不完美——他们只是拥有不同的性情。（而且，尽管你儿子的性情是更容易相处的，但我们担心他可能会变得依赖于他人的赞同，或者无法形成健康的自我价值感。如果孩子们不进行大量的探索、试验和对规则的试探，他们就发展不出恰当的自主和主动性。）

就你女儿的性情而言，她听上去很正常，而不是"坏"。问题在于，当你对"正常"的孩子们（他们可能有各种不同的性情）运用惩罚性方法时，正是惩罚造成了反抗、反叛和权力之争。你采用的所有方法都是惩罚性的。（你甚至将拥抱变成了惩罚，因为你在拥抱她的时候说她坏。）我们很高兴你没有打孩子。很多研究都表明，打会造成以后更糟糕的行为。

那么，你该怎么做呢？ 下面是你可以尝试的很多正面管教工具中的几种：

1. 纠正之前先建立情感联结："我爱你，你这么做不行。"
2. 请求她的帮助："亲爱的，我需要你的帮助。你有什么主意来解决这个问题？"这个问题往往会带来合作，而不是抗拒。
3. 换个角度，问她你怎么才能帮助她："你现在需要什么？"
4. 告诉她，你需要一个拥抱。这通常就足以阻止令人沮丧的行为不断升级了。
5. 和善地拉起她的手，领着她去做该做的事情。如果她抗拒，你要亲切地微笑着继续向她该做的事情的方向走。

教学步期的孩子？

你不仅可以教一个学步期的孩子，而且必须教。要通过问问题鼓励自主，并且还要鼓励你的学步期孩子问问题。不要说教。说教会招致逃避或抵制，而问问题会带来思考和参与。学步期孩子能理解的，要超过他们能说出来的。问一些诸如"如果我们不先看看就过马路，会发生什么事情？"之类的问题，有助于孩子的语言能力、思考能力以及自主感的发展。

让孩子看到怎么做，而不是不能怎么做

很多学步期的孩子都会经历打人的阶段。无论你是否相信，他们这么做并不是真的行为不端。这可能是因为他们感到沮丧，并且不具有达到自己目标的能力。很多孩子只是在通过"打"来探究各种可能性（比如，当他们在浴盆里拍打水时会发生什么）。你看到过父母一边打孩子一边告诉孩子不能打人吗？父母们可能还会责骂孩子，并说："我们不打人！"看着一个孩子眼中闪烁的泪花，你可以想象他在说："不，我们打人。我们刚刚打过。"

不要对孩子还手或责骂，让孩子看到能怎么做，而不是不能怎么做，会更有效。当孩子处于即将动手的状态时，要加强你的照管。要迅速地抓住那只做出打人姿势的手，并说"要轻轻地摸"，同时做给他看。

18个月大的塞西莉亚正处在爱打人的阶段。她会"毫无原因"地打妈妈的脸。妈妈只是在抱着她。她还会打小狗。妈妈对于照管她变得更警惕了，并开始在她这样做的时候抓住她的手。她会温柔地拉着塞西莉亚的手轻抚自己的脸，同时说："轻轻地摸。"妈妈会在塞西莉亚要打小狗时抓住她的手，并且拉着她的手抚摸小狗，同时说："温柔地摸"。

这种情形重复了四五次之后，塞西莉亚在举起手要打时，会看着妈妈的脸，露出一个顽皮的微笑。妈妈会说："轻轻地摸。"——而塞西莉亚就会这么做。

与发展相称的行为

帕茜的两只手都占满了。她肩膀上挎着一个尿布包，一只手里抓着两本从图书馆借来的逾期未还的书，手指上挂着车钥匙，另一只胳膊抱着两个月大的儿子。"快点，玛丽莎，"她冲两岁半的女儿喊道，"该去图书馆了。我们上车吧。"

但是，玛丽莎对此无动于衷。她愁眉苦脸地站在门廊台阶上，双臂向妈妈伸着。"抱！"她要求。

帕茜恼怒地叹了一口气。"你可以走，"她鼓励说，"快点，宝贝——妈妈的手都占满了。"

玛丽莎的小脸皱了起来。"走不动。"她哭了起来，可怜地坐到了地上，"抱——抱！"

帕茜叹了一口气，不堪重负的双肩耷拉了下来。让玛丽莎用自己的两条腿走路，错了吗？如果帕茜不抱她，她会觉得妈妈不爱她吗？

玛丽莎想被抱着，但她并不需要被抱，除非她累了或病了。抱一个婴儿是与孩子的发展相适应的，但是，抱一个学步期的孩子就不那么合适了。理解了玛丽莎对健康的自主的需要，会有助于她的妈妈决定什么时候抱着她，以及什么时候让她自己走。

假如你有一个想让你抱着上车的学步期孩子。不要抱他，你可以俯下身来，给他一个拥抱（你可能需要先放下几件东西），并告诉他你相信他能自己走到汽车那里。如果他仍然哼唧着让抱，你可以说："我会拉着你的手慢慢走，但是我知道你能自己走。"更好的做法，是请求他的帮助。"我真的需要你的帮助。你愿意帮我拿着书吗？"瞧！眼泪没了，并且大人和孩子都在向汽车走去，妈妈手里还少了一件物品。

是啊，直接抱起她走到车那里似乎更容易。帮助孩子们发展他们所需要的信心和人生技能，并不总是很容易或很方便的。但是，谁说过养育会很容易呢？这也不需要那么难。成功的养育往往就在于知道什么方法有效，以及什么方法无效。

分散注意力和提供选择

由于探索和想触摸对于学步期的孩子来说是正常的并与其发展相适应的行为，因此，给他们提供可以安全地做这种事情的地方是明智的。在厨房里，你可以把一个橱柜装满塑料容器、木勺子以及其他不会伤到孩子并且不易损坏的物品。在客厅，你可以给孩子提供一盒特别的玩具。

当你的孩子想触摸不应该触摸或没办法放到他够不到的地方的东西时，比如一盆兰花，要和善而坚定地抱起他离开那个物品，并把他放到玩具盒旁边。不要打手，或说"不！"，而要告诉他可以做什么。"你可以玩你的玩具。看这辆大卡车。我打赌你能让它动起来。"

自主性的三个 A

态度（Attitude）

1. 改变你的观念。认识到孩子发展中的能力，然后，在做出回应前先让自己平静下来。

2. 认识到孩子有限的理解力。"不"是一个抽象概念，而且是一个学步期孩子还无法完全理解的概念。

3. 要接受每个孩子的发育时间表是不同的。每个孩子都会按照自己独特的方式成长。

4. 要重视过程，而不仅仅是结果。要留出时间享受到达目的地或做事的过程，而不是只关注目的地或结果。

氛围（Atmosphere）

1. 提供练习的机会。要接受技能的练习可能会搞得很脏乱。要通过将任务分成很多细小的、简单的步骤，使其更适合孩子，以有助于孩子掌握。要记住，你的孩子正在发育大脑中的连接。

2. 鼓励思考。要通过问"什么"和"怎样"的问题，让你的孩子参与制订计划。

3. 给孩子合适的权力。提供合理的说"不"的机会。

4. 避免权力之争。给孩子一个拥抱，而不是陷入到"是"和"不是"的吼叫大战中。

行动（Action）

1. 要和善而坚定。说到做到，坚持到底。

2. 通过行动教孩子。要少说，避免说教，代之以行动。

3. 让孩子们看到怎样做，而不是不可以怎样做。再说一次，要避免说教，通过示范恰当的行为来教孩子。

4. 提供有限制的选择（所有选项都是可接受的）："你想穿红色的睡衣还是蓝色的？"

5. 避免开放式的选择，比如"你想去睡觉吗？"其回答有可能是你不能接受的"不"。

6. 运用转移孩子行为和分散其注意力的方法——需要多少次就进行多少次。

认识到只靠话语无法有效地控制你的孩子的行为——或保证他的安全，也是很重要的。不要在房间的另一头说"不！"或"别碰那个东西！"，而要站起身走到孩子身边。要看着孩子的眼睛，然后，用和善而坚定的行动带他离开被禁止或危险的物品。只依赖于话语，常常会教给孩子们知道他们完全可以忽视你。毕竟，你在房间的另一头并不能做太多的事情。

学步期孩子有兴趣探索的东西有那么多，在这个年龄运用转移注意力的方法并不难。当一个学步期孩子想触摸一个不该摸的物品时，要提供一个替代品——或者一个可替代的选择。"你不能在沙发上跳。你想玩你的卡车，还是帮我洗碗？""该睡觉了。当你穿好睡衣后，你想听我读哪个故事？""我现在需要打电话。在我打电话的时候，你可以玩你的抽屉（提前准备好与孩子年龄相应的物品）或者橱柜。"一位妈妈在冰箱上面放了几个游戏篮子，只在打电话时才会把这些篮子拿下来。当她想打电话时，她就拿出一个篮子。她的女儿热切地期待着玩这些特别玩具的机会。通过增加一些简单的物品——比如一个新球、一块不同大小的积木，或一个拼图——这些篮子一直让孩子很着迷。提供选择和运用转移注意力的方法，是对一个学步期孩子对指导的需要的简单而尊重的回应。

下意识的决定

孩子们无法清醒地理解并且无法说出来的一件事情是，他们始终做着有关他们自己、这个世界、他人以及有关他们需要怎样做才能在这个世界生存并茁壮成长的下意识决定。他们基于对自己生活经历的解释在做着决定，而这些人生早期的非语言的情感回应或"适应"会成为一个孩子大脑回路的一部分。

当你通过将孩子带离他不能碰的物品，并通过将他引向可以碰的物品来分散他的注意力时，他会作出什么决定呢？他可能会认识到，探索、尝试新事物以及了解周围世界是好的——并认识到有些事情是禁止的。

我搞砸了！

有时候，父母们在了解到新知识时会感到内疚，尤其是在这些知识似乎指出了他们曾犯过的错误的时候。你也许会说："哦，我的天啊！那就是我干的事！我把孩子永远给毁了吗?"绝对不会。正如我们一次又一次说过的那样，错误是学习的大好机会——对大人和孩子都是如此。

有时候，你需要把你犯的错误告诉孩子，并重新开始。"宝宝，我以前认为向你表明我多么爱你的最好方式，就是替你做所有的事情。我现在知道了，这对你来说不是最好的事情。可能对我们两个来说都

> **培养健康的自主的工具：**
>
> • 为孩子提供安全保障和探索的机会。
>
> • 拿走危险物品，并设立安全界限，然后放手让孩子去探究他的世界。
>
> • 运用分散孩子注意力、转移其行为以及和善而坚定的行动，来指导你的学步期孩子的行为，而不是打手、打屁股或只说不行动。
>
> • 要允许你的学步期孩子在安全的地方跑、攀爬并发展健康的肌肉。
>
> • 要认识到你的孩子的欲望和需要之间的区别；你应该始终对孩子的需要做出回应，但是，要对什么时候满足孩子的欲望会帮助他学习品质和人生技能做出良好判断。
>
> • 教给孩子技能，并认真照管。
>
> • 关注情感联结、爱和与孩子的关系。

143

很难，但我要帮助你认识到你有多么能干。我对你和我都有信心。我们能做到!"事实确实如此。不要在内疚上浪费任何时间。你还会继续犯错误;你的孩子也是。这不是很令人兴奋吗?如果你的孩子还不会说话，你可以通过你的态度和信心所蕴含的能量来传达同样的信息。

理解这一发展阶段的重要性，能够帮助父母们为鼓励孩子们发展将使他们受用终生的才干和能力学习技能并营造氛围（至少在大多数时候）。父母们还可以通过能引发孩子们作出有关他们自己、他人和这个世界的健康的决定的方式与孩子互动（在大多数时候）。注意我们说的是"引发"。我们永远无法确定个人会如何解释自己的生活经历，以及他们会对自己的经历作出怎样的决定。还要注意，我们说的是"大多数时候"。我们没有人——无论是父母还是孩子——能够始终把事情做对。在大多数时间里教孩子、爱孩子并以尊重的方式行事，就已经足够了。

一个孩子可能仍然会因为不被允许随意触摸东西而感到沮丧和心烦意乱，甚至可能还会发脾气。然而，与受到强迫或惩罚相比，和善而坚定的照管给孩子的感受会有极大的不同（并且会对他自己和你作出不同的决定）。

那些受到鼓励发展自主感的孩子们，通常会在今后的生活中作出更健康的决定。那些不被允许发展自主感的孩子们，会更经常地基于怀疑和羞愧来作出决定，而这不会让孩子学会你希望他掌握的技能和态度。

爱和快乐

了解发展自主性对一个孩子来说有多么重要，能帮助父母认识到过度保护和过分娇纵都不是向孩子表明他们所需要的爱的最佳方式。相反，父母们可以从看着孩子们自由和独立性的发展，以及憧憬孩子以后必将会表现的信心和勇气中，更快乐地表明对孩子的爱。

需要思考的问题

1. 看看你家中的某个房间或区域，并找出你的孩子不应该碰的东西。确定如何把这些物品放到孩子够不到的地方，或者如何让孩子不太容易接近。然后逐一检查你们家的每个房间或区域。

2. 花时间记录下你在孩子表现出对自主的渴望时的反应。当他想独立做事情时，你有什么感受？你是如何回应的？在保证安全的情况下，你想采取哪些不同的做法来鼓励他的能力感和信心？

第 *9* 章

了解适龄行为以及如何对待

"我来做!",这是急切的两岁孩子的大声呼喊,是在试图告诉我们:"我已经为自主的快乐时光做好准备了。"尽管自主感是通往有自信和能力的发展之路的重要一步,但它肯定会给父母们造成很多挑战。毕竟,如果你的孩子只听你的,生活不是要简单得多吗?

"不良行为",与一个孩子天生的、与其发展相适应的学习和探索的需要所产生的行为是有区别的。然而,仅仅因为一个行为是与年龄相称的,并不意味着它不会造成脏乱、沮丧或挑战。你仍然必须对其作出回应。理解了与年龄相应的行为,会使你免于把自己孩子的行为看作是针对你的,免于以扼杀孩子发展中的自我意识的方式作出反应。

杰里米快三岁了,尽管爸爸妈妈经常笑着说他是个"难管的孩子",但他们很高兴自己的儿子表现出的好奇心以及对身边的世界进行试验和发现的意愿。在一个阳光明媚的上午,妈妈发现杰里米正在厨房做蛋糕;他找了一个他能找到的最大的碗,在里面搅拌着牛奶、葡萄干、两个鸡蛋（带着碎壳）、麦片，以及很多面粉。几天后，杰里米的爸爸发现他正在用钳子研究真空吸尘器内部的运转。杰里米的父母决定，他们需要邀请杰里米在厨房里帮忙，并要为他准备一套他自己的小型工具（以及做试验用的非电气物品）——并且要密切照管。尽管偶而会造成脏乱，但他们高兴地知道他们的儿子发现他的世界是个迷人而友好的地方。

马库斯也快 3 岁了，但是，他的世界和杰里米的不一样。马库斯坐在电视机前感到最舒服。陌生的人和地方让他感到害怕，尽管他的父母经常鼓励他不要"那么害羞"。马库斯喜欢电脑，并且试图帮助爸爸做他的工作，但是，爸爸的文件出了问题，爸爸为此大发雷霆。马库斯还喜欢和妈妈一起在花园里干活，但是，在他挖了一整排小洞，并在此过程中挖出了妈妈刚出芽的香豌豆之后，妈妈发出了让马库斯很讨厌的一声长叹，并让他回屋里去玩。马库斯感觉不要有太多想法，而只是看看电视会更安全。当有人提高嗓门时，他会缩成一小团。要让马库斯再次表现出他的好奇心，将需要一些时间和大量的鼓励。

自主和"发展的适应性"

像杰里米和马库斯这些两三岁的孩子们，将这个世界看作是一个令人兴奋而迷人的地方，尤其是在他们发展出更多的自主性以及更好的体能和智力能进行探索的过程中。然而，当他们在这个过程中发现自己还不具备完成自己想做的事情所需要的技能或能力时，他们往往会很沮丧。孩子们对这些沮丧的回应可能是退缩，并对自己"征服世界"的能力产生一种怀疑感。在学步期的孩子增强健康的自主感的过程中，大人可以通过在孩子能做的很多事情上给他们提供一些机会、训练和鼓励，来帮助他们培养自信（并指导他们的行为）。

这真的是不良行为吗？

当父母们能对孩子行为背后的意图作出回应时，养育一个学步期孩子的挫折感就会减少很多。这通常是说起来容易做起来难，尤其是当你面对一个正在发脾气的两岁孩子的时候。然而，下面这些概念或许能帮助你有效地呵护孩子的成长：

• 当你理解了一个孩子正在努力发展自主感的时候，"反抗"看上去（以及感觉起来）就大不一样了。孩子对一个情形的认识几乎肯定与你的不同。这意味着你的两岁孩子冲你大喊"不"没关系吗？不，但这可能意味着你应当平静下来并想一想，而不是以冲孩子大喊"不"作为回应。（当你们两人中只有一人在发脾气时，这种冲突通常会更顺利地化解。）

• 当你理解了孩子发展的迫切性拥有"更强烈的呼声"时，你就能理解一个孩子为什么不听你的了。他并不是有意不服从或忘记了你的要求；你的要求和指令只是被他自己的需要和发展过程战胜了。这时，需要的是和善的行动，而不是话语或惩罚。

• 当你理解了发展的适应性时，你就能理解为什么要运用和善而坚定的方式，以及解决问题的技能来寻找合适的解决方案（正如杰里米的父母做的那样），而不是运用惩罚或无用的说教

（"我得告诉你多少遍？"）。和善表明的是爱，以及对你的孩子的需要和局限的尊重。坚定提供的是条理、安全和教孩子。专注于解决方案涉及的是潜在的能力发展，与对孩子当前大脑发育的理解是一致的，并且是以保持所有人的尊严和尊重为基础的。

大人可能还需要稍微调整一下心态。父母们在自己的小孩子达不到他们的期望时，往往会失望或生气。两三岁的孩子还太小了，无法把事情做到完美（就像马库斯的父母发现的那样）。你为你的孩子做事（或根本不让他参与），而不是花时间并耐心帮助孩子自己做自己的事（或者，至少让孩子和你一起做），肯定会更简单并且做得更快。但是，哪个更重要呢？是轻松、快速和完美，还是帮助孩子们发展自信、对自己能力的感知和很强的人生技能？这就是健康的自主的全部。

养育很少会快速、整洁或高效率。太多的父母想要自己的孩子自信、勇敢、合作、尊重、机智、有责任感，但是，他们不了解孩子们怎样才能培养出这些品质。通过训练，两岁的孩子能够自己穿衣服、自己倒牛奶和麦片（使用孩子专用的容器），以及帮忙布置餐桌。他们能学着在商店里帮忙、在教堂分发祈祷书，或者在公园里捡垃圾。学习这些技能是发展自主感以及体验对社会作出积极贡献的一个重要部分。

技能是后天习得的，而不是天生的

没有哪个人天生就有用勺子吃饭的能力。也没有任何遗传密码能让孩子轻松地将胳膊伸进窄窄的衣服袖子里。即便是神童也无法端着满满一杯橙汁而不洒出一两滴。技能是后天学来的，而不是天生的。当你理解了所有的技能都需要训练时，你就能开始将你的孩子看作是一个具有无限潜能的有能力的初学者，而不是一个笨手笨脚的小负担。

大脑研究的最令人兴奋的一个发现告诉我们，重复会加强大脑内部的连接。这可以直接运用于孩子技能的发展。你的孩子在第一次尝试时不会完美地掌握把脚伸进鞋子里的技巧。需要经常重复这个动作才能做到熟练。在他学会控制自己手指和脚趾的动作的同时，他的大脑也在建立新的连接。研究告诉我们，知识和经验是紧密相连、相辅相成的。当你一步一步地教你的孩子掌握各种任务，并提供大量的练习机会时，你就会养育出一个有能力的、自信的孩子。

理解发展的适应性

如果父母缺乏对发展的适应性的了解，下面这些对养育的幻想就会很常见。你能辨别出来吗？

1. 相信你的孩子应当听你的，并按你说的做。

2. 相信你的学步期孩子应该顺从，当你说"不"时他能够理解。

3. 希望你的孩子做"好孩子"，因为你累了，并且不想被打扰。

而事实是……

1. 学步期的孩子往往太忙于按照他们自己的发展蓝图行事，以至于无法停下来或按你说的去做。

2. "不"是一个抽象概念，学步期的孩子无法像父母认为的那样理解这一概念。

3. 孩子们始终是"好孩子"，但他们不会总是顺从——尤其在发展自主性的阶段。

技能与脏乱

在学习技能的长期过程中，会经历很多次洒出来、掉在地上和突然摔倒。考虑一个典型的活动，比如倒早晨的牛奶和麦片。

> **为孩子提供技能训练的 5 种方式**
>
> 1. 提前计划——或提前预见到阻力。
> 2. 让孩子参与制订计划的过程。
> 3. 提供有限制的选择。
> 4. 问启发式问题，以鼓励孩子思考。
> 5. 以尊严和尊重的方式坚持到底。

当你将任务调整到能帮助你的小家伙体验到成功时，教给孩子一种技能是最容易的。

麦片盒又大又笨重；牛奶盒也是如此。但是，你可以对两者做调整，以便你的孩子能够练习自主性并学习新技能。把牛奶装在一个小罐子或量杯里，将麦片重新装在小的容器里，并把所有东西放到方便孩子拿的高度。向孩子演示如何倒麦片，然后加入牛奶。一开始，要让孩子用手握住你的手（对这项任务有个感觉）。然后，在孩子重复这个动作时，把你的手轻轻放在他的手上。最后，站在旁边，鼓励孩子自己尝试。在孩子渐渐掌握这些新技能时，要祝贺他。

去公共场合

经过一段时间的训练，孩子们就能学会在那些著名的儿童发展实验室——公共场合——举止得体。花时间训练孩子会涉及很多方法。可以考虑运用下面这些工具来帮助你的孩子学会在公共场合行为得体。

提前计划——或提前预见到阻力

小孩子们都是活在当下的。而且，像很多成年人一样，他们常常会发现过渡和变化难以应对。从在客厅里玩积木，转换为坐在购物车里被推着往前走，需要小孩子作出相当大的调整，而有些孩子会比其他孩子发现这要容易一些。

当从一个活动或场所转换到另一个时，提前计划是极其重要的。你的小探索者可能想在衣服架下面爬，想站在美容院的椅子上看看这个世界，或者到角落里——任何角落——看看有什么东西。在带你的学步期孩子去公共场合之前，要尽量考虑清楚各种可能出现的问题，并作出计划。还要确保随身带一些小玩具和零食，以便给孩子提供玩的东西和食物。

让孩子参与制订计划的过程

你可以像下面这样为一件事情打好基础："我们要和安妮姑妈、杰米堂哥一起去餐厅吃饭。在我们到那儿之前，你在车里要做什么呢？"（如果孩子还不会说话，就用简单的语言向她描述这件事情。如果孩子会说话了，在制订计划的过程中要让她提供一些答案。）要提到安全座椅、系安全带以及在路上玩她的玩具。你可以用简单的问题和描述，和孩子一起探究接下来会出现的情形。

要引导你的孩子想象出整个场景，或者为她描述出来：坐在座椅上，用特别的蜡笔画画，吃午餐。她可以点什么菜？她必须吃自己不喜欢的菜吗？一点一滴地，画面会逐渐完整起来。要用简单、明确的语言解释你的期望——并要确保期望合理。

问孩子问题（激发她自己思考），要比告诉她怎么做（会招致抗拒和权力之争）更有效。你可以带着真正的好奇心，问孩子："当我们在外面吃饭时，可以扔食物吗？在餐厅里乱跑呢？你可以抓糖罐吗？"如果孩子认为这些行为是可以接受的，你可以利用这个机会来教给她在公共场合的行为举止。要更多关注

"可以做的"和（或）"选择"，而不是"不可以做的"。"食物是用来吃的。""你是想安静地和大家一起坐在餐桌旁吃午餐，还是和我去车里坐一会儿？"很麻烦吗？是的。这是很好的训练吗？是的。和善与坚定并行，能帮助孩子们理解你说话是当真的，并且会用行动坚持到底。（要记住，"假扮"游戏通常是设定限制和期望的一种不会造成痛苦并且很有趣的方法。）

要确保你的计划考虑到孩子的个人性情以及具体情形。她在一顿饭中间可以安静地坐多长时间？可以进行什么活动？给她留出来和堂哥一起玩的时间了吗？或许，这次外出安排在披萨店要比安排在高级餐厅更好一些。要记住，计划是为了成功，并要意识到，你的小家伙要掌握这些技能需要不止一次练习。

提供有限制的选择

给孩子选择，可以支持一个孩子自主感的增强，但是，选择必须是恰当而明确的，并且所有选项都必须是你可以接受的。比如，下面这些选项可能就会造成问题：

• "你今天愿意去幼儿园吗？"（这是大人的责任，并且往往不是一个选择，而是必须要做的。）

• "你今天想做些什么？"（孩子在这里需要一些提示。我们是玩涂色游戏、烤饼干，看一整天电视，还是去迪斯尼游乐园？）

• "你可以挑选你想要的任何玩具；你开始选吧。"（这包括那辆 200 美元的电动玩具车或一个玩具机枪吗？要确保你能遵守自己的承诺。明智的做法通常是在说之前先仔细考虑一下。）

问启发式问题，以鼓励孩子思考

当父母和老师们说得太多时——告诉孩子们发生了什么、什么原因造成的，他们对此应该有什么感受，以及他们应该怎么做——孩子们就培养不出很强的自主感。"告诉"会让孩子们无法将错误看作是学习的机会，或者会向孩子们传递令其沮丧的信息：他们没有达到大人的期望。说教常常会让孩子们不知所云，因为他们还没办法理解大人试图确立的概念——而且，他们通常会发现自己可以很简单地对大人的话充耳不闻（这无意中训练了孩子如何做到不听大人的话的技巧）。

最后，但绝非不重要的一点是，**告诉孩子们发生了什么、如何发生的以及为什么，教给他们的是要思考什么，而不是怎样思考**。父母们常常在自己的孩子没有形成更强的自我控制能力时感到很沮丧，但他们可能没有意识到，他们没有运用鼓励孩子自我控制的养育技巧。如果你为自己孩子的行为承担起责任，他就永远也学不会自己承担责任。

帮助孩子们发展思考能力、判断能力、解决问题的能力和自主的一种强有力的方法，是问他们："发生了什么事情？你当时想做什么？你认为为什么会发生这件事？你对此有什么感受？你怎样才能解决这个问题？如果你不想这件事再次发生，你还能怎么做？"（要记住，这些能力依赖于语言——而语言的学习是需要时间的。你可以并且应该和孩子谈论这些问题，但他的回应在一段时间内是有限的。）

当孩子们的年龄更小时，他们需要你在启发式问题中给出更多的提示。比如，如果一个两岁的孩子在自己的三轮脚踏车上不知道怎么下来了，这样问会鼓励他自己思考："如果你从车上下来并且往后退，你认为会发生什么？"这与告诉他从车上下来并往后退是不一样的。即便一个包含着线索的问题，也能够让孩子思考并作出一个决定。

以尊严和尊重的方式坚持到底

我们想再强调一次，溺爱不是帮助孩子们发展自主性的办法。教你的孩子的一个最重要的方面，就是你愿意和善而坚定地坚持到底。

在上面描述的在餐厅吃饭的例子中，坚持到底应该是什么样子呢？妈妈可以事先向孩子解释，如果女儿没记住在餐厅里如何举止得体，她们就不得不离开。和善而坚定地坚持到底，意味着如果女儿做出不良行为，妈妈要带着她一起出来，到车里等着，直到其他人吃完饭。在带孩子离开时，斥责或打孩子屁股，是不尊重的（也没有帮助）。父母可以什么也不说，也可以坚定地说（但要和善）："很遗憾，你今天感觉不想在餐厅里安静地坐着。你可以下次再试。"

给孩子再次尝试的机会是合理的，并且是鼓励性的。像下面这样说就是不合理的："我再也不带你出来吃饭——或去任何其他地方了，就这样！"这句话不仅是不合理的，而且谁会真的想坚持这种威胁呢？这没有表明和善或坚定，也唤起不了信任。

是的，在运用和善而坚定的坚持到底时，错过用餐会给你带来不便；而且，是的，你的孩子可能不喜欢这样。但是，你还面临着一个选择。哪个更重要？是在餐厅吃饭，还是你的孩子通过学习恰当的社会技能所培养出的自尊和自信？对小孩子们来说，行动要比话语有效得多。当你和善而坚定地坚持到底时，你的孩子就会知道，你说话是当真的，并且你会说到做到——这是信任和尊重的重要因素。

"失控"

问：我两岁半的儿子已经失控了！他对"请等一下！"没有任何反应。如果我不立即按照他的每一个指令做，他就会大发雷霆，或者像个坏了的唱片一样，一遍又一遍地重复他的要求。最近，当我们去公共场合时他变得极其不服从。为了得到他想要的，他会对我又踢又打，并声嘶力竭地大叫。上一次，是因为我说我们得离开公园的攀爬架了。他不想离开，结果弄得所有人都看着我们。在这种情况下我该怎么办？我认为不该打他，但是，我也不希望被他打，并像这样丢脸。

答：有人会说你的孩子"活泼自信"；另一些人可能会给他贴上"固执"的标签。不管你怎么称呼他（最好避免贴标签），试图控制他永远都不会管用。你可以通过以下三种方式来增进他的合作：

1. 你的孩子不会以你认为的方式来理解"请等一下！"这句话。这是一个抽象概念，与他探索世界和发展中的自主感的需要完全相反。然而，不应该允许他为所欲为。要在你们一起悠闲地散步时，时不时地说"请等一下"，并停下来。以游戏一般的方式这样做，能帮助孩子体验这个概念。他可能仍然没办法立刻停下来，但是，练习会让他更容易理解这句话，并更经常地与你合作。

2. 不要告诉他去做什么，而要寻找方法让他参与作决定，以便他感觉到适当的个人力量和自主。例如：

    a. 给他一些提醒。"再过一分钟我们就需要离开了。你今天最后想用哪种颜色的蜡笔？"

    b. 使用计时器来提示。随身带一个小计时器。（小孩子们非常喜欢那种小鸡或苹果形状的很便宜的计时器，并且很喜欢带着它们。）让他帮你设置一分钟或两分钟。问他当计时器响起时意味着什么。当他说"该离开了"时要表示同意，并这样做。

    c. 给孩子一个需要他的帮助的选择。"你想拿着你的书去车那里，还是想拿着我的钥匙？你来决定。"

    d. 帮助他设想下一项活动。"我们到家后，该做的第一件事情是什么？"

3. 如果这些方法不管用，你可能需要拉着他的手把他领到车那里。每当他抗拒时，不要拖他，要站着不动，任由他使劲拉你的手，直到他不再抗拒。然后，再次向车的方向走，每当他抗拒的时候，你的手臂要松弛下来。如果他想挣脱你的手，你要温柔但坚定地拉着他的手，但要保持松弛状态。这可能看起来像是拉锯战，但是，当他理解了你会和善而坚定时，他或许就会和你一起走了。如果没有，你可能需要抱起他，把他带到车那里，在此过程中，不要理会他的踢打和尖叫（以及其他成年人看你的眼神）。关键在于要避免陷入"情感陷阱"（感觉自己作为父母必须要"赢"，强行实施自己的意志，或者想给旁观者留下好印象）。你要做完成这件事情所需要做的事情，而不是要求孩子完全顺从。

照　管

需要重申的是，安全是出生后头几年里最重要的考虑因素之一。你的职责是在不要让你的恐惧使孩子丧失信心的同时，确保孩子的安全。为此，照管与平时的和善而坚定一起，在指导并教你的孩子的时候，是一个重要的养育工具。孩子们不会从唠叨和说教中"学习"；他们会从教和尊重、坚定的行动中学习。别白费口舌了，要照管好你的孩子。

分散孩子的注意力并转移其行为

与学步期孩子一起生活，分散其注意力和转移其行为是最简单——并且最有用的养育工具之一。

13 个月大的爱伦正朝着狗食盘——她最喜欢的"玩具"之一——快速地爬去，这时，爸爸发现了她。他用坚定的语气叫了爱伦的名字。爱伦停了下来，回头看了看。爸爸把她抱了起来，带到房间的另一头，那里有她的谷仓玩具。

"这儿，亲爱的，"他拥抱了一下爱伦，"看看这些小猪和奶牛在干什么。"

如果爱伦选择再去狗食盘那里，爸爸可以拦住她，并把她引向更可接受的物品前——再一次。不带说教或羞辱的行动，避免了权力之争，并让爱伦从自己的经历中知道了爸爸不会让她玩狗食盘。

如果爱伦一再回到禁止她玩的狗食盘那里，该怎么办呢？父母必须转移一个孩子的注意力多少次呢？好吧，需要多少次就得做多少次——而这往往比父母们喜欢的次数要多。（当然，爸爸也可以把狗食盘拿到洗衣间去，小狗可以进到那里，但爱伦却进不去。）和善但坚定地将爱伦引向可以接受的物品，并一直这么做，直到她理解你所传达的信息，使你能以一种不惩罚、羞辱或招致意志之争的方式对孩子的行为做出回应。

在参加了关于发展适应性的养育班之后，丽莎向她的同学们说道："自从我不再对贾斯汀大喊大叫之后，我的家确实是一个更幸福的家庭了。他以前做的那些让我生气的事情，现在让我觉得都很有趣。我认为他会在自主性方面得一个'优秀'。我也会在和善而坚定地分散孩子注意力方面得个'优秀'，因为我得到了大量的练习！"

当任何方法似乎都不管用时

我们曾听到父母们沮丧地大喊："我已经试过了所有这些建议，都不管用！"有时候，我们的建议可能听起来有些自命不凡，尤其是当我们说"要避免情感陷阱"的时候。我们每个人（指本书的三位作者）都可以告诉你，自己被孩子陷入"情感陷阱"都不止一次。

可能听起来不是很有帮助，但是，有时候你确实需要感受你自己的沮丧，并让自己发一顿脾气。你可以感觉你的感受，而无需感到内疚，正如我们建议你让你的孩子体验他自己的感受一样。但愿你还能找到一个朋友的肩膀哭一场。

你要尽最大努力记住，你的孩子今天的样子，并不是他以后永远的样子。在第 21 章，我们会分享一些关于照料你自己的重要性的建议；有时候，照料你自己，就是你在等待自己走出沮丧时所能做的最好的事情。同时，我们会始终鼓励你信任你的孩子，信任你自己。

需要思考的问题

1. 列出两件反复引起你和你的孩子争斗的事情。为了减少或消除这些烦扰，你可以对环境作出怎样的改变？

2. 你可以怎样做，以便转移孩子对禁止他接触的物品的注意力，要以和善而坚定的方式行事，而不是继续重复与孩子的争斗？

3. 这些争斗中暗示着孩子正在出现的哪些技能？这些技能在你的孩子需要发展的能力之内吗？这些技能会让孩子在成长过程中受益吗？你能让你的孩子以一种积极、有成效的方式来运用这些技能吗？

4. 列出一个你帮助自己度过那些完全沮丧时期所能做的事情的清单。

第 *10* 章

性　情

是什么让你的孩子独一无二？

大多数父母都抱着要拥有一个"完美婴儿"或"完美孩子"的幻想。这个理想婴儿的传统描述是：不经常哭闹，能安静地睡一整夜，小睡的时间很长，吃东西不吐出来（或咯出来），并且能一个人开心地玩耍，能冲着婴儿床上的 Mobile 玩具咯咯地笑或像天使一般咿咿呀呀。"哦，"在面对这样一个令人羡慕的婴儿时，我们会说，"多好的一个宝宝啊。"这意味着不符合这种描述的婴儿就"坏"吗？

"完美孩子"的神话

当然，根本没有所谓的"坏"婴儿或孩子，即便大多数宝宝都不符合这种梦幻描述。婴儿天生就有不同的、独一无二的个性，正如每个有不止一个孩子的父母都知道的那样。事实上，我们对"梦幻一般的孩子"会很担心。在这种孩子成长的过程中，当父母和老师不在身边时，他可能没有足够的安全感去试探现状并搞清楚自己是谁；他可能会害怕犯错误或别人不赞同。当然，有一些符合这种梦幻描述的婴儿有安全感，并且不害怕犯错误。他们被称为"好带"的孩子。

每个孩子天生都有一种处理感官信息并对其周围世界作回应的独特方式。在史黛拉·翟斯（Stella Chess）和亚历山大·汤马斯（Alexander Thomas）对他们在儿童身上发现的性情的九个方面所做的追踪研究中，探究了性格的神奇之处。这些性情——即构成个体性格的那些品质和特征——描述了一个孩子的"个人风格"。研究人员相信，很多性情特点都是天生的，是每个孩子大脑"固定回路"的一部分。然而，父母们和婴儿或学步期孩子的互动方式，似乎对这些天生的倾向实际如何发展有强烈的影响。这是一个复杂的过程，是我们尚未完全理解的。[1]

虽然态度、行为和所做出的决定可能会随着时间和经历而发生变化，但性情似乎会伴随我们终生。性情没有好坏、对错之分——它们只是不同而已。了解你的孩子独一无二的性情，有助于你和他一起学习、成长和蓬勃发展。

关于性情的研究

关于性情理论的科学调查研究始于 1960 年代末，并持续到

---

① 要了解更多信息，建议看一看翟斯和汤马斯合著的《了解你的孩子》（Know Your Child）以及其他相关著作。——作者注

1970 年代，包括一项针对两种基本性情——积极和消极——的追踪研究。这项研究揭示出，这两种性情是持续终生的性格特征；也就是说，消极性情的婴儿长大后会成为消极性情的成年人，而积极性情的婴儿会成长为积极性情的成年人。

翟斯和汤马斯极大地扩展了性情理论，尽管他们提出的九种性情都可以归入积极和消极这两大范畴。自翟斯和汤马斯开始其研究工作之后的若干年里，另外一些研究人员，比如杰罗姆·卡根（Jerome Kagan）和玛莉·罗斯巴特（Mary Rothbart），也投入了时间对性情进行研究，开发了对婴儿和学步期孩子天生性格特征进行衡量的其他技术。如今，有很多方法可以用来描述和衡量性情；我们选择了介绍翟斯和汤马斯提出的九种性情，因为它们更容易被父母和照料人理解，并且更容易在孩子们身上观察到。

当父母们真正理解了性情之后，他们就能以鼓励发展和成长的方式对孩子作出回应。**有了理解和接纳，父母就有能力帮助孩子实现他们的全部潜能，而不是试图把他们按照模子塑造成完美的孩子。**了解你的孩子独一无二的性情（可能还包括你自己的），将使你能更有效地教孩子并与其建立情感联结。然而，要记住，你的孩子的性情会有很多种变化形式，并且你的期望可能会变成自我实现的预言。要运用下面的信息增进你的理解，并与你的孩子建立更牢固的情感联结——而不是预测其行为。

翟斯和汤马斯提出的九种性情

九种性情指的是活跃水平、规律性、初始反应（接近还是退缩）、适应能力、感觉阈限、心理素质、反应强度、分心程度、毅力和注意力的持续时间。（这些性情中有些会有一点重叠，所以，不要为对性情作出精确的衡量而烦恼。）所有的孩子都会不同程度地具有每一种特征。下面将描述每一种性情在现实生活中是什么样子。（在我们具体介绍这些性情的过程中，你可能会想一想你认识的孩子们。）

1. 活跃水平

活跃水平指的是一个孩子运动活动的水平，以及活跃期和不活跃期所占的比例。例如，一个高度活跃的婴儿在浴盆里可能会又踢又拍，溅出很多水，以至于在洗完澡后需要好好擦地；而一个低活跃度的婴儿可能会快乐地微笑着享受洗澡水的感觉。活跃水平会影响父母与孩子的互动。比如，活跃型孩子的父母们自己往往也不得不更活跃并更警觉。

妈妈和6个月大的巴里一起躺在沙滩毯上，恳求着巴里合作。"你能安静地待几分钟吗？"她问道，巴里闲不住的小脚踢起的沙子落到了妈妈的脸上。

两年后，巴里的弟弟杰克逊出生了，妈妈发现自己每隔一段时间就要踮着脚尖地走进婴儿房。她会把手指放到杰克逊的鼻子前，以便让自己放心他还在呼吸。在养育过巴里之后，她简直不敢相信一个婴儿会睡这么长时间。巴里和杰克逊让妈妈开始认识到性情的差异。

如果你的小家伙高度活跃，你就要为其提供大量安全地探索和玩耍的机会。（首先要确保在家里做好儿童安全防护！）在安静下来专注于一项任务之前，他可能需要一些活泼的游戏。一个不那么活跃的婴儿或学步期孩子，可能需要引导才会去探索；你可以用颜色鲜艳的玩具、有趣的声音以及微笑，来温和地鼓励他与他的世界互动。在制订计划时，将孩子的活跃水平考虑在内，会有助于你预防出现问题，并为孩子提供适合其需要的活动。

2. 规律性

规律性指的是生理功能的可预见性（或不可预见性），比如饥饿、睡眠以及排便。一个婴儿可能每天在早餐后都要立即排便，而另一个婴儿每天排便的时间似乎都不一样。一个孩子可能在午餐时吃得最多，而另一个孩子更喜欢在晚餐时吃得最多——或者每天都不一样！

卡拉非常自豪：她认为小杰基在两岁时如厕训练就已经做好了。她每天会把杰基放到坐便椅上几次，而他会很配合地在每天早晨大便一次，之后每次都会小便。但是，杰基并没有接受如厕训练——而是他的妈妈被训练了。杰基排便很有规律，以至于当他妈妈记住把他放到坐便椅上时，他就会排便。当她忙起来并忘记的时候，她得到的回报就是要收拾一次便便。

如果你的小家伙每天都在固定的时间吃饭或睡觉，无视他的时间表，对你来说就是冒险。将你的孩子的规律性考虑在内，将确保你在孩子需要吃的时候手边有食物给他吃。

3. 初始反应（接近或退缩）

这种性情描述的是一个孩子对一种新情形或新刺激的反应方式，比如一种新食物、一个新玩具，一个不认识的人或一个新的地方。接近反应往往通过心情的表达（咯咯笑、微笑）或身体动作（吃下一种新食物、伸手去够一个新玩具）表现出来。退缩反应看上去更消极，是由心情（哭、哼唧）或身体动作（吐出食物、扔掉新玩具）表现出来的。学会养育你的独一无二的孩子，意味着要识别这些线索，并以鼓励和有益于孩子成长的方式作出回应。

有些婴儿对任何新体验——新食物、陌生人——都愿意接受，而另一些婴儿则比较勉强。

因为工作的缘故，特德每个月都要出差几个星期。当他回到家试图抱起出生不久的女儿伊莎贝尔时，女儿会绷紧身体、抗拒并开始哭。特德感觉很伤心。他很喜爱自己的宝贝女儿。在了解了性情之后，他认识到女儿对于任何变化的初始反应都是惊恐。于是，在长时间的外出归来后，他开始采用更温和、更渐进的方式。当妻子抱着伊莎贝尔时，特德会挠宝宝的小脚丫、抚摸她的胳膊，轻声对她说话。尽管伊莎贝尔仍然没有很快就对他热情起来，但这个方法使她有了更多的适应时间。同时，特德不再感觉自己被拒绝，并且能够同情女儿的需要了。

如果你的孩子欢迎新的体验，祝贺你：这无疑会令你们的生活更加轻松。然而，如果你的小家伙需要更长的时间适应，你可以寻找一些小的步骤来帮助他适应变化和新环境，而不要把他的反应当作是针对你。

4. 适应能力

适应能力与接近和退缩是有重叠的，描述的是一个孩子随着时间的推移对一种新环境如何作出反应——即适应和改变的能力。有些孩子一开始会吐出一种新食物，但尝过几口之后就会接受。另一些孩子接受一种新食物、一件新衣服或一所新学校要慢得多，如果不是完全不接受的话。

当詹娜的小儿子出生时，他的哥哥和姐姐已经上小学了，并且要参加一连串的体育活动、音乐课和其他活动。由于这两个大孩子的日程上排满了各种活动，宝宝很少有时间在家里午睡。但是，这没有造成任何问题。这个宝宝是一个适应能力很强的孩子，不管在哪里，到午睡时他都能心满意足地蜷成一团酣然入睡，无论是在篮球赛场上，还是在商店的购物车里。

然而，詹娜的邻居凯特经常发现，当自己8岁儿子的活动恰好安排在宝宝安娜的午睡时间时，她就不得不找人让儿子搭车。如果到安娜该午睡时，她们没在家，安娜就会情绪崩溃，大哭、哼唧并烦躁不安。除了自己的小床，安娜在任何其他地方都不睡觉。如果他们家碰巧外出，她会一直待到过了午夜也不睡觉。安娜的适应能力比较弱，如果不考虑到她的这种性情，全家人都要跟着受罪。

你很容易试图迫使你的孩子适应你忙碌的时间表——毕竟，大多数父母都有忙不完的事情。但是，明智的父母会将孩子的适应能力牢记于心，并巧妙安排自己的日程。你可能需要两天而不是一天才能把自己的事情做完，但是，在这两天里都有一个平静、快乐的孩子，不是更重要（也更令人愉快）吗？

5. 感觉阈限

有些孩子只要有开门声就会醒来，无论声音多么轻，而另一些孩子即便是在狂欢节上也能睡得很好。每个孩子对感官输入（触觉、味觉、视觉、嗅觉、听觉）的敏感度是不一样的，而且，这影响着他们的行为和看待这个世界的方式。

马洛里 8 个月大的时候，奶奶带她出去玩。天气很暖和，新长出的草坪柔软而有弹性。但是，马洛里的膝盖一碰到草坪，她就立刻把屁股撅了起来。她用双手和双脚支撑着自己的身体，以避免自己裸露的膝盖接触到让人痒痒的草坪。

当天下午，马洛里的表妹内莉来她家玩。内莉的妈妈刚把她放到草坪上，她就噌噌地爬开了，即便在过一条石子路时也没有慢下来。内莉的高感觉阈限，使她成了一个无所畏惧的探险家，而马洛里对于新质地和新经历的反应则造成了她更谨慎。

感觉统合失调

有些孩子会受到感官输入的深刻影响。事实上，在一些情况下，一个孩子的大脑会难以整合视觉、听觉或其他感官信息。一个孩子可能会发现他的袜子"不舒服"或衬衫"太紧"，而另一个孩子却对任何刺激都没有强烈的反应。有些孩子可能会以摇晃、旋转或撞头来努力产生感官输入，他们发现这很舒服。这样的孩子们可能患有"感觉统合失调"（有时也被称为"感觉统合障碍"），各种能帮助他们了解感官信息并感觉更舒服的治疗都会让这些孩子受益。

如果你怀疑你的孩子对感官输入的反应与同龄的其他孩子不同，明智的做法是请儿科医生做一下评估。（更多信息，请查询 www.spdfoundation.net）

时间和经验会让你知道你自己的孩子对生理感觉和刺激的敏感度。你的孩子喜欢嘈杂的声音和音乐，还是会变得烦躁不安？他会盯着明亮或闪烁的灯光看，还是会把脸扭到一边？他是会狼吞虎咽地吃下新的食物，还是只吃一小口（或者全都吐出来）？他喜欢被抚摸和拥抱，还是会扭着身子躲避这种过多的接触？

如果你的孩子对刺激较敏感，你在给他新玩具、新体验以及介绍他不认识的人时，就要慢慢来。柔和的灯光和安静的环境会帮助他平静下来，而在嘈杂、拥挤的地方（比如生日派对、游乐场或繁忙的购物中心），他就会变得紧张或易怒。

不那么敏感的孩子可能更愿意尝试新的体验。要给他提供探索和体验的大量机会。

一个感觉阈限低的孩子，在安静下来入睡之前，可能需要独自哭一会儿，以释放在忙碌的下午积累起来的压力。尊重的做法是给这个孩子提供一个安静的环境，放一些书和填充动物玩具，或者播放轻柔的音乐。继续对这个小家伙低语、拥抱，以及进行其他的过度刺激，都是不恰当的。而有着不同的感觉阈限的他的姐姐，可能喜欢摇篮曲、藏猫猫游戏以及家人经过门厅时的嘈杂声。

6. 心理素质

你注意过有些孩子（和大人）会以怎样愉快而接纳的心态面对生活，而另一些孩子却对每一件事和每一个人都能找出缺点吗？一个婴儿可能会用微笑和咿咿呀呀得到家人的欢心，而另一个婴儿却可能觉得必须哭一会儿，只是"因为……"。

宝宝布伦特在妈妈挠他的小脚丫时笑得很开心。当他开始蹒跚学步时，他咧着嘴的笑容能融化妈妈的心——而且，他几乎对每一次互动都会以笑做出回应。然后，宝宝克雷格出生了。当妈妈挠他的小脚丫时，他不是笑，而是会哭起来。他好像认为任何事情都不好玩，并且似乎在大多数时间都心情不好。长大成人之后，克雷格仍然很少笑，但他仍是一个很有爱心的父亲和儿子。布伦特在长大成人之后，也是一位很有爱心的父亲，并且他还是那么爱笑。

那些不那么开朗的小家伙的父母们要振作起来。那紧皱的眉头不是对你或你的养育能力的反应。要体谅孩子的心情，但要花时间抚摸你的严肃的小家伙、揉揉他圆圆的小脸，并让他分享你的快乐。在他成长的过程中，要帮助他看到这个世界的可爱。

如果你的宝宝对这个世界总是眉开眼笑，就要享受他的性情带给你的人生礼物。不要给他泼冷水。要花时间透过他快乐的人生观来体味一天的生活。

7. 反应强度（与心理素质有所重叠）

孩子们对发生在自己周围的事情会作出不同的反应。有些孩子会轻声一笑或只是看一眼，然后就继续做自己手头的事情；另一些孩子则会作出行动和情感上的反应。有些孩子的心情完全写在脸上，开心时就咯咯地笑或高声大笑，生气时就大发脾气。有些孩子很少对外界事情作出反应，可能需要你的鼓励才能参与到游戏或其他互动中。

在幼儿园，一个好奇的同学揪了玛雅的头发。老师吓坏了，从玛雅的嚎啕大哭中知道她要去一趟急诊室了。当同一个捣蛋鬼揪了胡安的头发时，胡安的目光几乎都没从自己的积木上离开，而是推开了那个孩子的手，就好像只不过旁边飞来了一只小虫子。

玛雅的妈妈已经学会了静静地坐着，等到玛雅的初始反应平息之后再评估情况有多严重。胡安的妈妈在他大哭时，真的会很警觉，因为她知道情况要严重到什么程度才会引起儿子的这种反应。孩子和妈妈们都学会了要基于每个孩子的反应强度来作出不同的回应。

随着你逐渐了解你的孩子独一无二的性情，你就能以一种让他感觉安全、情感联结和好奇的方式来塑造他的环境。

8. 分心程度

"如果我让我的学步期孩子坐在一盒积木前，他就不会注意房间里的任何其他事情。"一位父亲说。"哦，"一位妈妈说，"如果我的宝宝在吃奶时有人从旁边经过，她不仅会看，还会停止吃奶，直到那个人走过去。"尽管他们可能没有意识到，但这两个父母实际上是在谈论自己孩子的"分心程度"，即一个外界刺激干扰一个孩子当前行为以及他愿意（或不愿意）转移自己注意力的方式。

每次进到家庭活动室，乔都会朝着视频游戏机的操控台走去。保姆会把他抱起来，带他到他的玩具盒旁边，有时候甚至能成功地分散他的注意力一段时间。但几分钟之后，他又会向游戏机的操控台走去，其精确度会让任何飞行员都赞叹。乔的这种保持专一和专注的能力有朝一日也许会成为一个极大的优点；而现在，他的疲惫的保姆不得不再一次走过去将他的手指从操控台的按钮上移开（或者想出一个办法让乔执着的脚步无法靠近操控台）。

本拿起爸爸的智能手机，张开嘴就要放进去尝一尝。爸爸拦下了手机，胳肢本，并将手机换成了一片烤面包。本咯咯地笑了起来，几乎没有注意到自己手里抓着的东西被换掉了。本的分心程度使他成了一个很好带的孩子，而乔的保姆正鼓足勇气要求加薪。

分散孩子注意力和转移其行为，是可以用在学步期孩子身上的极好的养育工具——如果这个学步期的孩子很容易被分散注意力和转移行为的话。不要因为孩子的注意力容易分散（或者注意力很集中）而感到沮丧，而要设法为他创造一个安全并易于探索的环境，要专注于为你遇到的问题寻找解决方案，并认可和接纳孩子与生俱来的性情。

9. 毅力和注意力的持续时间（与分心程度有所重叠）

"毅力"指的是一个孩子在障碍或困难面前继续一项活动的意愿；"注意力的持续时间"描述的是他不间断地进行一项活动的时间长度。这两个特点通常是相关的。一个心满意足地一次撕半个小时旧杂志的学步期孩子，其注意力的持续时间是相当长的；而另一个在不到 10 分钟的时间里玩了 10 种不同玩具的学步期孩子，其注意力的持续时间就短。再说一次，没有哪种性情必然比另一种性情好；这些性情只是不同，并对养育和教育提出了不同的挑战。

宝宝伊迪丝已经在她的高脚椅上坐了半个小时了，在把她的麦片圈排成行。有时候，她会发现一个大得足以套到她的手指上的麦片圈。她的双胞胎妹妹艾玛，甚至还没吃完早餐，就把她的麦片、碗和杯子弄到了地上。艾玛倒腾出了橱柜里的锅碗瓢盆，探究了暖气的出风口，并且不得不在突袭洗手间时被抱了回来——而伊迪丝一直在耐心地排列着她的麦片圈。艾玛可能会成为一名出色的体育比赛实况解说员，她的敏捷使她能够跟上瞬息万变的比赛局势以及瞬间发生的动作。伊迪丝将来也许会成为一名研究人员，在监测培养皿托盘的时候，较长的注意力持续时间会是一种宝贵的品质。认识到两个小姑娘的性情在合适的情形中都可以成为她们的优势是很重要的。明智的父母和看护人会通过教、养育——以及大量的照管，来帮助艾玛和伊迪丝最大化地发挥她们的先天性情的潜力。

如果你的孩子不那么有耐心和执著，你可以采取一些方法来帮助他适应这个有时会让人沮丧的世界。当你必须在医生办公室里安静地等待的时候，要确保带一些能吸引住他的注意力的东西。要将具有挑战性的任务分解成容易完成的小步骤。当孩子感到沮丧时，要让他知道你理解他的感受。而且，要劝说那些执著、不那么容易分心的小家伙尝试新鲜事物。在你力所能及的时候，要在不催促的情况下给他时间满足他的好奇心。

是正常发展行为，还是注意力缺乏症？

问：我儿子 3 岁了。他极为活跃；他不睡午觉，讨厌坐下来看书，总是动个不停。我试着让他全神贯注，但他只用了 5 分钟就把玩具盒里的所有玩具都玩了一遍。我姐姐说他可能有注意力缺乏症，因为他"很亢奋"，并且注意力持续时间很短；她说我应该让他接受药物治疗。我该怎么办？

答：在这个年龄，你儿子的行为更可能是由于他先天的性情和正在发展的能力，而不是像注意力缺乏症（ADD）或注意力缺乏多动症（ADHD）那样的疾病。你的儿子看起来活跃水平很高，不那么执著，并且注意力持续时间短。尽管这肯定会给作为孩子父母的你带来挑战，但你通过接纳他的性情、找到给他提供有条理的安排和惯例的方法、运用和善而坚定的教育方法、让孩子保持活跃和专注，可以给孩子最好的帮助。在一个孩子至少 6 岁之前，无法可靠地确诊是否患有注意力缺乏多动症。很多正面管教工具都能帮助你的好动的孩子承担在家里和学校里需要承担的责任，无论他是否有注意力缺乏多动症。

契合度

翟斯和汤马斯（以及其他研究人员）都强调"契合度"的重要性，即要找出一个孩子的需要和与他共同生活或照料他的人的需要之间的平衡。当你理解了你的孩子的性情时，你和孩子就都会少一些挫折感（并且更容易朝着"契合度"的方向努力）。当孩子们为获得一种能力感和归属感而努力时，他们在生活中会体验到足够大的压力。期望孩子成为与他不同的另一个人，无助于缓解这种压力。

理解孩子的性情并不意味着耸耸肩，说："哦，好吧，这个孩子就是这个样子。"而是为了让你在牢记孩子独一无二的性情需要的同时，通过耐心、鼓励以及和善而坚定的教育来帮助他培养可接受的行为和技能。比如，一个注意力持续时间短的孩子，仍然需要学着接受一些安排好的事情。提供有限制的选择，是尊重这个孩子的需要以及"情形需要"（意味着行为必须符合当时的环境）的一种方式。

同样，了解你自己的"个人风格"，并认识到无论你多么爱你的孩子，你和孩子的性情也可能不会那么轻易地匹配，也是非常重要的。努力找到你的性情和需要与你的孩子的性情和需要之间的匹配，对于契合度来说是极其重要的。如果你的孩子的睡眠不规律，而你在晚上十点之后就几乎困得睁不开眼，你们的契合度就很差。对性情的了解，能帮助你们做出调整并建立一种更好的契合。其关键在于找到平衡。你的宝宝可能因为其性情的原因无法睡一整夜，但是，他可以学会在醒来的时候一个人玩。你可能需要学会在迷迷糊糊中走过去轻轻地摸摸他或者拍拍他的后背，在他耳边低声说一些爱的话语，然后让他再次自己入睡。

第一步是要确定，什么是对你家里的每个人都管用的方法，不要忽视任何一个人的需要。（这其中包括你的需要。父母筋疲力尽、情绪暴躁，对一个孩子来说并不是好事。）对一个不能入睡的孩子大喊大叫、威胁或者完全无视，也是没有帮助的。

分心程度低的孩子在从一项活动过渡到另一项活动时，需要父母做出非常耐心的准备。事先计划是顺利过渡的一种重要工具。一个生活不那么规律的父母和一个生活很有规律的学步期孩子在一起，就必须学会让两餐之间的间隔时间固定，形成日常活动的惯例，并让自己的生活形成更为明确的节奏。她的孩子则必须学会应对偶尔的计划变动，在某顿饭被延误时吃一两块饼干充饥，并形成个人的灵活性。

好消息是，父母和孩子们能够相互适应。我们的大脑生来就能对周围的世界作出回应和适应；而耐心、体贴和爱能够帮助我们所有人学会安宁地生活在一起。找到平衡需要时间和练习，但是，学会接纳并与你的孩子的独特性情相处，将会使你们双方在未来若干年中都受益匪浅。

正面管教的技能对于所有性情的孩子都是适合的，因为这些方法是尊重的，并且能让孩子们学会合作、承担责任和人生技能。对性情的了解，还有助于你理解为什么不同的方法会因为你的孩子性情和需要的不同而有不同效果。

个性和创造性

父母和照料孩子的人可能没有意识到，当他们相信（通常是在无意识中）完美孩子的神话时，他们会对孩子的个性和创造性造成怎样的压制。大人们很容易更喜欢"容易相处"的孩子，或者希望孩子遵守社会的行为模式。父母的自我通常会参杂进来。你可能会担心别人怎么想，并且害怕如果你的孩子在别人眼中不是"好孩子"，你的能力就会受到质疑。

翟斯和汤马斯对性情进行研究的一个主要动机，就是想阻止人们因为孩子的性格而指责母亲们的社会倾向。翟斯和汤马斯说："一个孩子的性情能主动影响其父母、其他家庭成员、玩伴和老师的心态和行为，并反过来帮助塑造他们对孩子行为发展的影响。"这样，孩子与父母之间的关系就是双向的，每一方都在持续地影响着另一方。

如果前面提到的那对行为差异很大的双胞胎是由两位不同的妈妈养育的，会怎么样呢？人们很容易会认为，安静而专注的伊迪丝的妈妈养育很有效；而活泼好动的艾玛的妈妈"就是管不住孩子!"明智的做法可能是时不时地问问自己："你是在寻求责备，还是在寻找解决方案?"因为性情而导致的行为责备孩子，既不合理，也是不尊重的（并且也没有效果）。你对性情和有效的养育技巧了解得越多，就越能更好地找到解决办法来帮助你的孩子成长为一个有能力的人，不管他是多么的不同和独特。

致力于改善，而不是完美

即便有了对孩子的理解并出于最好的意愿，大多数父母还是会时常因为孩子的性情和行为而经历内心的挣扎。你自己可能就缺乏耐心，或陷入对孩子的行为作出被动反应，而不是深思熟虑地主动行动。意识到和理解，并不意味着我们会变得很完美；错误是不可避免的。然而，一旦你犯错误之后有时间冷静下来，你就需要道歉，然后和孩子一起解决问题。孩子通常很愿意给你拥抱并原谅你，尤其是在他知道你会以相同的方式对待他的时候。重要的是，要帮助你的孩子致力于改善，而不是完美。你也可以将这个礼物送给你自己。

和善而坚定

鲁道夫·德雷克斯一直在呼吁父母和照料孩子的人对孩子运用和善而坚定的方法。（你可能已经注意到我们也经常提到这一点!）对性情的理解表明了这有多么重要。和善，表明的是对孩子及其独特性的尊重。坚定，表明的是对情形的需要的尊重，包括一个孩子学习社会技能的发展需要。通过理解并尊重你的孩子的性情，你将能够帮助他实现其作为一个有能力、自信、满足的人的最大潜能。而且，还有一个额外的好处：你或许将得到更多的休息、更多的欢笑，并且在这个过程中对你自己和你的孩子有更多的了解。

需要思考的问题

1. 下面列出了九种性情。在每一行中找到最能体现你的孩子性情的位置，标记一个点。然后，用不同颜色的笔，在每一行最能体现你自己性情的位置标记另一个点。你的性情与孩子的性情的匹配程度如何？这对于你们之间的互动有什么影响？你还可以用其他颜色的点来表示你的伴侣或其他孩子的性情。

活跃水平

活跃水平高————————————————活跃水平低

规律性（生理功能的可预见性）

可预见————————————————————不可预见

初始反应（对新事物的反应）

接近————————————————————退缩

适应能力（随着时间推移适应变化的能力）

适应快————————————————————适应慢

感觉阈限（对于感官刺激的敏感度）

反感度高————————————————————反感度低

心理素质

乐观————————————————————悲观

反应强度（对事情的回应）

反应激烈————————————————————反应温和

分心程度（一个孩子转移注意力的意愿）

高度专注————————————————————容易分心

毅力和注意力持续时间（长时间专注于一项活动的能力）

执著/注意力持续时间长—————放弃/注意力持续时间短

2. 在了解了你的孩子的性情之后，你对建立有益的惯例有什么新的想法吗？对帮助孩子适应变化呢？对于解决你的家里的问题呢？

3. 如果你的性情与孩子的性情"契合度"不高，你可以如何照料自己，以便自己能尽可能地保持耐心和灵活？（记住，照料好自己，是照料孩子的一个重要部分。）你可以作出怎样的改变，以改善你们俩不同性情之间的契合度？

4. 你可以对你的日常生活惯例做哪些改变，从而帮助你和孩子更好地生活——包括个人的生活，也包括一起共同的生活？把这些改变记录下来。选择一两个小步骤在这个星期试行一下。

第 **3** 部分

你的孩子的世界

第 *11* 章

鼓励的艺术

培养孩子的自我价值、自信和适应能力

鲁道夫·德雷克斯曾经说："永远不要替孩子做任何他自己能做的事情。"通过亲身经历和练习，孩子们会形成一种健康的自信以及对自己能力的信念。通过安慰和安抚来满足一个哭泣的婴儿的需要，是与其发展相适应的，但是，当你帮助一个沮丧的学步期孩子（或更大的孩子）学习自己做自己的事情，而不是替他做太多事情时，他将会发展出坚实的技能。

午饭时，格琳达递给凯西一杯牛奶。凯西看了一眼杯子，皱起了眉头，说："不想要这个杯子。"

格琳达恼怒地叹了口气；然后，她发现了教她的小儿子的一个机会。"如果你想要另一个杯子，"她温和地说，"你怎样做才能得到它呢?"

凯西这会儿对学习并不是特别感兴趣。"够不着。"他哼唧着说。

格琳达说："嗯，我们怎样才能解决这个问题呢？"

这个新的角度激起了凯西的想象力。他停止了哼唧，开始思考这个问题。"爬上去够杯子？"他问道。

"那可能不安全，"格琳达说，"把杯子放到下面这层架子上怎么样？"

"对！"凯西说，脸上露出了开心的笑容。几分钟之内，他们就重新布置了低层的架子，放上了凯西帮忙选出来的三只玻璃杯。他挑了一个杯子，拿到了餐桌上，并带着明显的自豪把原先那只杯子里的牛奶倒进了新杯子里（在这个过程中洒出来一些牛奶）。

格琳达没有恼怒，她发现了教孩子的又一个机会。在凯西美美地喝了几小口牛奶之后，她说："我注意到牛奶洒出来了一点。你现在需要怎样做才能清理洒出来的牛奶呢？"

这时，凯西正感觉自己很能干。他从餐桌旁一跃而起，到水槽下面拿了一块海绵，擦掉了洒出来的牛奶，随手就把海绵留在了桌子上。

这时候，格琳达考虑了一下凯西在整个过程中的参与。给他讲海绵需要洗干净可能留在其他时间会更好一些，但是，凯西今天看上去既高兴又很感兴趣。于是，格琳达问道："你知道海绵上一直沾着牛奶会怎么样吗？"

凯西认真地看了看海绵，但没看到发生什么事情。他很好奇。"会怎样？"他问妈妈。

格琳达解释说："牛奶会变质，会让海绵变得臭臭的。"这个词凯西很喜欢！格琳达吸引了他的全部注意力。"我们需要在水槽里把海绵好好洗干净，再把它放回到水槽下面。你想洗海绵吗？"

凯西从来不会拒绝玩水的机会。格琳达给他示范了如何通过拧海绵把里面的水挤干净，在接下来的15分钟里，凯西开心地站在自己的小凳子上冲洗着海绵。

很花时间吗？是的！值得吗？绝对值得。凯西从中学到的是，他的需要和愿望是正当的，并且他有能力靠自己去满足它们。**建立自我价值感，需要的不只是温和的话语；它需要"能力体验"，即你和你的孩子接受一个挑战——并且取得成功的一个个时刻。**妈妈花时间教给了凯西感觉自己有能力所需要的技能，而不是跟他争论或向他让步。她鼓励他的能力感并且相信他有能力学会这项任务——尽管会洒出来一些牛奶。这就是和善而坚定、与孩子的发展相适应的管教方式的实际运用。这也是真正的情感联结和鼓励的一次演示。

学会与错误相处，并从中学习

父母和孩子们在一个重要方面是相同的：他们永远不会不犯错误。无论你学了多少或知道多少东西，都是如此。作为人，我们都会在某些时候忘记自己知道的东西，并深深地陷入到情绪反应中——也称为"情绪失控"。一旦你接受了这一点，你就能将错误看作是重要的人生过程（本来就是）：有趣的学习机会。

如果你能把这种心态逐渐灌输给你的孩子，以使他不再背负你对错误和"失败"可能背负的精神包袱，难道不是很好吗？很多孩子（和大人们）都回避发展健康的自主感这一持续一生的过程（并且无法培养承担风险和尝试新事物所需要的勇气），因为他们害怕犯错误。通过问启发式问题（通常以"什么"或"怎样"开头）来帮助孩子从错误中学习，将在他学习的过程中带来一种巨大的变化。

"就像植物需要水……"

鲁道夫·德雷克斯提醒我们：孩子需要鼓励，就像植物需要水。(我们不都是这样吗?) 学习鼓励的艺术，是有效养育最重要的技能之一。研究人类行为和发展的专家告诉我们，健康的自我价值感是一个孩子所能拥有的最宝贵的财富之一。那些知道如何鼓励孩子、信任孩子并且教孩子技能的父母们，能最好地帮助他们的孩子培养一种自我价值感。

自我价值感和适应能力：它们来自哪里?

自我价值，很简单，就是每个人对自己所抱有的信心和能力感。自我价值来自于归属感，即相信你自己是有能力的（因为你体验到了自己的能力——而不是因为别人说你有能力），并且知道你的贡献是受到重视的，是有价值的。**父母无法给予自己的孩子自我价值感；每个孩子都必须自己形成自我价值感。**

自我价值感能给予孩子们在生活中承担风险并乐于接受新体验的勇气——从摇摇晃晃地爬楼梯，到在看护中心交朋友，到在以后的生活中参加篮球队或荣誉乐队的选拔。拥有健康的自我价值感的孩子们知道，犯错误并从中学习是很正常的，而不会认为犯错误就意味着自己无能。缺乏自我价值感的孩子害怕失败，并且通常不相信自己，即便他们拥有出色的天分和能力。

自我价值感和自信的一个重要部分，是一种被称为"适应能力"的品质。"适应能力"一词在韦氏词典里的定义是："在不好的事情发生之后，再次变得坚强、健康或成功的能力"。我们任何一个人都不大可能不在生活中遭遇一些"坏事"，在面对挑战时重新振作起来、再次尝试和坚持不懈的能力，是情感和心理健康极其重要的一部分。你怎样才能培养孩子的适应能力呢？

给我讲个故事……

适应能力有一个特别值得提到的方面。这是大多数成年人无需督促就会做的一件很简单的事情：讲故事。所有的孩子都喜欢听故事——尤其是关于他们自己的故事！诸如"在你出生的那一天……"、"那时候你晚上睡在奶奶家，妈妈夜里需要工作……"或者"我记得有一次彼得叔叔带你去动物园……"之类的故事，都能增强一个孩子的情感联结。孩子们不仅喜欢这些故事，想一遍又一遍地听，而且，这些故事会促进其应对技巧和适应能力的发展，即便是在孩子们经历破坏性或创伤性事件的时候。事实上，一个听过这些家庭故事的孩子，在面对创伤时要比没有听过的孩子更有可能表现出适应能力。故事能以让外界事件所造成的压力更容易控制的方式使孩子稳定下来。你无法保护你的孩子不受任何不测事件的影响，但知道你能够通过一种强烈的自我和家庭意识为适应能力打下一个基础，是令人鼓舞的——故事能做到这一点。

父母们以"自尊"的名义所犯的错误

父母们（和老师们）可能试图通过赞扬或者教孩子机械地重复诸如"我很特别"这样的口号，培养孩子的"自尊"。然而，要记住，孩子们，即便是非常小的孩子，都在对他们自己和周围的世界做着决定。太多的时候，这些努力都会适得其反，会导致孩子们形成与其长期最佳利益不符的信念。在我们审视建立自我价值感的有效方式之前，让我们先来看一些不管用的方法。

建立自我价值的无效方式

• 试图通过过度赞扬给孩子自我价值感。

• 过度保护或解救孩子。

• 告诉孩子他们很"聪明"。

• 想让孩子"更好"（或只是不同）。

试图通过过度赞扬给孩子自我价值感

赞扬实际上可能会令人丧失信心，而不是受到鼓励。当父母们不停地告诉一个孩子："你真是一个好女孩！我太为你骄傲了！"这个孩子可能会认定："只有在别人说我好的时候，我才是好的。"她可能会为了不让父母失望，而感觉到追求完美所造成的压力。或者，她可能会放弃，因为她相信自己无法符合那些赞扬以及通常与之相伴的高期望。从长远来看，赞扬并不像大多数人所认为的那样具有积极的效果。一次小小的赞扬可能不会造成伤害，但它或许不像父母们希望的那样有那么大的帮助。

过度保护或解救孩子

如今，孩子们去看心理医生的最常见的原因之一就是焦虑。在这个危险的世界，我们有很多正当的理由担忧一个孩子的安全和健康，但是，有那么多的父母那么担心，以至于孩子们发现即便承担可接受的风险（比如去一个朋友家玩或走到邮筒那里去）也变得不可能了。要记住，你的孩子有镜像神经元；如果你相信这个世界是一个可怕的地方，你的孩子很可能也这么认为，并会逃避新体验，这不是培养自信和适应能力的好方法。

很多父母担心，自己的孩子如果不得不面对不适和失望就会遭受痛苦，但事实恰好相反。被过度保护的孩子们可能会决定："我没有能力处理问题。我不能经受失望。我需要别人照顾我、解救我。"或者，他们可能决定，让别人替他们承担责任会更容易一些。在这两种情况下，被过度保护和"过度帮助"的孩子们都很难形成能帮助他们在成长过程中面对生活挑战的能力感和自信。

告诉孩子他们很"聪明"

祝贺孩子的天赋和成就，以及祝贺他在人生道路上取得的进步，是非常美好的。但是，有些父母为了鼓励自己的孩子，就用一连串的"你太聪明了"对孩子进行"狂轰滥炸"。结果表明，尤其是这种赞扬会造成意想不到的后果。

《看见成长的自己》一书的作者卡罗尔·德韦克对此进行了广泛的研究。因诸如聪明之类的特点奖励一个孩子，会造成一种"固化"的思维，严重削弱孩子处理挑战的能力。用德韦克的话说就是：

在对数百名儿童进行了七项实验之后，我们有了一些我所见过的最明确的发现：赞扬孩子的智力会损害他们的积极性，并危害到他们的表现。怎么会这样呢？孩子们不是都喜欢被赞扬吗？是的，孩子们喜欢赞扬。而且，他们尤其喜欢别人赞扬他们的智力和天赋。这确实会让他们信心倍增，有一种特殊的满足感——但只是在当时。一旦他们遇到一点小困难，他们的信心就会突然消失得无影无踪，积极性也会跌落谷底。如果成功意味着他们聪明，那么失败就意味着他们很笨。这就是他们的固化思维。

不要评价你的孩子"聪明"，而要鼓励他从错误中学习、乐于接受挑战，并喜爱学习的过程——无论结果如何。

想让孩子们"更好"（或只是不同）

由于所有孩子的首要目标都是感觉到情感联结和被接纳，所以，当一个孩子相信父母不是无条件地爱他的时候，其结果可能是灾难性的。特拉维斯是一个活泼而精力充沛的孩子，当他的妈妈一再说"我希望你能像约翰尼那样安静、乖巧"的时候，特拉维斯可能会认定："我不够好。我做什么都没用——我妈妈不喜欢我。"要记住，一个行为不良的孩子是一个丧失信心的孩子。没有什么能比爱和无条件的接纳更能鼓励孩子并且更有效。这并不意味着父母必须称赞孩子的不良行为和缺点；而是意味着当父母接纳孩子真实的样子，包括他们的全部独一无二的优点和缺点时，才能最好地帮助孩子。

鼓励的艺术

赞扬就像是垃圾食品，是甜的、大批量生产的，并且往往既不是对个人的，也没有意义。表明"好孩子"或"干得好"的小笑脸印章可以盖到任何一个孩子的手上。真正的鼓励是更有针对性的，会注意到并认可每个孩子的独特性。

小艾米一直到 12 个月大时才开始第一次走路。当时，他们全家穿越了整个美国去佛罗里达州看望爷爷奶奶。一天下午，当爸爸妈妈、爷爷奶奶和哥哥姐姐们齐聚一堂时，艾米决定是时候展示她的才能了。她朝全家人咧嘴笑着，然后，松开了抓着沙发的手，在令人不敢喘气的摇摇晃晃中迈出了自己的头几步，直接扑进了奶奶热切地张开的双臂中。全家人都欣喜若狂。"你做到了！"他们喊道，脸上都笑开了花。"就这样。慢慢走。再走远一点。加油，艾米！你做到了！好极了！"艾米沉浸在家人的爱之中，笑得都合不拢嘴了。看，这就是鼓励！

赞扬可能听起来更像是这样："好丫头！多么聪明的宝宝啊！你真是太可爱了，不是吗？"

很多父母都搞不清赞扬和鼓励之间的区别，所以，让我们仔细看一下。在上面描述的情形中，鼓励关注的是这件事，而赞扬关注的是这个人。很多孩子在被赞扬时会形成一种信念：只有在完成一件事情时，他们才是"好孩子"。赞扬通常要求成功地完成一件事情，而鼓励指向的是努力。也就是说，赞扬通常是有条件的，而鼓励是无条件的。

说来奇怪，一件好事做得太多有可能会令人沮丧。当孩子们为他们做的每一件小事都得到喝彩时，他们就很容易形成一种信念：只有当别人为其喝彩、鼓掌并给予没完没了的关注时，他们才是被爱和被接纳的。

你的孩子作出了怎样的决定？

理解赞扬和鼓励之间区别的一个重要方法，是进入你的孩子的内心世界。要注意你的孩子是否过于依赖他人的观点——这是赞扬造成的一个危险结果。另一方面，小家伙们喜欢有观众，并且经常会热情地邀请你"看看我！看看我！"。因此，没有必要过份纠缠于赞扬和鼓励的区别。只需要意识到你的孩子可能作出的决定。你的话语传递的爱和支持是有条件的还是无条件的？

一种办法是问自己，你的话是否只能在这个时间说给这个人。你对理发师、小狗和你的伴侣都可以说"干得真棒"。而"谢谢你给我做了这么漂亮的发型""你找到你的骨头了——真香"，或者"你戴这顶蓝色遮阳帽真的很好看——和你平常戴的不一样"，这些话是不能互换的。如果你的话语对于一个人、一个场合或一个情形是唯一的，就更可能是鼓励。

表现出信任

艾米的家人通过允许她试验走路的过程——而不是进行不必要的干预，给了她最有效的鼓励。艾米的家人也可以选择解救他们的弱小的宝宝。奶奶可以大喊"小心。快点，快拉住宝宝。"妈妈或爸爸或许会冲过来抓住艾米的手，拦住她的去路，或者把她抱起来。她的哥哥可能会从背后抓着艾米，让她走得稳一些。

艾米有可能会摔倒，但是，她的家人给了她冒这个风险的机会。**风险暗藏着失败的可能性，但是没有风险就永远不会有成功**。艾米冒了一次险，并设法迈出了她的头几步。任何赞扬都无法代替她在此刻的成就感。自我价值感就是那种"我能做到"的体验。当你能平衡自己保护孩子的需要与孩子对冒险、应对新挑战和探索自身能力的需要时，你就能够帮助你的孩子建立起自我价值感。

然而，平衡是不可或缺的。想象一位相信永远都不应该阻止自己的孩子探索其环境的父母。或许，他感觉限制孩子的活动会挫伤孩子的好奇心。所以，当小米歇尔朝大街走去时，爸爸冲到十字路口，挥舞着信号旗把所有车辆拦截下来，让米歇尔在车辆中间慢慢走过。这不是鼓励。米歇尔需要的是照管，以及反复教她知道十字路口的危险性，以免她在爸爸不在那里扮演交通警察时决定尝试横穿马路。

鼓励并不意味着为配合你的学步期孩子的每一个突发奇想而改造这个世界。和善而坚定地带着孩子离开大街，确实限制了他的探索；这也保护了他使他免遭危险，并且不让他认为在大街上闲逛是安全的。明智的父母会权衡孩子的选择和周围的环境，以决定哪些经历能为孩子提供成长的机会，而哪些经历太危险。允许一个孩子承担合理的风险（比如爬攀爬架）以及学习新技能（比如搅拌炒鸡蛋——当然要在你的照管下），才是鼓励。面对挑战并体验到成功，会让孩子建立强烈的自我价值感。

爱你的这个孩子

我们大多数人都对自己的孩子抱有梦想。你可能希望自己的孩子安静、爱思考，或者精力充沛并性格开朗，或者拥有一些其他的品质和才能。你甚至可能希望孩子完全像你一样。（父母和孩子不一定是一个模子刻出来的！）

简妮斯曾经梦想过她的孩子的婴儿时期。她很高兴自己有了一个小女儿，她用色彩斑斓的蕾丝和花边对婴儿房做了精心装饰。在女儿的头发几乎还没长出来的时候，她就为女儿买了缎带和发夹；抽屉里装满了可爱的小裙子。她把自己最喜欢的布娃娃都清洗干净，还买了几个新娃娃，她准备好了要和女儿共度各种快乐时光。

然而，小女孩有其他的想法。她并不是一个喜欢搂抱的孩子，总是不停地扭来扭去。她很早就会爬会走了，而且总是对一些事情——大多数都让她的母亲很惊愕——很入迷。她喜欢一次又一次地把真空吸尘器的零件拆下来，清空橱柜里的所有东西。那些精致的小裙子让她感到很讨厌；这个宝宝似乎拥有撕坏和弄脏这些裙子的天赋。

随着她逐渐长大，事情变得越来越难以对付了。她喜欢别人叫她"凯西"而不是"凯蒂"；她认为穿裙子很傻。她对布娃娃没有耐心，把它们扔到了衣柜黑暗的角落，或者把一些布娃娃的衣服脱掉，用墨水在上面涂鸦。她坚持"借"哥哥的玩具卡车和滑板，大一点的时候，她加入了大男孩们的游戏（尽管他们大声抗议），并且在玩街头曲棍球和爬树方面表现出了惊人的天赋。她甚至喜欢蜥蜴和蛇。简妮斯尝试过让她上芭蕾课，甚至是体操课，但都毫无用处：凯西拒绝成为凯蒂。（值得注意的有趣的一点是，当凯西有了自己的小女儿后，她的女儿也没有追随妈妈的脚步。小戴安娜喜欢布娃娃、小裙子，甚至很小就喜欢化妆，这让外婆简妮斯很高兴。）

简妮斯爱她的孩子吗？毫无疑问。但是，表达对一个孩子爱的最好的方式之一，就是学会爱这个孩子——而不是你希望拥有的那个孩子。

无条件的爱和接纳的力量

所有的父母对自己的孩子都有梦想，而梦想并不是一件坏事。但是，我们必须无条件地爱我们的孩子，以便让他们感觉到接纳和自我价值，这将使他们具有适应能力和自信。如果你想鼓励你的孩子，并帮助他发展归属感和自我价值感，你就应该记住以下几个理念。

接纳你的孩子真实的样子

孩子们拥有自己独一无二的性情。他们拥有你可能意想不到的能力，而他们自己的梦想可能与你的不一致，而且有时候他们的行为真的让人很失望。你很容易把自己的孩子与街道另一头的孩子、亲戚家的孩子或者甚至他的兄弟姐妹相比较，并发现他在某些方面的不足。

我们人类并不擅长无条件的爱，然而，孩子们需要得到无条件的爱。你必须记住，即便是最小的孩子，也有惊人的能力感觉到父母的真实感受和态度。如果他知道自己是被爱着并被接纳的——如果他感觉到了他所渴望的价值感和归属感——他就会茁壮成长。如

建立自我价值的有效方式

• 接纳你的孩子真实的样子。

• 对孩子的发展要有耐心。

• 提供成功的机会。

• 教给你的孩子技能。

• 要意识到自我实现的预言。

果他感觉不到归属，感觉到自己是令人失望或令人讨厌的人，他萌发中的自我意识就会枯萎，而你可能永远都无法知道他本来能成为什么样的人。要鼓励孩子做最好的自己，而不是成为别人。

对孩子的发展要有耐心

生长发育表是记录孩子们到某个时间平均来看能做哪些事情的一种很好的形式。问题在于，没有平均的孩子！每一个人都是一件艺术品。仅从外表来看：肤色、头发的颜色和质地、鼻子的形状、眼睛的颜色、身高、体重、体型——我们每个人都是独一无二的。而身体的特征只是我们的独特性的一个方面。性情，正如我们已经发现的那样，就像指纹一样，是独特的。我们发育和成长的速度也是如此。

孩子们的发育——爬行、走路、说话——都有自己的步调，而很多童年早期的冲突都源自父母们没有耐心。你的孩子在准备好的时候，就会走路和使用马桶；毕竟，你看见过哪个孩子穿着尿布爬进一年级的教室吗？如果你非常担心你的孩子的发育，和

你的儿科医生谈一谈可能会让你放松下来，而且能省去你和你的孩子的很多沮丧。

提供成功的机会

比最充满关爱和赞赏的话语都更有力量的，是那些能教孩子知道自己是有能力的、能干的人的体验。要早点寻找你的孩子特殊天赋和才能、他的能力和优势，以及那些能让他热情洋溢的事情。然后，要给他提供机会尝试这些事情。

还要给他提供给你帮忙的机会，并承担一些他力所能及的小责任。早期的成功和表明"我能行"的体验，是构建自我价值感的强大基石。

教给你的孩子技能

当孩子们拥有"能力体验"的时候——也就是说，当他们学习技能并对"完全靠自己"完成一项事情的能力形成信心的时候——真正的自我价值感就会生成。是的，学步期的孩子还很小，但是，你或许会惊讶于你的小家伙居然能做那么多事情。你的孩子可以在餐桌上摆餐巾、在水槽里洗生菜叶、用海绵抹去水渍。他能在汉堡包上放奶酪片，学着自己穿衣服，自己倒果汁。他会把这些事情做得很完美吗？当然不能——这就是你要有现实的期望、大量的耐心以及不止一次地教孩子这些技能的意愿的一个充分理由。然而，技能是健康的自我价值感和自信的基础。当你教你的小家伙时，你就是在帮助他成为一个更有责任感、更自立的人。

要意识到自我实现的预言

想一想，如果父母不再经常提醒对方——以及他们的孩子——两岁的孩子有多么烦人，两岁的孩子们还会那么烦人吗？孩子们拥有一种实现（或辜负）父母期望的神奇能力。如果你把自己闹腾的学步期孩子称作"小怪兽"，就不要惊讶他会尽自己的最大努力成为你期望的样子。同样，你可以通过让孩子知道你爱他、接纳他，并相信他成功的能力，让他建立起自信。

你的孩子总是能实现你的预言和期望吗？不，当然不能。但是，要记住你的话语和看法对你的孩子具有多么大的力量。如果你告诉孩子他坏，或懒惰，或愚蠢，或笨手笨脚，那么，如果你强化了自己不喜欢的那些行为，就不要感到惊讶。同样的原因，如果你寻找孩子积极的一面，你就能选择鼓励这些积极的方面。父母拥有的帮助孩子们发展一种健康的自我价值感的最有力的工具之一，就是寻找这些积极的方面。

当你关注积极的方面时，积极的行为就会增多。鼓励意味着关注进步，而不只是成就。这意味着，你要感谢你的小儿子捡起了他的大多数玩具汽车，尽管他漏掉了角落里的几个。这意味着，在孩子尝试坐到坐便椅上时，要给他一个拥抱，无论最终是否有结果。这意味着，你要对一个自己穿上鞋子的孩子微笑，即便他把两只鞋子穿反了。鼓励，对一个孩子说的是："我看到了你的努力，我对你有信心。加油！"

寻找孩子积极的方面并给予鼓励，是一种在孩子的童年时期和青春期对你都有用的技能，并会帮助孩子重视自己的价值。（你可以运用本章最后的活动更深入地探究这一理念。）

第一步

孩子会迈出很多第一步——而且，只有一小部分与走路有关。你的孩子需要你毫无保留的支持；他需要知道你对他有信心。他需要练习新技能和迈出各种第一步的机会，无论有多么不稳。他需要知道自己可以犯错误，而不必担心失去你的爱。当孩子们生活在一个充满鼓励的环境里，被允许从自己的错误中学习，并体验到和善而坚定的支持的时候，他们就能学会相信自己，并且在经历挫折或失败时重新恢复过来。自我价值感是每个人的灵魂中天生固有的，而且，就像所有幼苗一样，它需要培育、温暖和鼓励才能茁壮成长。

需要思考的问题

1. 近期花时间列一个清单，把你真正喜欢你的孩子所做的事情列出来。

2. 把这个清单挂在你能看到的某个地方（冰箱或浴室的镜子就很好），并在想到新的事情时随时添上去。

3. 每天找个机会就清单上的事情向孩子表达感谢。在爱和鼓励的持续滋养下，孩子们的成长往往是惊人的。（提示：在一个口袋里放一把硬币。每当你注意到自己说出孩子的一个积极特征时，就将一个硬币放到另一个口袋里。目标是每天掏空一个口袋，装满另一个口袋。）

第 *12* 章

洞察力和提前计划

对自己和孩子要有信心

大多数父母都希望自己的孩子培养信心、自信以及合作的意愿。要培养你的小家伙的这些重要品质，鼓励是很重要的一步，但你能做的不止于此。当你通过让孩子为即将发生的事情做好准备并将他需要知道的事情教给他时，你就能让他知道如何对待新的情形，这不仅会让相关的每个人的经历变得更愉快，还能给予孩子学习有价值的技能和信念的机会。

在接两岁的儿子埃里克回家的路上，帕齐决定顺道去珠宝店取回她送修的手表。她急匆匆地走进珠宝店，径直走向柜台，把取手表的凭证交给了店员，埃里克紧紧跟在她的身后。

埃里克站在那里抓着妈妈的大衣。他以前从未进过这样的商店，里面有很多东西令他眼花缭乱。他四处张望着，突然，窗户旁边一个开放的展示架吸引住了他的目光，完全把他迷住了。

午后的阳光照得那套藏品闪闪发光，这是埃里克见过的最迷人的东西。这是一组小型的水晶塑像——有小动物和人，甚至在水晶山顶上还有一座精美的小城堡，和埃里克最喜欢的故事书里的城堡一样——埃里克的小脑袋每动一下都能看到色彩鲜艳的彩虹。

在帕齐还没来得及意识到发生了什么之前，埃里克就用他那两条又短又粗的小腿以最快的速度向展示架走去。他伸手去够那个漂亮的城堡，但他的指头的力量仅仅够把它从架子上拽下来，城堡掉在了瓷砖地上，摔成了碎片。

埃里克吓得嚎啕大哭。帕齐既尴尬、愧疚，又生气——她发现这个水晶城堡贵得惊人。

帕齐该怎么办呢？很不幸，在这个时候，她没有太多选择。她可以赔偿摔坏的城堡，并赶快带着儿子回到车上，发誓再也不带他去任何地方了。她可以和埃里克探讨发生了什么，并希望他下一次记住。（注意，我们没有提到惩罚埃里克；打手或惩罚性的"暂停"能否让事情有任何好转，是令人怀疑的，尤其是因为埃里克事先没有得到任何指导。）

然而，帕齐本来应该在进入这家商店前把事情仔细想清楚，并花些时间教孩子。她可以蹲下来，或许可以把手轻轻地放在埃里克的肩膀上或握着他的手，解释说这家商店里有很多漂亮的东西，但是去摸和拿可能会把它们弄坏。埃里克可以看，但不能摸。她或许应该计划好无论如何都要牵着他的手，因为无论再怎么教孩子，希望一个孩子在这个年龄不要去探索或者能够控制自己的冲动，都是一种奢望。帕齐还应当确保，当她忙着和店员交流时，埃里克手里能有一些吸引其注意力的东西。或者，她可以决定不去做无谓的冒险，等埃里克不在身边时再去取手表。

然而，由于逃避并不总是办法，你的孩子需要知道在公共场所如何行为举止。**花时间教孩子，平静地跟孩子谈谈如何行为，**

并且随身带几个不发声的小玩具，将有助于你的孩子培养技能和信心——并且会为你赢得与你一起用餐、购物和旅游的同伴的感激。

保持尊严和尊重

"等一下。"你可能在想，"这听起来很好，但是，对于一个不停地对我说'不'的学步期孩子，我怎样才能提前计划并鼓励他的信心和适应能力呢？"大多数父母都有两个信念——这两个信念是你在与你的小家伙有效地打交道之前，必须要改变的。你赞成以下两个信念吗？

• 相信你能够控制学步期的孩子们，并迫使他们做你让他们做的事情。
• 相信孩子是在努力故意击败你。

因为婴儿和学步期的孩子都还很小，大人可以轻易把他们抱起来带到另一个地方，你可能会因而以为你能控制他们的行为。然而，请你想一下：我们有谁真的能控制另一个人的行为吗？控制感受呢？控制信念呢？通常，控制我们自己就已经很困难了！不要期望控制小孩子，而要考虑学会邀请他们合作。放弃控制的错误念头并努力合作，可能会保住你的——和你的孩子的——尊严和理智。

你所期望的从现在开始的五年内与你合作的孩子，是在每天的每时每刻被塑造和鼓励出来的。相反，一个因为把书从书架上拽出来而受到打骂和斥责的学步期孩子，到 6 岁时很可能会拒绝做你要求做的任何事情——或者，到青春期时，很可能会在你对他们禁足一个月时，从卧室的窗户偷偷溜出去。那些被父母温和地将其注意力转向装有锅碗瓢盆的橱柜而不受惩罚的学步期孩子，是在学习合作。他到 6 岁时极有可能愿意帮忙清理洗碗机，或者到青春期时能够与父母协商晚上回家的合理时间并严格遵守。

当你理解了发育阶段和适龄行为时，你就会知道孩子们并不是要试图击败你。一个向你的新智能手机走去的 18 个月大的孩子，并不是要故意挑战你。他看见了一个新奇、颜色鲜艳、诱人的东西，一个你也明显感兴趣的东西。他想摸一摸并进行探究。以往的经历可能已经教给了他在伸手够这个东西时要看你一眼，但是，他天生的探索的需要比你的警告强烈得多。他的行为不是挑衅——而是好奇。一旦你认识到这一点，不以愤怒或惩罚的方式做出回应就容易多了。让我们在探讨每个学步期的孩子最喜欢的"不!"这个词时，再审视一下这个问题。

学步期的孩子对"不"的真正"理解"是什么？

不到 3 岁的孩子对"不"的理解与大多数父母认为的不一样（而且，孩子到三四岁时，也不会突然就神奇地完全理解"不"；这是一个发展的过程）。"不"是一个抽象的概念，是与小孩子探索周围世界并发展自主感和主动性的发展需要直接相反的。哦，你的孩子可能"知道"你不希望他做某件事情。他甚至可能知道，如果他做了，就会从你那里得到一个愤怒的反应。然而，他的行为并不是有意的。

认知发展——孩子们为什么不按你的方式理解 "不"

• 拿出两团同样大小的粘土。问一个 3 岁的孩子它们是否一样大。他可能会说一样大。然后，当着他的面，把其中一个粘土球压扁。再问他这两个球是否一样大。他会说 "不"，并且会告诉你他认为哪个球更大。一个五岁的孩子会告诉你它们还是一样大，并且能够告诉你为什么。

• 找出四个玻璃杯：其中两个杯子一样大，一个杯子高一些、细一些，还有一个杯子短一些、粗一些。在这两个一模一样的杯子里装满水，问一个 3 岁的孩子这两个杯子里的水是否一样多。他可能会说一样多。然后，当着他的面，把其中一个杯子里的水倒入那个又短又粗的杯子里，把另一杯水倒入那个又高又细的杯子里。然后问他这两个杯子里装的水是否一样多。再一次，他会说 "不"，并且会告诉你他认为哪个杯子里装的水更多。一个 5 岁的孩子会告诉你这两个杯子里的水一样多，并且能够告诉你为什么。

上述两个例子都演示出了皮亚杰所提到的思考能力。当你了解到小孩子感知、解释和理解事情的方式与你不同时，你的期望就会调整并改变。

知道什么事情，对于学步期的孩子来说，远远不意味着会像大人那样将知识内化。孩子的所谓知道，缺乏让其不安分的手指停下来所需要的内在控制。包括让·皮亚杰（Jean Piaget）在内的研究人员很久以前就发现，学步期的孩子缺乏像大人那样理解因果关系的能力（这是不要试图通过说教或讲道理让孩子做你让他做的事情的一个极好的理由）。事实上，像理解后果和道德规范这样的高级思维能力，在孩子 10 岁之前都不会得到充分发展。在此期间，孩子们需要和善而坚定的界限和耐心地教——以及照管。

另一个层面：

"不" 蕴含的 "孩子的力量"

学步期的孩子正在学着将自己看作是单独的、独立的人。（这个"个性化过程"会在他们进入青春期之后强化。）这是发展过程中一个自然而健康的部分，但常常也是对父母和老师们的考验。不需要太久，一个小孩子就会知道"不"这个字的力量，或者知道他可以通过说这个词来激起大人的各种有趣反应。大人们无法总是避免这些冲突，但是，改变你自己的行为和期望可以减少其影响。实际上，有三种类型的"不"：第一种是你能避免说的"不"，第二种是你能避免听的"不"，第三种是你只能学会适应的"不"。

如何做到不说 "不"

"有时候，我会听自己对我的两岁孩子说的话，"一位妈妈向一群朋友倾诉道，"我听到自己说的都是'不'和'不要'。我听上去那么负面，但我不知道还能怎么做。"实际上，有几种办法能让大人避免说"不"。

• 说出你想要什么。汉娜，3岁，正开心地在房间里乱扔积木。她的老师走了进来，立刻说："不要扔积木！"这时，汉娜听到了不要做什么，但是她可能很难搞清楚自己可以做什么。如果她的老师说"积木是用来在地板上玩的",或者"看起来你想玩一些扔东西的游戏。你想要我帮你找一个可以扔的球吗",可能会更有效。**当你下一次要对你自己的孩子说"不"时,要问问自己你想要什么样的行为。然后,告诉孩子你想要的。**

• **用"是"来代替**。很多父母都习惯了不由自主地用"不"来回应孩子。当你要说"不"时,试着问问自己"为什么不?"。来看看16个月大的辛迪。她正在浴室的洗手池里玩水,把水溅得到处都是,玩得很开心。当妈妈进来的时候,她的第一反应是抓住辛迪,并且说:"停下来!"

但是,为什么呢?辛迪的眼睛里闪着亮光;她完全沉浸在了水的感觉和水滴飞溅的神奇中。她的衣服湿了可以换,而且,她可能认为事后帮妈妈擦地是非常棒的游戏。也就是说,这次可能没有理由说"不"。如果她们忘掉"不",而只是开心地玩,妈妈和辛迪可能会更好。

• **尝试分散孩子注意力和转移其行为**。要坚定而平静地将孩子从被禁止玩的物品旁带走。不要因为孩子做了不该做的事情而斥责他,而要把孩子的注意力集中在新的事情上:"让我们看看今天早上喂鸟器上有多少只小鸟。"

• **提供有限制的选择**。当你的学步期孩子要苹果汁,而不是你给他的橙汁时,把你给他的装苹果汁的杯子举起来,或者提出先把果汁放在一边,待会儿再给他。(要记住,学步期的孩子可能会使尽全力抗议,就像在发脾气的时候一样。仅仅因为小索菲在发脾气,并不意味着你处理这种情形的方式不恰当。)下一次,在倒果汁前要试着给孩子一个选择,从而让他有机会练习恰当地运用自己的力量,而不是要求特别服侍或陷入权力之争。

当你必须说"不"时

孩子们从哪里学会的"不"这个字呢？好吧，很可能是从他们经常说"不"的父母和照料人那里听来的。在孩子出生后的头三年，要尽量只在必要的时候说"不"。如果你太频繁地说"不"，你可能会阻碍孩子的正常发展并造成不必要的权力之争。

要记住，你必须愿意在孩子能够理解之前，教很多次。我们在孩子能够理解话语之前，就跟他们说话；我们在孩子理解为什么不能玩某个物品之前，就把他们从旁边抱开；我们在他们能够拥抱我们之前，就拥抱他们。

真正的理解——即无需有意识地思考就能运用某个技能的能力——是需要时间的。提供和善而坚定的管教，并且教给孩子与其发展相适应的界限是你的目标，但是，你在这个过程中会犯很多错误。因为婴儿和学步期的孩子并不总是能理解，说"不"只有在与其他方法（比如和善而坚定的行动）一起使用时才会有效。

用你的行动来教孩子

对于从出生到3岁的孩子，最好是用行动说"不"，而不是用话语。正如鲁道夫·德雷克斯常说的那样："闭上嘴，去行动。"

两岁的奥利弗很喜欢书，但是，当照料他的辛西娅发现他正在撕刚才在故事时间给他读过的那本书时，她轻轻地把书拿开了，并把奥利弗领到了图书角。在那里，她帮奥利弗选了一本更结实的纸板书。奥利弗对这本新书很满意，并且，这阻止对图书馆的书造成更多的损坏。

当两岁半的迈克尔开始在超市大发脾气时，妈妈抱起他，把他带回到了车里。她平静地把迈克尔抱在自己的腿上，直到他停止尖叫和扭动。然后，他们走进超市又试了一次。他们那天一共回到车里三次；幸运的是，迈克尔的妈妈很小心地直到结账前才把冷冻青豆和牛奶等易变质食品放进购物车里！几天后，他们又去了超市，这次只回到车里一次。在接下来的那个星期，妈妈一抱起迈克尔朝车的方向走，他就不再哭了。这就是提前计划（以及和善而坚定地坚持到底）在实际中的运用！

对这两个大人来说，和善而坚定地行动是比较容易的，因为她们知道孩子们试探自己的自主和主动性是正常的，甚至有时会以社会不可接受或危险的方式。当超市里其他人盯着她们看或建议孩子需要"好好揍一顿"时，迈克尔的妈妈感到难堪吗？或许会难堪。但是，她还知道，父母的职责就是帮助孩子建立能力感和适应能力，提供持续的照管，并且通过和善而坚定的行动转移孩子的不良行为。养育既需要耐心，又需要勇气，而养育活泼、好奇、精力充沛的学步期孩子的父母应该获得一枚特殊荣誉勋章。这是一项了不起的任务。

当你说"不"时，不要期待你的孩子能够理解并服从，而要用行动坚持到底。在说"不能咬"的同时，你可以轻轻地用手罩住孩子的嘴，让他咬不到。你可以在说"不能打"的时候，带孩子离开，并让他看到可以怎么做："要轻轻地摸"。这样的"不"

对你可能比对孩子更有益——它能帮助你产生和善而坚定地行动所需要的能量。

你希望孩子说的 "不"

无论你是否相信，孩子们需要学会说 "不"。说 "不" 是一种很有价值的人生技能。学步期的孩子会长到十几岁，会面对他人提供的毒品、酒精以及其他危险的选择。当这些选择迫近时，你无疑希望你的孩子说 "不"。现在，当他的整个词汇表中似乎只有这一个字时，你可能不会那么兴奋。

要给孩子提供以恰当的方式说 "不" 的机会。"你想喝点儿果汁吗?" 对果汁说 "不"，是完全可以接受的。或者，你可以问："姑姑在离开之前，可以给你一个拥抱吗?" 由于孩子们需要对自己的身体有一些控制，回答 "不" 应该是一个选择，而且是姑姑有希望能够接受而不会感觉受到冒犯的一个选择。

拥抱着说 "不"

有一部令人愉快的动画片，描绘的是一位妈妈对着她学步期的孩子大喊："不行!" 这个孩子冲妈妈喊："行!" 妈妈用更大的声音喊："不行!" 孩子尖叫着喊："行!" 这时，妈妈想起了和善与坚定并行的重要性。她蹲下来，给了孩子一个拥抱，并温柔地说："不行。" 这个小男孩说："好吧。"

当你知道孩子理解什么以及不理解什么时，说 "不" 是可以的。当父母认为 "不" 这个字本身就足以让孩子服从时，就会出现挫败感。

和善而坚定

另一种可能的方法，是运用不包含"不"这个字眼的和善而坚定的话语。要注意"而"是如何把和善和坚定结合在一起的。下面是一些例子：

- **认可感受**："我知道停止玩耍很难，而现在该吃饭了。"

- **表示理解**："我明白为什么你更想玩而不是去睡觉，而现在该睡觉了。"

- **转移孩子的行为**："你不想刷牙，而现在我不希望你的牙齿黏糊糊的。我要和你比赛，看看谁先到洗手间。"

- **提供一个选择**："你不愿意睡午觉，而现在该午睡了。该轮到你选书，还是该我了？"

- **提供一个选择，然后通过决定你要做什么来坚持到底**："我知道你想在商店里到处跑，而那是不可接受的。你可以待在我的身边，或者我们可以回车里坐一会儿，直到你准备好再试一次。"

过程与结果

在养育孩子的事情上，很少有什么事情是非黑即白的。本书所提供的都是各种选择和可能性。理解你的孩子的个体发展进程——他的信任感、自主和主动性的发展，他的性情、他的身体和认知的发展——将有助于你为他和你自己作出最好的选择。让我们看看发展阶段影响你的孩子的认知和行为的一种方式吧。

这是一个忙碌的星期五晚上，你准备带你的学步期孩子去一趟商店。你心里有一个明确的目标——也就是说，抓一些晚餐需要的食材，及时赶回家，做好饭、吃完饭，还能赶上你大儿子的足球比赛。对你而言，去商店意味着得到想要的结果。然而，对你的学步期孩子来说，结果并不是关键。**孩子们深深地扎根于此时此地，他们对生活的认识和体验与大人的不同。**对孩子们而言，去商店完全在于其过程——那里的气味、颜色、感受和体验。被夹在一个匆忙的行程中，就没有时间享受这一过程了。

孩子们不像我们那样目标明确。但是，按照一个孩子那种轻松自在的方式去做，也并非总是可行的。有时候，你确实需要匆匆忙忙跑进去，抓起鸡块，然后再跑回家。但是，知道你的孩子关注过程而不是结果，有助于你提供一种平衡的方式。有些时候，你可以在商店里随意逛逛，欣赏一下花卉区的鲜花，翻一翻架子上的期刊杂志，或者闻一闻甜美的桃子，并和孩子一起说出各种颜色的名称。孩子们都是小小的禅宗大师，能够专注于当下并乐在其中——这是很多大人都要好好学习的一种能力。

当你必须赶快时，要花点时间向你的孩子解释为什么这次你必须抓紧时间买东西。你可以解释说，你想让他拉着你的手，并且你们在经过玩具和其他有趣的东西时不能停留。你可以提出让他帮你找鸡块，并拿到收银台。然后，你们要回到车里，并开车回家。帮助一个孩子清楚地理解你的期望以及将要发生的事情，会使他更可能与你合作。

幽默和希望的重要性

开怀大笑以及希望和梦想的能力，是父母能够给予孩子的最宝贵的礼物。要防止问题的发生（或者处理已经发生的事情），没有比改变你的视角并看到一个情形中的幽默所在更好的办法了。从你最早与小宝宝玩藏猫猫游戏开始，笑声就在你和孩子之间创造了一条最紧密的亲情纽带。当你的学步期孩子想给小狗的碗里装满水，结果却弄得水槽的水一直流淌到后门时，要努力微笑并感谢孩子的努力。（我们保证，有朝一日这会成为他与自己的孩子分享的一个好故事！）学着一起微笑、做鬼脸，或者发现各种情形中的幽默，能够让你的家庭顺利渡过很多艰难时刻。

规则和界限是不可或缺的，没有它们，很多事情都无法正常进行。但是，有时候要试试这个实验：**注意你多么经常地训斥你的孩子、提要求或者警告他注意安全或不要违反规则。然后，数一数你有多少次欣赏孩子的技能、鼓励他探索，或者因为一些有趣的事情而一起笑作一团。哪些是你更经常做的**？

我们希望，认识到负面话语的影响，能促使你更多地鼓励你的孩子。要关注积极的方面。在可能时，要防止问题的发生。要留出点放松的时间，多给孩子一个拥抱的时间，或者在睡前多几分钟跟孩子说话的时间。有时候，笑声确实是最好的药物——要配上一定的洞察力。

需要思考的问题

1. 我们很容易把关注点放在出错的事情上。说到我们对自己、配偶、工作——以及孩子——不满意的地方，我们能够轻易列出一份长长的清单。想一想，如果你的上司在工作中只会指出你的错误和不足，你会有什么感受？你有多大动力会更加努力？找一天时间，数一数你对孩子说了多少次"不"。

2. 如果你的清单看起来很长，而且你感觉非常沮丧，你的孩子可能也是如此。留意自己说"不"的时候，看看能否用"是"来代替。看看你能多少次成功地实现这种转变。你和孩子都会感觉得到了更多的鼓舞。

3. 考虑一件你可以经常和孩子一起做的事情。有办法让他参与这个过程吗？为了让过程进行得更顺利，在出发前你应该怎样计划并教给孩子？如果出现了错误（在你们学习一种新技能时会常常如此），想想你可以从错误中学到什么，以便下一次改进这个过程。

第 *13* 章

睡　眠

你无法强迫孩子

　　任何有很小的孩子的父母们聚在一起时，谈话不可避免地会转向三个话题之一。"我没法让我的小女儿睡午觉，"一位妈妈抱怨道，"她整个白天都不睡，然后在晚上睡得很早。如果她能一觉睡到天亮就太好了——但是，她会在凌晨三点醒来，而且想玩耍。我怎样才能让她在我们睡觉时也睡觉呢？"

　　"我们实行家庭床，孩子们睡得很好，尽管有时候我们睡得不是很好。"一位父母说。另一位说："我们也实行家庭床，但不是因为我们想这样。我们只是没有办法让孩子们睡在他们自己的床上。"

　　"我儿子睡得很好，"一位爸爸说，"但是，他完全拒绝用坐便椅。他都快3岁了。我的母亲说，她的孩子们在两岁时就已经完成了如厕训练。我们开始有点恐慌了。"

　　"哦，我们还没解决最基本的问题，"另一位妈妈难过地补充说，"我的小儿子认为他只靠吃热狗和意大利面就能活，偶尔会吃一点饼干。我试过贿赂、哄骗和说服，但当我给他别的食物时，他会紧闭上嘴巴。我都害怕吃饭时间了。"

我们大多数人都能理解这些深受困扰的父母们；事实上，在读到这些话时，你可能会不停地点头。接下来的 3 章，我们将讨论那些长期存在的权力之争：睡眠、饮食和如厕。谁引发了这些战争？为什么？

我们相信，像养育中的任何战争一样，睡眠、饮食和如厕战争是因为缺乏知识、缺乏技能、缺乏信任并缺乏对你自己和你的小家伙的信心。

在你的孩子学着掌控自己身体的过程中，对孩子的发展和适龄行为的了解将会让你具有所需要的洞察力。专注于让孩子合作的技巧——尤其是当你面对的现实是睡眠、饮食和如厕都完全由孩子所控制时——会让你和孩子都松一口气。毕竟，那是他的身体！

要记住，权力之争需要两个人的参与。你无法强迫你的孩子入睡；你无法强迫他吃；你也无法强迫他使用马桶。只有他自己能做这些事。然而，运用尊重和与孩子的发展相适应的方法，就有很多方法让孩子合作。

所有的人必须睡觉和吃东西才能生存。如厕是一种带有强烈的（至少可以这么说）社会意义的身体功能。这几个方面中的任何一个都不会成为战场，除非对一个孩子（或一个父母）来说，"赢"比顺其自然地做到变得更重要。对父母们来说，关键是要学会让孩子合作，而不是陷入权力之争。

睡觉：“可是我不困！”

在出生后的头几个月，大多数婴儿睡的时间都比醒着的时间长，尽管他们的时间可能暂时完全没有规律。如果你能帮助你的孩子尽早学会自己入睡，在睡眠上的很多权力之争就能避免。最有帮助的办法之一，是在孩子就要入睡之前把他放进婴儿床里。有些父母不敢放下昏昏欲睡或已经睡着的宝宝，因为害怕弄醒他，但是，醒来并被允许闹腾一小会儿之后再次入睡，是可以接受的。为安慰孩子再次入睡，轻拍其后背可能会有帮助。

经过一段时间的练习，你就会知道什么对你的孩子最管用。你可以探究一下这些事情的相对利弊：是完全黑暗还是开着小夜灯，是播放音乐还是完全安静，房间是温暖一些还是凉爽一些。然而，睡觉是宝宝自己的事情。如果你试图把宝宝的睡觉当成你的责任，你就会招致一场争斗。

睡眠模式也不一样。有些婴儿天生性情就更活跃，而有些婴儿可能会有腹绞痛或身体方面的其他问题。这些婴儿在出生后的头 3 个月到 6 个月可能需要更多地抱着和安抚，直到你（和你的医生）对你的宝宝有足够的了解，知道其问题是否是由身体原因造成的。一旦你感觉到确信孩子没有任何身体方面的问题，就要为其建立良好的睡眠习惯。

让孩子独自入睡

问：我的两个女儿（分别是 12 个月和将近 3 岁）都不是自己入睡。我不得不躺在她们身边，直到她们睡着。通常，我也会跟着睡着，整个晚上都筋疲力尽的。实际上，睡前的整个过程就是一场战争。从洗澡、到穿睡衣，再到上床，她们都会尖叫。我的大女儿告诉我她不困。我努力让她相信她困了。当我最终让她们上床并读了一个故事后，她们会要求再听一个。我是一个全职妈妈，所以，我的孩子得到了大量的关注——但是，似乎多少关注都不够。帮帮我！

答：当父母们等了太长时间才帮助孩子们知道他们能独立入睡时（在这个过程中，孩子还能知道"我能行"），他们通常会比孩子遭受更多的痛苦。事实上，你的孩子的抗拒让你吃的苦头要比给她带来的痛苦更甚！你选择了在孩子小时候帮助她入睡（这是大多数关爱孩子的父母都会做出的一种可接受的选择）。现在，你愿意再辛苦一点帮助你的孩子吗？

你的两个女儿可能要哭上 3~5 个晚上，直到她们认可你知道怎么做才对她们最好，以及你会自信地坚持你的决定。要运用你的直觉来决定你是想帮助她们马上就学着独自入睡，还是分阶段进行。如果你的孩子继续哭，你可以在 5 分钟后进去对她说一句话或者抚摸她一下，然后是隔 10 分钟，再然后是隔 15 分钟，以此类推，而不要躺下来、抱她，或娇惯她。（你可能会质疑，一个小孩子是否知道 5 分钟与 50 分钟的区别，但重要的是，她每次醒来都能看到你，就会体验到一种一致性。）

这可能是有些父母能够处理这种调整的唯一方式；而另一些父母会将这种方式看作是在戏弄宝宝，并且会使父母和孩子在分离时都更加痛苦。在这种情况下，那些选择马上让孩子学着独自入睡的父母和那些过几分钟就进去安抚一下孩子的父母，一般都会发现需要3~5天时间就能让孩子们学会独自入睡。

要成功地帮助你的孩子学会独自入睡，有两个重要因素：

1. 你知道这是你能为孩子做的最关爱他的事情，他到目前为止一直体验到了安全的依恋。教给孩子们知道——即便你不是故意的——他们的唯一力量就是要求他人的"过度服侍"，是没有益处的。

2. 你的信心。孩子们会从你的能量和身体语言中感觉到这一点。还记得镜像神经元吗？你的情感状态是孩子很容易读懂的。当父母们有信心时，孩子们会感觉到安全和信任。当你有信心时，你就能更容易做到和善而坚定。相反，如果你感觉缺乏信心，或者在孩子哭了几分钟后就放弃并进入孩子的房间，你的孩子就可能学会哭更长时间，而你和孩子就都会感到很沮丧。

你的孩子在白天得到了大量的爱，而且她们每天早晨都能看到你。我们不相信如果孩子们在学着独自入睡时哭一小会儿，她们就会感觉父母不爱她们，或感觉被抛弃了。教给孩子们成为健康、负责的人所需的技能，实际上是在给予她们力量和爱。

如果你认定自己就是无法忍受让孩子哭，这是你可以作出的一个选择——但是，你必须承认，你可能正在为一个在以后的很多年里都要求你提供过度服侍的孩子打基础。最终，睡眠会取得胜利。（无论你是否相信，有一天你会很难叫醒她并让她

217

起床。)

啼哭或抗拒并不意味着你作出了错误的选择。作为父母，你的职责是作出符合你的孩子的最佳利益的选择——但是，这并不意味着那些选择始终是受欢迎的。如果没有机会尝试，孩子们怎么能知道他们能解决问题或发展适应能力呢?

创造更平静的就寝时间

大多数父母和孩子都会在共同生活的某个阶段因就寝问题而发生冲突。下面是一些主意，有助于你让就寝时间成为一天中让人心情舒畅——而非恼火——的时间。

• **建立就寝惯例**。晚上洗澡、刷牙和读睡前故事的可预测性，会使从白天到夜晚的过度更容易。一致性能够带来一种安全和安慰的感觉——这是夜里安睡的理想氛围。很多忙碌的家庭都说，他们每天的就寝时间很难一致。尽管大一点的孩子可能会更灵活，但对于小孩子来说，一致的就寝惯例则是必不可少的。

• **创造一个舒适的睡眠环境**。像父母们一样，孩子们对睡眠环境会有不同的偏好。有些孩子喜欢使用小夜灯，而另一些孩子则更喜欢一片漆黑；有些孩子喜欢听到父母或其他家人的声音，而另一些孩子则希望安静；有些孩子喜欢轻薄的睡衣，而另一些孩子则喜欢从头裹到脚。没有必要为这些细节争论。要帮助你的孩子找到对他最合适的方式，然后让他在自己舒适的小窝里放松地入睡。

• **和孩子一起创建就寝惯例表**。到孩子长大一点时，可以将晚间惯例制成一张图表（如图）。要让你的孩子告诉你他在上床前需要做的所有事情，由你把它们写下来。（ 如果你的

孩子因为太小而不能进行这种交谈，那他就是还不到用这种图表的时候。）如果孩子漏了什么事情，你可以这样问："选择你早上要穿的衣服怎么样？"然后，要让你的孩子告诉你完成这些事情的顺序，由你在这些事情上标上序号。

这时，好玩的事情就来了。让你的孩子摆好姿势，你拍下他做每件事情时的照片。把这些照片打印出来，并让你的孩子将它们按照商量好的顺序贴在惯例表上（或者让他按照顺序将这些照片订在一条长纸带上），并问他，为了让他能看到，你应该把它挂在哪儿。现在，这张表就是他的了。如果他忘记了，你只需要问："你的就寝惯例表上的下一项内容是什么？"这会让孩子说了算，并鼓励他的能力感。

• **鼓励你的孩子在睡前准备中主动发挥作用**。如果孩子的年龄足以胜任的话，就不要替他穿睡衣。（要记住，两三岁的孩子正在努力发展自主和主动性。）你或许想要让孩子设置一个计时器，看看他能多么快自己穿好睡衣。要以快乐为原则来做这件事情，而不是作为逼迫或催促孩子的手段。当我们要增进小孩子的独立和自主时，鼓励是一个关键的因素。

• **在其他时间练习就寝时的行为**。你们可以玩"假扮"游

戏，让你的孩子为将要发生的事情做好准备。可以先玩哭着上床的角色扮演，然后玩开心地上床的角色扮演。你可以扮演孩子，让孩子扮演"父母"。你还可以用玩偶或填充玩具来表演出就寝惯例。要记住，这种练习的目的是教孩子，而不是说教。（孩子们喜欢这种游戏，尤其是当大人扮演的"孩子"做出不良行为时。）这给了孩子机会显示出他对恰当的睡前行为真正理解了多少。要为孩子做出合作的榜样，并且要记住做得要有趣。（没有谁说过养育必须是一件乏味的事情！）

• **避免权力之争**。如果你的孩子说："我不想上床。"不要为此争论。你可以说："你真的想待得晚一点，而现在该睡觉了。"或者，"你还不想上床，而你的惯例表说现在是故事时间。"这些话承认了孩子的需要，并且帮助他感觉你在倾听，即便现在仍然是就寝时间。要和善与坚定并行。试图说服孩子相信他困了，或者告诉孩子他已经烦躁不安了，是没有帮助的。这只会招致争吵，并且必然会造成权力之争。要保持你的幽默感和好玩的心态。很多小家伙都会抗拒穿上睡衣的命令，但是，很少会拒绝比赛看谁先穿上睡衣——是爸爸还是孩子！

通常，只要发生权力之争，就会有一方赢，而另一方输。然而，在这里，你们俩都会输，因为，到孩子终于入睡时，你们俩都会筋疲力尽，并且非常沮丧。退出权力之争，并想出一种双赢的解决方案是你的职责。要和善，但要坚定。要继续惯例表上的事项。要问孩子："你的惯例表的下一项是什么？"

• **决定两个孩子的就寝时间是否要一样**。如果你有不止一个孩子，你希望他们在同样的时间上床还是各自在不同的时间？如果你把两个孩子的部分睡前惯例结合起来，所花费的时间或许就不会像你担心的进行两个单独的惯例那么长。比如，你可以确定把两个孩子的洗澡时间和玩耍时间安排在一起。父母中的一个人可以陪大孩子玩耍，而另一个人为小宝宝穿睡衣。或者，大孩子在小弟弟换尿布的时候可以帮着逗他玩。这种做出贡献的角色会帮助大孩子感觉到参与而不是被忽视，并且到他的就寝时间时会促进他合作。

• **决定你自己要做什么——然后执行**。和孩子约定好读一本书还是两本书，然后要坚持这个约定。不要与孩子争论。孩子们从和善而坚定的行动中才能学得最好。如果他不停地恳求你再读一个故事，你就给他一个晚安吻，然后就离开房间。是的，他可能会哭，但是，你和善而尊重的行动会教给他知道操纵不是一种选择。

• **让就寝时间成为分享时间**。在孩子学会说话之后，你可以说："告诉我你今天有什么最开心的事情和最伤心的事情。"你还可以分享你自己开心和伤心的时刻。这是培养亲密感的一种极好的办法。（要记住，今天、昨天和上个星期这些时间的度量，是四岁或五岁以下的孩子还无法完全理解的。他的开心时刻可能是发生在几个月之前的一些事情。不要争论细节，只需要享受这种分享。）

• **给孩子一个大大的拥抱——然后离开**。要记住，你越有信心，这件事情对你的孩子来说就会越容易。

要相信你自己能将这些建议调整到符合你的风格；你可能想在你们的惯例表上增加睡前祷告、唱歌，或者其他一些特别的事情。就寝时间有时可能会很难，但是，你可以相信，你是在帮助你的孩子学会独自入睡、得到所需要的休息——并且在这个过程中建立他的信心和自尊。

这个方法管用吗？

塔拉又尝试了一次把小儿子的胳膊塞进睡衣的袖子里，当他哭喊着挣脱出来的时候，塔拉沮丧地放弃了。从小宝宝肖恩出生之后，就寝时间就成了她和两岁的泰勒之间的一场战争。塔拉知道，当家里有新宝宝时，孩子们有时会经历一段艰难的时间，并且她认为她和丈夫迈尔斯已经让泰勒做了很好的准备。

然而，自从肖恩从医院回到家之后，如果没有父母在床上陪伴，泰勒就拒绝入睡。他一晚上会醒来好几次，并且抗拒整个睡前的过程。塔拉叹了一口气，又拿起了睡衣。她决定明天要把自己在父母课上的笔记找出来。是时候宣布睡前大战停火了。

第二天是星期六。塔拉一直等到肖恩小睡时，才把泰勒叫到身旁。"我有个想法，"她微笑着说，"我需要一些帮助才能记住如何和你度过睡前时光。你可以帮助我做一个表，以便我们能记住应该做的每件事情吗？"泰勒喜欢妈妈询问他的建议，并同意帮忙，好奇地看着塔拉拿来硬纸板、标记笔、相机和贴纸。

"现在，"她说着，摘下了标记笔帽，"我们在睡前要做的第一件事是什么？"

塔拉和儿子一起列出了睡前需要做的事情，并用图片对每项任务作了说明。当这张表完成后，塔拉写上了"泰勒的就寝惯例"几个大大的字，并帮助他用胶水在图表上画出波浪线，并在上面洒上发光的小亮片。泰勒迫不及待地把自己的作品展示给爸爸看。

迈尔斯很欣赏这张亮闪闪的图表，为儿子的热情感到很高兴，但是，他怀疑地看着塔拉。"我不知道，"他说，"这会带来什么变化吗？"但是，就在当天晚上，当他们问泰勒"你的惯例表上的下一项是什么"时，泰勒居然回答地那么好，让迈尔斯和塔拉都很惊讶。

　　后来，塔拉在那个星期的养育小组中分享了结果。"泰勒有时候仍然不愿意上床，"她说，"但是，当他知道我说话当真时，他立刻会问'我的惯例表在哪儿？'我们必须按顺序执行每个步骤，如果我做错了，他会纠正我。昨天晚上，我试图只给他读一本书，而泰勒提醒我惯例表说他可以听两本。他在入睡前已经不再哭叫了，而且几乎每天都能睡一整夜。他的爷爷非常喜欢这张就寝惯例表，还问是否可以在泰勒长大不需要它的时候，把它当成纪念保存下来！"

　　记住没有什么方法能在所有时间对所有的孩子都管用是明智的，但是，正如你将会看到的那样，大多数学步期的孩子都喜欢惯例、一致性和鼓励。

和父母睡在一起

　　很多父母都想知道，是否应该让孩子和他们睡在一起。对这个问题有许多不同的观点。有些书籍专门讨论了这种"家庭床"，以及让孩子和父母睡在一起的好处。有些人相信，孩子们睡在父母的床上能感受到更多的爱和安全感。另外一些专家则相信，和父母睡在一起的孩子会变得很难伺候和依赖，而当他们睡在自己的床上时，孩子们会有更多的机会学会合作、自信和自主。《正面管教 A–Z》[①] 一书中说："如果是你选择了让孩子睡在你的床上，那另当别论……然而，太多的父母允许孩子和自己睡在一起不是出于自己的选择，而是因为他们觉得似乎不得不如此，而且

---

　　① 简·尼尔森，琳·洛特著，北京联合出版公司，2013 年翻译出版。——译者注

他们对此并不开心。如果是这种情况，让孩子和你睡在一起就是不尊重的。"这提出了一个非常重要的区别，能帮助你搞清楚你们家的情形到底是怎么回事。

当心睡觉前看电视

问：我两岁的女儿每天晚上都想在睡前看她最喜欢的录像。如果我们不让她看，她就会极力反抗上床。有时候，我们只能放弃，让她在电视机前的地板上入睡。即便当我们允许她看录像的时候，她睡得也不安稳，往往在早上起床时很暴躁、易怒。我们该怎么办？

答：大量的研究发现，睡觉前的屏幕时间会打乱孩子的睡眠模式——而良好的睡眠对于成长、健康和扎实的学习来说是非常重要的。尽管对于你和你的孩子来说转变起来可能会很难，但是，最好能在计划让孩子上床睡觉前至少一小时就关掉所有屏幕设备。要和她一起制订一份惯例表，并要让她知道——和善但要坚定地——看录像不是她的睡前惯例的一部分。然后，要按照惯例表执行，直到她新的就寝惯例成为常规。

首先要考虑什么对你是最合适的。要遵循你的内心和头脑。你发现和孩子睡在你的床上很难睡得很好吗？如果你是一个单亲父母，考虑到这对一个新伴侣加入进来所具有的影响是极其重要的；要问问你自己，如果出现这种情况，你有多大决心让一个婴儿、学步期孩子或学龄前的孩子睡在你们的床上？有些夫妻发现这会妨碍两人的关系（情感和性方面），并且不想放弃钻进被窝之后两个大人的交谈、安静的读书时间，以及（或者）在入睡前做爱的机会。（我们有意没提看电视，这比和孩子们睡在一张床上对两个大人之间关系造成的破坏更大。）

另一方面，如果你相信家庭床能促进情感的亲密，那在这么做时要记住考虑孩子的安全。（美国儿科学会建议，不要让婴儿睡在大人的床上，因为婴儿有窒息的危险，并且发生婴儿猝死综合症的风险也会提高，尽管并非所有的专家都赞同这个建议。)

除了生活信条、情感和安全方面的考虑之外，还要记住，每个孩子和家庭都是独一无二的。家庭床对你的孩子合适吗？这会帮助还是妨碍他们自主、自信和自立的发展？每个家庭对这些问题必须找到自己的答案。我们不会声称有"唯一"答案，但是，我们确实相信，如果孩子变得难伺候或者过度依赖（而不是健康的独立性)，父母们能够感觉得到。

鲁道夫·德雷克斯相信，孩子们白天的不良行为与夜晚的不良行为之间有一种很密切的联系。也就是说，那些在白天给大人造成困难的孩子们，在晚上就寝时也会制造挑战。德雷克斯讲过一位女士带着一个"问题"孩子来找他的故事。在听完这位女士对孩子在白天的种种问题的抱怨之后，德雷克斯问："这个孩子在晚上就寝时间表现怎么样？"这位女士回答："我在晚上没有遇到任何问题。"这让德雷克斯很惊讶，因为他的理论是白天与晚上的行为是相关的。在进行了进一步讨论之后，德雷克斯又问了一次："你确定你在就寝时间没有遇到任何问题吗？"这位女士向他保证："哦，是的，晚上没有任何问题。"最终，德雷克斯猜到了晚上可能发生的事情。他问："这个孩子睡在哪儿？"这位女士答道："为什么这么问？她当然是和我睡在一起了。"

德雷克斯向这位女士解释，这种睡眠安排是问题的部分原因。这个孩子在晚上没有任何问题，是因为她在床上可以得到妈妈的全部关注。这个孩子只是试图在白天也能够得到和晚上同样的关注，当妈妈不像晚上那样迎合她时，她就会制造各种问题。这个孩子可能已经认定："只有在我得到持续的关注时，我才是被爱着的。"

如果你的孩子睡在你的床上，并且在白天显得过于难伺候和依赖，你或许可以考虑改掉她睡在你的床上的习惯。这个决定可能会很难。正如斯蒂芬·格伦和简·尼尔森在《如何在放纵的世界中培养自立的孩子》一书中指出的那样："无论是'喂奶'的人还是'吃奶'的人，'断奶'都不容易，但这对于双方健康的个人成长来说都是必要的。"

有些父母不允许孩子晚上和他们睡在一起，但欢迎孩子在周末的早晨到他们的床上要"早晨的依偎"。其他的父母有在故事时间躺在孩子的床上的惯例。他们向孩子明确说明，当故事时间结束时，他们就会离开，这避免了很多孩子很快就能学会的坚持让父母待在自己床上直到他们睡着的习惯。

再说一次，要用你的智慧来决定什么是对你和你的孩子最合适的方法。如果你有配偶，在做养育选择时，彼此倾听和相互尊重会增进你们之间的关系。权衡你自己的需要和你的孩子最终需要发展的技能，你就很有可能作出对你和孩子都最好的选择。

孩子的床

好像考虑再多也不够，孩子们的床现在有很多选择。孩子应该睡在父母的房间，还是自己的房间？应该睡在有栏杆的婴儿床里，还是放在地板上的床垫上？每一种方式的支持者都有各自强有力的观点和支持的理由。如果你更喜欢让孩子睡在单独的房间，监视器会让这种决定更容易，它能为你的孩子的安全提供一种保障。要记住，关键在于平衡。哪种方法对你的家庭管用呢？

说到平衡，一种独特的选择是摇椅式吊床，爱好者们声称这对有腹绞痛的婴儿尤其有帮助。即便没有腹绞痛，这个选择看上去也让人很舒服，而且更容易让婴儿保持仰卧的睡姿，这是美国儿科学会①建议能够降低婴儿猝死综合症（SIDS）风险的一种睡姿。

仰卧睡眠

大多数父母都听说过婴儿猝死综合症（SIDS），这是导致一岁以下婴儿死亡的首要原因，他们还知道为了降低婴儿猝死综合症的风险，应该让婴儿仰着睡（在家里和在看护中心）。但是，父母对仰着睡可能也有一些担心。下面是来自美国儿科学会的一些有用的信息：

•**嗝奶或呕吐**。父母们有时担心，婴儿在仰着睡时如果嗝奶，就会造成窒息。然而，可靠的研究表明，健康的婴儿在嗝奶时能够把头转向一边，并且不会比俯卧睡眠的婴儿更容易出现呼吸或消化问题。

•**扁平头**。父母可能还担心，仰着睡的婴儿会形成扁平头。尽管婴儿的头骨在早期确实比较软，但其形状会随着成长变得饱满起来。你也可以在孩子醒着的时候让他俯卧，这有助于增强其颈部肌肉并提高其协调性——同时还能减少仰卧的时间。

•**运动能力发展迟缓**。有些父母被告知，仰卧睡的婴儿不会很快学会翻身，甚至可能造成运动能力发育迟缓。再说一次，如果你的宝宝在醒着的时候有很多俯卧的时间，这就不成问题。要确保你的小家伙有大量的机会伸展、伸手够东西和运动，这样他就能顺利地发展力量和协调性了。（你可以在从 www. healthychild. org 上了解更多相关信息。）

---

① 见 http：//www. aap. org/en-us/about-the-aap/aap-press-room/pages/AAP-Expands-Guidelines-for-Infant-Sleep-Safety-and-SIDS-Risk-Reduction. aspx——作者注

戒除不良习惯

"如果为时已晚怎么办?"你可能会问,"我已经让孩子养成了一些坏习惯,并且我的孩子很难伺候了。除非我和她一起躺下来或者让她和我们一起睡,否则她根本就不睡。当我试图改变她的这个习惯时,她就会哭叫——而我总是会让步。这已经造成了你讨论到的所有问题,但是,我无法忍受听到她哭。"

下面是一些帮助你度过戒除过程的建议:

• **放弃你的"内疚按钮"**。孩子们知道什么时候他们能按这个按钮;他们也知道什么时候它就消失了。(不要问我们孩子是怎么知道的——他们就是知道!)内疚很少是一种积极的、有帮助的感受。知道自己做一件事情的原因,将有助于你最终为孩子好而做必须要做的事情。

• **告诉孩子你要怎么做**。即便你的孩子还不会说话,他或她也会理解话语背后的能量。一个小小的提醒以及一点准备的时间,将能帮助你们俩避免不愉快的意外。

• **坚持到底**。说了就要当真,如果当真,就要用和善而坚定的行动坚持到底。

• **白天要花时间多给孩子一些拥抱,并与孩子共度一些其他的特别时光**。要确保这不是你"对内疚的补偿"(你的孩子会"感觉到"其中的区别),而是相互安慰并享受彼此之爱的时间。

•**坚持一下**。如果你已经按照上述步骤做了，你的孩子通常需要至少三天才会相信你说话是当真的——也许需要更长时间。这意味着，他会极力让你保持旧的习惯。要事先决定你如何处理孩子的这种抗拒。有些妈妈发现听自己的小家伙哭太痛苦了，以至于她们会把头埋在被子里，自己也哭。（每天晚上的哭泣时间或许会变得越来越短——尽管每一分钟可能仍然感觉起来都像永恒。）

允许一个孩子"发泄出来"，对于父母们来说始终是一个艰难的选择。要记住，哭是一种沟通方式。当然，你必须对孩子的啼哭作出回应。挑战在于要能够辨别哭声表达的是一个需要，还是一种欲望。孩子需要食物、干净的尿布以及爱。他们也需要睡眠。另一方面，一个孩子可能不想睡觉，即便他的身体已经筋疲力尽。在这种情况下，一点表达失望、释放过剩的精力，或者处理因为疲劳而产生的不堪重负的感觉的啼哭，对于孩子安静下来入睡就是必要的。

有时候，父母们担心让宝宝哭会给其造成心灵创伤，并留下终生的伤痕。对于一个六个月或更大的宝宝来说，如果他在白天体验到了大量的爱和情感依恋，是不大可能造成心灵创伤的。当然，让一个婴儿哭很长时间而不作回应是不明智的，但是，如果一个孩子不逐渐学着自立，就有可能形成"我无能"的信念，这也是无益的。有时候，大人们也得不到自己想要的——而且，他们有时候也会发脾气！当一个人，无论是孩子还是大人，学会处理失望和挫折时，这个人才更可能形成适应能力。你对自己的决定越有信心，无论是什么决定，你的孩子就越容易从无法为所欲为的失望中恢复过来。

重要的是记住，**孩子们有时候并不总是知道什么是对他们最**

好的。雏鸟不喜欢被推出鸟巢，但是鸟妈妈知道这么做是必要的。就寝时的争斗是很常见的，然而，各个家庭都能挺过去。就寝时间由于很多原因会带来各种难题，但是，我们相信，经过一些思考和计划，你就能找到对你和你的孩子都有效的方法。

就寝时间的 ABC

接纳（Acceptance）：接纳孩子以及你自己的局限性。

* 相信孩子，对你自己要有信心。
* 认识到孩子的抗拒并不意味着大人的选择就是错误的。
* 要认识到孩子发展中的能力；确保你的期望是合理的。
* 要承认你无法强迫孩子睡觉——那是孩子的责任。

平衡（Balance）：要在孩子的需要和其他家人的需要之间保持平衡。

* 在白天为孩子提供大量的爱和依恋，以平衡晚上的独立和睡眠的需要。
* 承认你的恐惧和需要，包括你对休息的需要。
* 平衡孩子的需要和所有家人的需要。
* 创造一个舒适、安全和踏实的休息环境。

一致性（Consistency）：你的一致性会带来孩子的一致性。

* 给每个孩子留出时间为过度到就寝时间做准备。
* 保持一致：坚持惯例，遵照约定执行。
* 创建一个会一直延续到最终钻进被窝时间的就寝惯例表。

需要思考的问题

1. 你知道哪种环境能帮助你的孩子舒舒服服地入睡吗？如果

不知道，想一想什么能帮助他感到安全、踏实和舒适，无论你是否愿意选择这些方法。

2. 在让孩子入睡的过程中，你会遇到哪些典型的挑战？你能否通过确定一致的就寝时间并建立就寝惯例表来解决这些问题？在让孩子上床这件事上，"和善而坚定"该如何体现？

3. 和你的孩子一起做一张就寝惯例表（见第 219 页图）。孩子对惯例表会作出良好回应吗？惯例表是否需要做一些"微调"，以便能更顺利地发挥作用。

第 *14* 章

"张大嘴……好不好?"

学步期的孩子和饮食

食物不仅是我们人类生存所需要的,还是我们大多数人都很喜欢的东西。(事实上,我们有些人对食物有点太喜欢了!)那么,为什么就餐时间对那么多学步期孩子的父母们来说会变得那么艰难?

吃是完全由吃的人控制的一个过程。即便你设法把孩子不想吃的食物挤、塞或突然放进他的嘴里,但你能强迫他嚼吗?能强迫他咽吗?如果你曾经尝试过,你无疑会知道答案。让我们来看看这种战争是何时以及为什么开始的。

吃,始于你给一个婴儿奶瓶或哺乳的时候。大人们常常会争论哪种方式更好。我们鼓励每位妈妈都去了解这两种方法的利弊,然后,从中选出自己感觉最舒服的方法。你的信心是关键。一位有信心的妈妈能够更好地培养宝宝的信任感。无论哪种选择,奶瓶喂养还是母乳喂养,都能为婴儿提供所需的养育(和营养)。

婴儿出于天性和本能，会为得到营养和舒适而吮吸，而且，他们通常想频繁地吃。关于婴儿在出生后头几个月的喂养，持续的争论主要集中在母乳喂养、奶瓶喂养和配方奶。在并不太久以前，很多医生都劝阻母乳喂养，因为配方奶——科学的产物——被认为是更好的选择。现在，我们知道婴儿从母乳中受益良多。然而，无论你作出何种选择，适应你的宝宝的需要可能都是一种挑战。

倾听你自己内心的声音

你可能还记得简在第 1 章里讲的哺乳故事。另一位妈妈讲了下面这个故事——哺乳的结果完全不同。她也不得不倾听自己内心的声音。

芭芭拉给她的第一个孩子哺乳了三个月，但是整个经历一直很难，不是因为哺乳本身（芭芭拉很喜欢），而是因为哺乳无意中给她自己的健康造成的影响。芭芭拉每天服药已经好几年了，以帮助她维持健康，但她在怀孕和哺乳期间停止了服药。结果，她的健康状况开始恶化，使照顾小宝宝的压力更大了。

当芭芭拉怀第二个孩子的时候，她决定只给他哺乳一两个星期，然后就用配方奶。芭芭拉因而就能尽快恢复吃药，以确保自己的健康需要得到满足。她感觉自己的身体更健康了，并且有了更多的精力照料刚出生的儿子以及已经进入学步期的大孩子。

正如芭芭拉的故事所表明的那样，每位父母都必须考虑所有家庭成员的需要，包括她或他自己的。芭芭拉能够停止服药几个月，但别人可能无法选择这么做。有很多种可能的选择，但没有适合所有人的"正确"选择。由于母乳喂养所具有的很多营养和亲子情感方面的好处，我们鼓励母乳喂养，但这不是强制的。很多情感和身体健康的宝宝都是靠配方奶和婴儿食品喂养长大的。当你对所有的选择都有充分的了解和考虑时，无论作出何种决定，你都会充满信心。

在吃奶的时候揪头发

问：我知道对我八个月大的女儿进行太多管教还为时过早。但是，我担心她的粗暴会变成一种习惯，以后我就无法纠正了。她极其活跃、精力充沛，而且高度敏感。最近几个星期，她一直揪我的头发，通常是在吃奶的时候。我已经一次又一次地试过握住她的胳膊，并示范如何"轻轻地"（同时用话语强化），但是，看上去没有任何改变。我们家可怜的小猫对她也没办法，她也揪小猫的毛！你们有什么建议吗？还是说现在担心这种事情还太早了？

答：小孩子们对"不"的理解与你认为的不一样。知道这一点，将有助于你理解为什么照管和分散孩子注意力（一次又一次地）是在这个年龄唯一有效的方法。如果你们的猫在旁边，你需要照管好孩子，以保护小猫并要防止猫抓和咬伤孩子。当她在吃奶时揪你头发，要立刻（和善而坚定地）把她从乳房前抱开，并等大约一分钟再让她吃奶。她在这一分钟里可能会哭，但是，这个年龄的孩子从和善而坚定的行动中学到的要比话语中学到的多。如果她饿，她就会知道，当她揪你的头发时，你就会停止喂奶。一个更简单的解决方法，是你在哺乳的时候把头发扎到后面。

添加固体食物和使用奶瓶

最终，所有的孩子都要为戒掉奶瓶和母乳做好准备，并转向其他食物。简继续讲了她自己的经历：

丽莎很轻松地接受了固体食物。当她七个月大的时候，我们开始偶尔给她一些香蕉泥或土豆泥。我或许会将一些其他水果或蔬菜在搅拌机里混在一起加水搅拌。我之所以说"或许"，是因为我们有时会这么做，有时不会。我们没有感觉到任何压力，因为我们知道，她在第一年里从母乳中得到了所需要的全部营养。我们在配方奶和婴儿食品上节省了一大笔钱（至少对我们来说像是一大笔钱）。到她一岁时，她已经可以吃我们为自己准备的很多食物了，当然，我们需要把这些食物捣烂、切碎或混合在一起。

在出生后的第一年，婴儿们往往靠母乳就能苗壮成长。然而，如果你计划偶尔离开宝宝（偶尔离开一个晚上对你自己以及你的伴侣的身心健康是有好处的），他要是能舒服地接受奶瓶的话，就会更容易。

哺乳专家们通常建议，把母乳挤到（确切地说，是用吸奶器）奶瓶里，并冷藏保存，以便在妈妈离开宝宝时使用。这能让爸爸有机会在晚上轮流给宝宝喂奶，或者在极其需要的"妈妈休息时间"给宝宝喂奶。这还使得在妈妈重返工作岗位并且必须将孩子留给照料人照顾时，让孩子继续吃母乳成为了可能。经过一段时间的练习，父母们就能学会判断宝宝的需要。有些婴儿会很好地接受母乳、配方奶和固体食物的混合喂养；而有些婴儿却只吃母乳，不需要吃别的。婴儿像大人们一样，都是独特的个体。耐心再加上一些试错，将会帮助你了解你的宝宝的需要。

断　奶

在 10 个月到 12 个月大的某个时候，很多婴儿都会对母乳（或者奶瓶）失去兴趣。有些妈妈注意不到这些信号，会把奶瓶或乳头塞给宝宝，直到他们最终让步，并再一次开始吃奶或用奶瓶。妈妈们之所以这么做，是由于以下几个原因之一：（1）她们不知道，宝宝在这个时间之窗失去兴趣，可能是表明孩子已经准备好断奶的一个自然现象；（2）她们有时候想让宝宝继续吃奶或者用奶瓶，是为了延长这种亲密的特别时光；（3）这是一种在孩子哭闹时让他们平静下来，或者帮助他们入睡的轻松方法。

很多妈妈相信断奶不会这么容易，但是，如果她们愿意观察宝宝准备断奶的信号，就会这么容易。在宝宝准备好之后，继续让他们吃奶或用奶瓶，可能会抑制他们自主感的第一次萌发。重要的是要认识到，一旦错过了这个准备好断奶的机会之窗，吃奶或使用奶瓶可能就会成为孩子的一种习惯，而不是一种需要，会使断奶从长期来看变得更加困难。（习惯和需要之间的这种区别，能够帮助大人们确定孩子很多发展方面的时机，而不仅仅是哺乳。）当然，错过这个断奶的机会也不是一种创伤性的、危害终生的经历。

重要的是要注意到，在有些文化中，会刻意延长哺乳时间，以促进那些与独立或自主不同的价值。在另一些文化中，哺乳是提供营养的唯一可靠来源。有些人提倡要给孩子们哺乳 5 年，甚至更多年。有些父母可能会感觉这么做是对的，但是，我们也希望鼓励那些对长期哺乳感到痛苦的母亲们做对她们正确的事情。

在你决定怎样做对你和你的宝宝最适合之前，要了解相关知识，然后要追随你的内心。国际母乳会和其他团体鼓励母乳喂养尽可能长时间，只要妈妈和孩子都感觉合适。如果你决定延长母乳喂养时间，国际母乳会能提供相关课程和支持。

戒掉很不容易

断奶，是放手——这个更长期的人生过程——的一部分，并且对于帮助孩子们发挥自己的全部潜能是极其重要的。断奶（和放手）不应该与抛弃混为一谈。在断奶的过程中，孩子们需要大量的爱的支持。当父母们在恰当的发展时机带着爱对孩子放手时，孩子们就会受到鼓励去信任、学会有信心，并培养一种健康的自我价值感。

贝蒂的儿子本两岁半开始上幼儿园。他自豪地带着自己的午餐盒去了幼儿园。但是，到了点心时间，他的逞强就变成了沮丧。他想要自己的奶瓶，而其他孩子都在用杯子。本的老师很快就意识到了他眼泪汪汪地啜泣的原因。当天下午，她花了一点时间和贝蒂讨论这种情形。她们同意，当本坐在餐桌旁吃点心以及躺下来睡午睡时可以用奶瓶，但其他时间应该将奶瓶收在冰箱里。而且，奶瓶里只能装水。她们将这一计划转告给本。同时，贝蒂决定限制本的奶瓶在家里也只能装水。她选择了不减少本对奶瓶的使用，允许他在家里用奶瓶少受点限制。

在接下来的一个星期，本试探了老师几次，看她在白天的其他时间是否会给他奶瓶。老师表达了同情,主动提出如果他需要的话,她可以抱抱他,并且向他保证他可以在点心时间或休息时用奶瓶,但坚定地执行了她和贝蒂一起制订的计划。到第二个星期,本一整天都没要他的奶瓶。不到一个月,他在其他时间也对奶瓶失去了兴趣。

本在家里继续用着奶瓶。当贝蒂看到这个计划在幼儿园有多么成功之后,她在家里规定了类似的限制。一两个星期之后,她开心地收起了被遗忘的奶瓶,将它们打好包,送给了一个服务婴儿的社会福利机构。

贝蒂和本的老师运用了一种渐进的方式来戒掉奶瓶。贝蒂原本可以拒绝本带任何奶瓶到幼儿园,但是,本、他的老师以及他的同学们在几个星期里可能就要承受大得多的压力。最终,无论通过哪种方式,本都会放弃奶瓶。坚定,并不意味着"突然完全戒断"是打破积习的唯一方式。

避免因食物而争斗

"如果你不吃你的蔬菜,你就别想吃甜点!" "如果你早餐不吃燕麦粥,那你就要在中午接着吃!" "你要坐在那儿把晚餐吃完,即便要坐一夜!"

这些话对于很多父母来说都很熟悉,他们似乎相信自己能强迫一个孩子吃,但是,我们从同样多的孩子身上所看到的是,你无法强迫他们吃。我们已经知道孩子们会吐出来、偷偷地把食物喂小狗、从早餐到午餐再到晚餐都只是盯着燕麦粥看,以及在那里坐一整夜(正如本书的一位作者对待她的利马豆那样)——或者至少坐到父母在绝望中放弃的时候。

正如你已经看到的那样，坚持某个具体的行动或行为，会招致大多数学步期的孩子陷入权力之争。同样有帮助的是要认识到，通常没必要强迫孩子将精确数量的健康食品咽进肚子。很多儿科医生都相信，除非有代谢紊乱或需要饮食上的特别安排，一个小孩子在一段时间里往往会选择自己身体所需要的食物，尽管这不会在一顿饭或甚至一天中体现出来。父母的任务是准备并提供健康的、有营养的食物；嚼和咽则是孩子的事情。当然，增加一些你知道孩子会喜欢的食物也不会有坏处。

在就餐时间邀请合作

在任何一个食物匮乏的地区，人们都不大可能因为菜单的选择而发生争斗，或抱怨挑食者。一个要养活六口人的家庭，根本没有时间或精力担心安吉的牛奶应该装在什么颜色的杯子里，或者小叶琳娜吃的胡萝卜泥是否足够。更大的担心是，是否有足够的食物供大家吃。当孩子们从挑食或抗拒中得不到任何好处时，他们就会有什么吃什么，要么就得挨饿。（而且，我们怀疑，"挨饿"是相对的：对于正在阅读本书的父母们而言，极少有谁的孩子可能会挨饿。）

对于我们很多人来说，挑战不在于食物太少，而是食物太多了。零食很丰富，每一餐的份量都比健康所需大得多，糖分和脂肪含量都达到了不健康的水平。我们很容易忘记吃得要简单。有些父母完全沉浸在了孩子的各种要求中，以至于为晚餐准备两三种不同的饭。

孩子们真的变得挑食了吗？不；孩子们只是在做"管用"的

事情。如果拒绝吃爸爸端上桌的饭菜能使他们得到自己选择的饮食（以及力量感或随之而来的持续关注），他们就会继续拒绝家里准备的饭菜，苦恼的父母们就会继续准备其他食物，最终谁也无法享受吃饭时间。然而，有很多方法可以带来餐桌上的合作和融洽。就像对待孩子童年早期的很多其他问题一样，父母可以决定自己要怎么做，放弃控制的念头，保持和善而坚定——并教孩子成为负责任、合作和有能力的人。

"听起来好得都有点不真实了，"你可能在想，"但是，那他就得不到足够的营养了。"对于就餐时的烦恼，没有一个神奇的答案。孩子们（像大人一样）有时就是不饿。他们对食物的喜好会随着时间而改变（而且可能和你的喜好不匹配），而且他们可能不会总想按照你的时间表吃。尽管如此，下面的一些建议和想法还是能帮助你避免因食物引起你家里的一场战争。

• **不要强行喂孩子**。坚持让孩子在特定时间吃特定份量的特定食物，只会造成权力之争——而大多数学步期孩子的父母们发现自己有很多这种"坚持"！如果宝宝冲你吐出食物，这可能就是说明他已经吃饱了的一个线索。不要坚持再多喂他一点；而要拿一块海绵，让他帮助你把吐出的食物擦干净。

• **呈现方式很重要，即便对于小宝宝来说也是如此**。良好的营养固然重要，但不合口味的食物有时可以通过诱人的方式呈现出来。不要强迫你的孩子盯着凝固在盘子里的半熟的鸡蛋看，而要将鸡蛋夹在煎面包片里或者做成奶酪煎蛋饼。将一些水果和蔬菜做成果泥或菜泥，并加到牛奶或酸奶里，或者把它们混合起来榨成汁，以便孩子能用杯子喝。要提供健康的食物。要包括各种新食物，以及你知道你的孩子喜欢的、熟悉的食物，然后就安心地放轻松，因为即便孩子不是每一样东西都吃，但他吃的都是有营养的。（提示：确保你提供的食物种类平衡的一个简单方法，就是给孩子提供不同颜色的食物，比如红皮苹果片、鲜绿色的豌豆、亮橙色的红薯和胡萝卜条。）

• **了解你孩子的需要和喜好**。你的小宝宝可能在有规律地饮食方面没有任何问题，但有些孩子可能更适合在一天中少食多餐。如果你让你的学步期孩子按照他感觉自然的方式去做，你和你的孩子对他吃的问题就会感觉更好。如果你的孩子爱吃零食，那就给他提供健康的零食。有个家庭专门在厨房留出一个抽屉用于存放孩子的零食。当帕特里克感觉饿时，他就可以打开"帕特里克的抽屉"，吃他在其中发现的任何食物。帕特里克的妈妈往抽屉里放入薄脆饼干、椒盐卷饼、葡萄干或其他果脯和小袋的即食麦片。帕特里克很喜欢每天打开抽屉看看里面都有什么，而他的妈妈也很高兴不必与他争论吃饭问题。只要你的孩子保持合适的体重和成长（儿童发育是必需的），他做得可能就没有问题。

• **注意食物的标签**。在小孩子们非常喜欢的预制食品中（早餐麦片就是一个最好的例子），糖分和脂肪的含量惊人，而过多摄入糖分会严重破坏一个孩子对营养食品的胃口。平衡是关键。你的孩子需要一定量的脂肪才能健康成长，所以，你自己遵循的低脂、低钠的日常饮食对你的孩子并不是一个好主意；也没必要总是用胡萝卜条来代替节日糖果和大餐。不要害怕一次又一次地给孩子提供他最爱吃的同样的食物，孩子们不像他们的父母那样喜欢多样性。但是，要不断地给孩子提供没吃过的新食物。事实上，让一个对食物多疑的孩子尝试新食物的一种方法，就是经常给他提供"陌生的"食物。当对一种食物变得熟悉之后，孩子们就可能更愿意品尝了。你的儿科医生可以回答你关于具体食物的问题，并能帮助你相信你的孩子在健康成长。

• 运用就餐时间让孩子做出贡献。 尽管学步期的孩子可能会抗拒强迫，但他们通常都喜欢被邀请在厨房帮忙。即便是小孩子也能往餐桌上摆放餐巾、冲洗制作沙拉的生菜，或将奶酪片放进面包。孩子们几乎总是比大人们认为的更有才干和能力。我们认识一个两岁的孩子，他能往薄脆饼干上涂花生酱，帮忙搅拌松饼的混合原料（当然，使用的是儿童安全器皿，并要有一个大人在旁边照管）。

要教给孩子们如何制作简单的三明治，或者如何在玉米圆饼上放豆子和芝士。要让他们参与一日三餐的计划和准备。如果一个大一些的学步期孩子不想吃餐桌上的食物，或者对食物有抱怨，你只需要问："那你可以做些什么呢？"然后，无需争吵、叹气或者翻白眼，而要让他选择是去准备自己已经学会如何制作的薄饼干、三明治，还是玉米圆饼。

邀请你的孩子帮忙计划一日三餐、在商店里选择食材（"你能找到我们为你做布丁所需要的黄色香蕉吗？"）、上菜，以及在厨房帮忙，将不仅能够消除在吃的问题上的争斗，还有助于你培养一个更机智、自信的孩子。

• 要耐心。 大多数孩子会随着时间改变饮食习惯，今天对西兰花不屑一顾的学步期孩子可能到下个月就会爱上它。如果父母没有大吼、说教或强迫孩子①，这种奇迹通常会发生得更快。要耐心；不时地提供一些新食物，但不要坚持让孩子吃。要把就餐

---

① 你可以和孩子一起阅读这本有趣的书：《弗朗西丝的面包和果酱》（Bread and Jam for Frances）（罗素·霍本著，纽约：HarperColllins，1993 年）。利用这本书展开你与孩子关于食物的谈话，同时提醒你自己避免将吃饭时间变成争斗时间。——作者注

时间当作全家人欢聚的机会来享受。也就是说，要轻松一些。这个阶段也会过去的！

特殊饮食

近年来，与食物相关的过敏症在全世界都增加了。有些人将其归因于食物和耕种方式的改变，另一些人则将其归因于环境的变化。无论什么原因，帮助一个孩子在感觉不到限制的情况下保持一种受限制的饮食，都是一种挑战。正面管教所关注的合作，对于饮食的挑战是尤其有帮助的。让一个孩子感觉被赋予了力量，并参与到满足自己需要的过程中，是很有帮助的，甚至能增强其正在形成中的能力感。

一个不能吃麸质的孩子，依然可以带一个不含麸质的、自己选择并帮助搅拌的黄色糖霜纸杯蛋糕去参加生日派对。当大家分享派对蛋糕时，他可以心满意足地享用自己带来的美食。给一个不能吃坚果或豆制品的孩子带上切好的蔬菜或者适合的饼干，就能减少必须告诉他不能吃别人享用的食物的次数。向孩子解释他的肚子需要吃特别的食物来帮助他成长，有助于赢得他的合作，并让这个过程更容易。不要说"不，你不能吃那些甜点"，你可以说："这是你的特别零食"。经过一段时间，这种事先计划对你和孩子来说就会变成自然而然的事。在感恩节，为全家人准备一个无蛋南瓜派，使得孩子可以和大家一起吃东西，而不会感觉受到了冷落或剥夺。

媒体以及抵制不健康食品的斗争

父母们面临的一个真正的挑战，是以孩子为目标受众的广告，尤其是那些推销不健康或低营养价值食品的宣传。美国医学研究所——备受尊敬的科学机构——已经将电视广告与12岁以下儿童的过度肥胖联系了起来。[①] 父母们阻止不健康的媒体影响的最简单的方法，就是关掉电视，让孩子远离这类广告。

你还可以抵制购买不健康食品，尤其是当它们与某个卡通或媒体角色联系在一起时。如果给孩子的所有食物都是有营养的，并且食物不成为得到玩具或满足游戏欲望的一种方式，那么，即便他是一个"挑食"的孩子，营养也不会让人太担心。快餐连锁店对孩子们做广告的一个原因是：他们希望造成对其所销售的高脂、高盐、高糖产品的一种"需要"。然而，这种食物并不是孩子的需要，而你在开始一个以后可能会后悔的习惯之前，应该认真考虑长期后果。

这里有一些额外的建议，可以保护你的孩子并鼓励孩子养成健康的饮食习惯。首先，你自己要做出健康饮食的榜样。当孩子看见你在吃一袋奶酪薯片或巧克力时，你就很难说服孩子相信不应该吃高脂肪的薯条或高糖分的糖果。他会想吃和你吃的一样的东西，尤其是含糖或高盐的食品。

当你不赞成向小孩子们推广不合适的食品或将食品与流行的娱乐形象联系在一起时，你还可以通过写信或电子邮件等方式联

①　见 http：//www.iom.edu/Reports/2011/Early-Childhood-Obesity-Prevention-Policies/Recommendations.aspx——作者注

系这些食品生产商。如果某个餐厅的"儿童菜单"上只提供诸如炸薯条或奶酪通心粉等高脂肪的食物，而没有任何健康食品可供选择，你可以向餐厅经理投诉。商家希望销售他们的产品，而当顾客质疑其产品时，他们会听。

正面管教包括鼓励你希望自己的孩子培养的自律品质，而食物和饮食习惯在这方面起着很好的作用。悲哀的是，今天的孩子们的寿命可能会比其父母的短，至少一部分原因是由于饮食习惯。防止不良的饮食习惯和今后的过度肥胖，是为了你的孩子健康的长期后果考虑的重要目标，这是你可以通过你的行动、意识以及深思熟虑的消费选择促进的。**不要忘记鼓励健康的运动，即便是对学步期的孩子也是如此。今天的孩子们比前几代人坐着的时间要多得多，这并不利于促进他们的健康——或者食欲。**

大多数父母都是在孩子进入青春期之后才意识到自己"不能强迫他们做事"——有时候甚至更晚。最终，孩子们将不得不自己管好自己的饮食习惯。他们将需要知道健康的饮食由什么组成、该吃多少、在什么时候吃，以及何时停止。父母们可以通过让孩子参与一日三餐的计划、购买食材和烹制的过程，作为指导者和教师而不是强迫执行，让孩子从一开始就探究这些概念。正如我们经常说的那样，错误是学习的机会——对父母和孩子们来说都是如此。与精力旺盛的小孩子们一起生活，会有很多挑战；就餐时间并不一定要成为其中的一部分。

不仅仅是食物

就餐不只是食物。它们为家人之间的情感联结提供了时间和场合，并且能将你希望传给孩子们的重要文化或家庭传统介绍给他们。预防孩子行为问题的最好方式之一，尤其是随着孩子们逐渐长大，就是全家人经常一起吃饭，这让我们有时间与我们所爱的人一起聊天、彼此倾听并建立情感联结。由于这些更为重要的作用，使就餐时间令人愉悦就很重要了。你们家的特殊仪式和传统——比如在餐前手牵手、祷告，或者说出你们觉得要感激的事情——会让你们在一起的时间更加丰富多彩。

当你们把就餐时间当作欢聚一堂的机会，不只是分享食物，而是分享作为一家人的生活时，你们的身体和心灵都会得到滋养。

需要思考的问题

1. 用一张表格来记录你的学步期孩子在一天或几天中的饮食情况。你注意到了什么？你会惊讶他的饮食居然那么平衡吗？他是通过两餐之间健康的零食获取了很大一部分日常所需的营养吗？

2. 找出哪些营养元素在你的记录表中似乎是缺失的。如果零食是孩子营养的主要来源，就要确保零食尽可能有营养。

3. 有哪些零食不能提供重要的营养元素？可以用什么替代？要增加健康的食品种类，并减少不健康的选择。要逐渐实现这一转变。（提示：要提供切好的胡萝卜条或不加糖的干果作为零食，而不是含糖的小熊软糖或高脂肪的薯片。）选择两三种方式将缺失的营养元素添加到孩子的饮食当中，不要因为某些具体的食物而争吵。（提示：为了让孩子多吃蔬菜，你可以考虑把胡萝卜泥或红薯泥添加到意大利面条酱里，或者将它们搅拌做成一份奶酪通心粉。）

4. 将你的想法列成一份清单，每周尝试一个不同的方法。把这份清单放在厨房里，便于参照。

5. 放轻松。要相信孩子的饮食能够为其提供恰当、充足的营养，无论他什么时候吃。要专注于使吃饭时间成为情感联结和快乐的机会。

第 *15* 章

如　厕

"这是我的事，不是你的。"

　　当我们讨论到如厕时，父母们在孩子的睡眠和饮食方面遇到的问题就显得黯然失色了。在养育小孩子的事情上，似乎没有任何其他话题能像如厕训练那样引起如此强烈的情感。

　　在我们的社会中，如厕训练问题已经被过分夸大了。它有时会成为内疚感和羞愧感、权力之争以及父母们之间竞争的根源。但是，事实是：即使父母对此完全不惦念，孩子们也会因为他们终究都想做其他人都在做的事情，而适时地学会使用洗手间。正是那些造成了权力之争的大人们，有时候会使孩子认为"赢"比"合作"（这可能让孩子们感觉自己输了）更重要。

　　葆拉的第一个孩子在 18 个月大时就会使用马桶了，她为此感到十分自豪。事实上，她是如此高兴，以至于她考虑要写一本关于如厕训练的书，以帮助那些不那么幸运的家庭。然而，在她能找到足够的时间写书之前，她的第二个孩子就出生了。让葆拉大为惊讶的是，这个孩子对她那些超棒的如厕训练技巧完全不接受。实际上，尽管这个孩子很小就被放到了便盆上，但直到几乎快满 3 岁时，这种"训练"才开始见效。

天才的训练技巧就说这么多。事实是，**孩子们在准备好使用马桶的时候，就会使用马桶**。你可以加油、恳求和威胁，但是，要继续使用尿布。每个孩子都有自己独一无二的时间表——以及绝对的控制权。父母们怎样才能为这一重要的发展里程碑打好基础呢？

准　备

或许，真正的问题是，谁该为如厕训练做好准备。是你吗？你准备好停止使用尿布了吗？当你听邻居说他们的 18 个月大的孩子已经完成了坐便训练时，你感到了压力吗？而且，到底是谁在训练谁呢？

如果你到大多数声称自己的学步期孩子正在接受如厕训练的父母们的家里认真观察的话，你可能会注意到，被训练的正是这些父母们。他们看着时间，把自己的小家伙领到坐便椅上——通常会为孩子往便盆里小便或大便了一次而提供糖果贿赂并在其奖励表上增加几颗小星星。他们会监控自己的孩子可以喝多少水——尤其是在睡觉前。很多父母会在半夜叫醒自己的学步期孩子，扶着半睡半醒的小家伙来到马桶前，并打开洗手池的水龙头，希望流水声能哄骗着昏昏欲睡的小家伙尿尿。

那么，学步期的孩子什么时候才会为如厕训练做好准备呢？**不存在孩子们准备好使用便盆的确切年龄。极少数孩子能在 18 个**

月大之前掌握这种控制能力，而大多数孩子要到四岁时才能做到。夜间完全不尿床可能需要时间稍微长一些，但仍然是处于典型的发展范围之内的。当孩子们真正准备好的时候，这个过程往往只需要用几天或几个星期的时间。生理的准备、情感的准备和环境条件，会有助于孩子们的成功。

生理的准备

当孩子们在生理上准备好开始如厕训练时，他们会给我们很多线索。要观察孩子的行为，并问你自己下面几个问题：孩子换尿布的时间间隔变长了吗？孩子在小睡醒来后尿布是干的吗？当孩子尿了的时候，他会停下自己正在做的事情并且脸上露出专注的表情吗？当尿布湿了的时候，他会显示出不舒服吗？

这些事情表明孩子的膀胱容量在增大以及孩子意识到了，并且意味着你的孩子变得越来越能将自己的身体感觉和使用马桶的需要联系起来。随着孩子学会说话并变得有更多的自我意识，他们通常会对自己的身体表现出越来越多的兴趣——尤其是负责排泄的"隐私部位"。在为孩子换尿布或穿衣服的时候，你可以很自然地与孩子谈一谈这些部位的功能，以及他们最终会怎样使用马桶，而不是尿布。

对于那些排便规律的孩子们来说，当他们的父母或照料人关注这些规律时，他们就能更早体验到成功。然而，正如我们已经提到的那样，大人们往往比孩子得到了更多的"训练"。很多父母都知道自己孩子的惯常方式或表情的线索，并且把自己训练得会及时将孩子放在便盆上，接住孩子的排便。这是帮助一个孩子意识到自己的行为并知道如何回应的一种方式。毕竟，一事成功百事顺。

要记住，每个孩子都是不同的。有一个家庭，妈妈和爸爸对三个孩子不同的生理能力已经非常熟悉了。在开车外出的时候，当肯尼说要去厕所时，妈妈和爸爸知道他们有大约20分钟时间去找一个停车的地方；如果丽莎说要去厕所，他们大约有10分钟时间；如果布拉德说他要"去"，他们会立刻把车停在路边，并希望附近能有一片灌木丛。

情感的准备

问：我有一个需要接受如厕训练的儿子。他两个月前已经满2岁了。他不喜欢用便盆。当他要小便时，他不告诉我，但他会告诉我要换尿布。请帮帮我，我需要一些建议！

答：我们能听出来你的绝望。随着孩子越来越大，不停地给他换尿布是很难的。你的儿子使用便盆晚的问题可能被你自己的沮丧感放大了。要振作起来。他会成功的，但这需要的耐心可能超出了你的想象。（知道当他上大学时不会仍然穿着尿布，对你有帮助吗？）

这里有一些需要记住的观念：

• 尽量不再强调这个问题。当父母们强调某个特定行为时，孩子们（他们正在努力发展自主感）可能就会抗拒。权力之争往往就会随之发生。保持平静而和善，并拒绝争论使用马桶的问题，会让相关的每个人都轻松度过这个过程。

• 有时候，跟孩子讨论一下抽水马桶的安全性，会让孩子感到安慰。要帮助他看到，他很大，不会从马桶座圈上掉进去；让他冲马桶，让他放心是自己在控制这个有吸力的大怪物；并要向孩子保证不会发生任何可怕的事情。当然，用一个小坐便椅就能在一段时间内完全避免这个问题。

• 不要太关注上厕所这件事，以至于你失去享受和孩子在一起生活的其他事情。要表达你对孩子的信心；告诉他，你知道总有一天他会设法成功地使用便盆。他也需要鼓励。

• 有很多方法能为便盆训练的成功打下情感方面的基础。在换尿布时，学步期孩子往往不喜欢必须一动不动地躺着。要用这段时间跟孩子说话，吸引他的兴趣，并由此分散其注意力。可以考虑用一根松紧带把一个玩具挂在换尿布的台子上方。你的孩子可以在换尿布的时候拍打、伸手够或者抓着这个玩具。这种分散注意力的方法会营造一种更合作的氛围，避免孩子在今后开始便盆训练时出现抵触情绪。要在换尿布的地方的上方挂一个音乐 Mobile 玩具，或者在天花板上贴一幅有趣的画。要偶尔变换一下这些物品，以保持孩子的兴趣。另一种可能是在孩子站着的时候给他换尿布。我们曾经见过有些妈妈能以惊人的熟练和速度做到这一点——即使是孩子拉了便便的尿布。

• 随着孩子渐渐成熟，要让他协助换尿布，让他帮你拿东西、拿着准备好的干净尿布，或者铺开换尿布的垫子。这为孩子提供了更多发展自主性的机会，并且能向孩子表明你相信他有才干和能力。当他需要换尿布时，要让他看到他可以怎样帮忙。他可以给自己擦洗，帮忙把便便倒进抽水马桶里，并练习在事后洗手。鼓励孩子的参与还会导致合作——这是成功的一个重要因素。

• 放轻松，让如厕训练好玩一些。有一位爸爸在将抽水马桶里的水排干之后，在马桶里画了一个靶子。他的儿子几乎都等不及要尝试射中靶心了。

• 要避免诸如在表格上增加小星星或者给糖果之类的奖励或赞扬。**对你的孩子来说，奖励有可能会变得比学习得体的社会行为更重要，并且可能会让他以意想不到的方式来操纵你。要让你的孩子感觉到自己内在的能力，而不是依赖于外在的认可。**

凯文一直怀疑，为孩子的合作而给糖果作为奖励，有一天可能会事与愿违，但他仍然很惊讶他两岁半的儿子布雷登居然那么快就学会了利用这套办法。有一天，在吃晚饭时，布雷登顽固地拒绝吃任何食物，对凯文放在他面前的烤肉饼和豌豆不屑一顾。"好吧，"凯文说，声音里带着明显的恼怒，"不吃晚饭你就得不到糖果了。"

布雷登认真考虑了一下这句话，然后说："便盆，爸爸？"

"便盆"在他们家是一个很神奇的词，凯文迅速作出回应。"你要上厕所吗，布雷登？"他问。

"是的，便盆，"布雷登点点头说，并迅速地跑向他的坐便椅，而且很快就排了便。布雷登没有丝毫犹豫——并且眼睛里闪过一丝胜利的狡黠光芒——他抬起头看着爸爸，并且伸出了他的小手。"布雷登拉臭臭了。糖果，爸爸。"凯文这才意识到，小家伙终究还是巧妙地操纵他得到了糖果，他下决心在第二天就取消糖果奖励。

下面是《正面管教A-Z》中，关于如厕训练的另一个建议：

如果你的孩子到了3岁还不会使用便盆，要让医生评估一下，看孩子是否有身体方面的问题。如果孩子没有身体方面的问题，你们就可能陷入了权力之争。猜猜谁会赢吧！你无法控制孩子的排泄功能。权力之争需要两个人的参与。停止吧。要以尊严和尊重的方式，让孩子体验自己选择的后果。在双方都心平气和时，要教孩子学习自己换衣服。当孩子尿湿或弄脏了裤子时，要和善而坚定地带孩子去他的房间找干净的衣服。然后，领孩子去洗手间，问他是愿意自己换衣服，还是想要你在那里陪他。（不要替孩子换衣服。）如果你是和善而坚定的，并且真的退出了权力之争，那么他就不可能拒绝你。如果这仍然感觉像是一场权力之争，就为孩子提供帮助，把毛巾或抹布递给他，为他打开尿布桶的盖子，或者给他一个放脏衣服的袋子。要共情；以恰当的方式帮助孩子（不要替他做事）。

环境条件

现在的一些纸尿裤让孩子们很难对自己身体的自然线索作出反应。一次性纸尿裤吸水性太好了，以至于有些孩子在尿湿时都注意不到，或者其不适感不足以让孩子作出反应。要让孩子们有

去行动

如厕训练通常与学步期孩子的另一个发展里程碑是同时到来的，即说"不"的能力。如果你问"你需要用便盆吗"，大多数学步期孩子会怎么说？"不"是一个很准的猜测。更好的做法是注意你的孩子的面部表情和身体语言，或者设一个合理的时间表，并且说"该用便盆啦"。然后，就要行动。拉着他的手走进洗手间，然后，帮助他坐到马桶或坐便椅上。可以考虑让孩子坐在他的便盆上，而你坐在旁边的大马桶上。这样做也许过于亲密了，但是，如果你对此感觉很自然，你的小家伙可能就会爱上这个"和妈妈或爸爸一模一样"的机会。

机会注意到自己"尿尿"时发生了什么。你还可以用吸水性不那么强的如厕训练纸尿裤，或者布质的如厕训练短裤——要在手边准备很多可供更换的衣服。

在暖和的天气里，允许孩子不戴尿布在后院玩耍，往往会提供一次大开眼界的经历。你几乎都能读出孩子的心思："哇！看看我能做什么了。"对身体所发生的事情的察觉，往往会导致对它的掌控。有些父母发现了一种很有帮助的办法，即一直等到孩子两岁半之后的那个夏天，花些时间陪脱得光溜溜的孩子在后院玩，同时准备一个坐便椅，以游戏的方式让孩子在便盆上尿尿或拉臭臭。有个家庭发现，他们的儿子在全家出去野营度假的那个星期会用便盆了。在树林里和哥哥一起尿尿让他再也不用尿布了！

要让这个过程尽可能容易一些。改用如厕训练短裤或拉拉裤能让转变容易一些。小的便盆座，或者用于成人马桶的转换圈加上在旁边放一个让孩子爬上去的小凳子，都是很有帮助的调整。要确保孩子穿的衣服能够帮助他，而非妨碍他；比起按扣、纽扣和蝴蝶结，孩子小小的手指更容易解开松紧腰带和宽松的衣服。脱下和穿上的过程越容易，你的小家伙就会越成功。

当出现意外时

就像大多数技能一样，孩子们在控制大小便的过程中会出现意外或者犯错误。有些孩子在完成如厕训练的 6 个月之后，或者在他们感受到家庭变故或搬家的压力时，都可能出现意外。**平静而尊重地对待如厕意外，会使由此造成权力之争、抗拒和缺乏合作的可能性减少。**在出现意外时，不要羞辱孩子或使孩子丢脸；

不要让他重新使用尿布。斥责、说教或惩罚不会有帮助，并且可能会损害你和你的小家伙之间的信任感和关爱。

相反，要与孩子共情。毕竟，意外只是意外。要帮助孩子收拾干净。要说："没关系。你可以继续尝试。我知道你很快就能做到。"当你们出去旅游时，你还可以确保你的孩子知道洗手间在哪儿，并且要确保带上一些干净的衣服。有了时间和耐心，孩子会掌握这一技能的。

再说一次，父母的耐心和信心会起到重要作用。看看小安德鲁的例子：

到 3 岁左右的时候，安德鲁准备好放弃尿布了。因为他认定是时候了，他的妈妈和爸爸发现这个过程既愉悦又轻松。只用了一天两夜，安德鲁就完全会如厕了，并且没有任何意外发生。

想想看，当仅仅一周之后，安德鲁又要求重新使用尿布时，他的妈妈和爸爸有多么惊讶。在对儿子的要求仔细了解的过程中，他的父母得知安德鲁发现了一个有趣的事实。进到洗手间、解开衣服、坐下来、擦干净、再穿好衣服，所占用的玩耍时间超过了安德鲁愿意花的时间。他发现尿布要简单容易得多，他想重新用尿布。当安德鲁发现他的父母不愿意再给他用尿布时，他叹了一口气——并继续穿着他的"大男孩的裤子"，进入了这个需要麻烦地控制膀胱的成人的世界。

如果你的小家伙在完成如厕训练并进行庆祝之后想改变主意，不要绝望。要保持和善而坚定，而这种情形无疑会自行解决。而且，要记住，每个孩子最终都会完成如厕训练——按照他自己的时间表。

需要思考的问题

1. 如厕可能会造成压力和无能感——对你和你的孩子。花一些时间考虑一下：你对于别人说你的孩子在如厕训练方面的进展有多么敏感？为什么孩子不再使用尿布对你来说有这么重要？

2. 考虑一下本章讨论的生理准备和情感准备的因素。说出两件有助于你知道孩子准备好了如厕训练的事情。你的孩子符合这两个标准吗？如果不符合，现在开始这个过程值得吗？

3. 在如厕训练的过程中，你可以怎样鼓励孩子的健康的自主感？你可以做些什么来为成功打下基础？

第 *16* 章

在这个大千世界里生活

分享以及其他社会能力的发展

你知道啼哭的婴儿是在练习社会技能吗？在一个婴儿出生后的头几个月，啼哭能引来为其提供食物、安慰和快乐的大人。用不了多久，他就会微笑了，而到 5~8 个月大时，他就能以咯咯地笑、咿咿呀呀以及其他方式让陪伴他的大人着迷了。

了解孩子的发展，能够帮助大人们理解孩子与人交往的方式暂时有多么原始。如果大人们了解到大多数社会能力都不是自然而然地形成的，而必须要教给孩子，那么，当孩子在探索如何与他人相处的过程中出现打、咬、推或打架行为时，就不会那么焦虑了。

诸如分享、玩耍之类的社会能力，是通过训练、练习和犯错误而培养的——尤其是犯错误。这条路并不平坦；情感上的磕绊和擦伤，以及有时身体上的咬伤和抓伤，都是成长之路上的标志。

出生后头三年中的社会能力

时光流逝，孩子在长大。他终究会需要社会能力：知道如何与他人相处，如何沟通，以及如何选择有助于其成长和进步的行为。事实上，大多数研究人员现在都明白，社会和情感方面的学习深深地影响着一个孩子早期发展的所有方面，以及他今后的学业进步。当一个孩子学着玩耍和分享时，他实际上是在努力工作！

平行玩耍

父母们往往会对这个成长阶段有疑问——很多疑问。很多父母发现自己的学步期孩子的行为让人沮丧、恼怒，并且有时让人完全困惑。让我们来看看孩子们与人交往的方式是如何发展的。

当学步期的孩子们一起玩耍时，他们的大多数玩耍都是"平行玩耍"。他们是在其他孩子身边玩，而不是一起玩。比如，杰弗里，14 个月大。在看护中心，照料人给他喂饭，抱着他，安慰他，并给他换尿布。这里还有其他孩子，但是，他们更像是神秘的新玩具。杰弗里已经开始对他们感到好奇并探究他们了。他知道，当他用手指戳他们时，他们会哭；当他试图把一个孩子的头发放到自己嘴里时，会造成不小的骚动。目前，杰弗里很满足于在其他孩子做他们的事情时，他做自己的事情——至少在大多数时候。

随着杰弗里逐渐长大，他会开始与身边的孩子直接交往，模仿他们的游戏，和他们一起大笑，了解他们的名字，并且会开始交朋友的过程。玩耍是小孩子们试验情感联结、人际关系和社会能力的实验室。你的孩子与他人建立情感联结的能力，始于他与你的情感联结。花时间与你的孩子一起玩耍，是帮助他建立一个社会和人生技能的坚实基础的最佳方式之一。

分享与"我的"

分享，是小孩子们的世界里的一个大问题。父母往往期望孩子们能轮流、乐于平分物品，或者让出他最喜欢的玩具。但是，两岁以下的孩子是以自我为中心的；也就是说，他们是自己的世界的中心，其他任何事物的存在都只是因为与他们有关。这不是自私——而是人类发展的自然。

在父母课堂的问答环节，玛丽是第一个举手提问的。"我的小女儿杰特 18 个月大了。我试图教她知道，并不是所有东西都是属于她的，"玛丽恼怒地叹了一口气，"她一把抢过我的钱包，并说'我的钱包'。我尽量跟她讲道理，并告诉她'不，这是妈妈的钱包'。但是，她就是抓着不放，一遍遍地说'我的钱包'。她对麦片盒、电话甚至小狗也是如此。"

你猜怎么着？正如玛丽将从父母课堂的讲师那里了解到的那样，在杰特的世界里，所有的东西都是"我的"。杰特是从世界的中心——她自己——来看这个世界的。如果你相信这个世界因你而生，并且由你终结（而学步期孩子正是这么认为的），这个世界上的所有事物自然都是属于你的。再多的逻辑也改变不了杰特的看法，因为这就是此刻她看待自己在这个星球上的位置的方式。

在这个"我的"阶段，不要把精力浪费在争论上。要试着说："你喜欢妈妈的钱包。想帮我拿着吗？"不与她争论并造成权力之争，你是在向她传递准确的信息，给她提供做出贡献帮助你的一种途径，并为她的世界观留出了空间。在孩子度过这一发展阶段之前，这比无休止地争论所有权要有意义得多。如果你试图纠正她的想法，你几乎肯定会造成权力之争，或许还会形成未来的一种模式。合作有可能保证你和孩子的一个更加健康的未来。

"全国0~3岁婴幼儿及家庭中心"曾做过一次调查，其中的一个问题是："应该期望一个15个月大的孩子跟其他孩子分享自己的玩具，还是这个年龄太小了，不能期望他分享？"

他们发现，在接受调查的0~3岁孩子的父母当中，有51%的人认为应该期望15个月大的孩子分享。然而，研究表明，从发育来看，15个月大的孩子太小了，不能期望他们分享。父母们可能错误地相信，如果一个孩子现在行为"自私"，长大后就会是一个自私的成年人。

该中心提供了一些很好的建议：**如果这个年龄的孩子很难做到分享，那么，他们需要的是教和指导，而不是"管教"**。提供一些解决办法可能会有帮助，比如，找一个能给朋友玩的其他玩具、用一个计时器来提示轮流的时间、在等待轮到自己时给他们一些其他事情做，或者给他们建议（并演示）一些可以一起玩玩具的方法。在经过大量的练习（并且在你的帮助下）之后，到他们两岁至两岁半时，他们就能开始独自做到分享了。（但不要期望他们始终都能做到！）

学步期孩子的分享

当20个月大的苏西抢了另一个孩子的玩具时，一个大人可以介入进来，温和地从苏西手里拿走玩具，还给另一个孩子，并带着苏西去找其他有趣的东西玩，要说"现在汤米在玩那个玩具"，或者"让我们来找一个苏西喜欢的玩具"。

到苏西两岁半时，就要稍微改变一点。她不再只是在同伴身边自己玩，而是喜欢和他们一起在操场上到处跑了。这时，当苏西

教学步期孩子分享的成功策略

占有并将东西当成自己的，是在三四岁左右开始真正能分享之前的正常阶段。同时，要在孩子的这种能力还未形成的时候，教给他们分享的过程。

•**演示分享**。给你的孩子吃几口或者吃一半特别的美食。提出让他帮忙拿着一些你的物品。和他玩交换游戏。问孩子："我和你分享了这个东西，你愿意和我分享什么东西呢？"和善而坚定地将一个属于别人的东西或他不能拥有的物品拿走，不要说教或羞辱。

•**创造分享的机会**。递给你的孩子两支蜡笔，让他挑出一支给他的玩伴。感谢他的分享。

•**避免评判，表达同情**。要支持你的孩子对占有的需要。（你不是也有一些不愿意分享的占有物吗？）要帮助大一点的孩子找另一个玩具玩，或者多准备几个同样的玩具。当一个孩子生气时，要尽你所能安慰孩子，但不要试图保护孩子免于体验失望——毕竟，失望和沮丧是你的孩子需要学会应对的生活的一部分。你可以说："分享确实挺难。你真的想要那个东西。"共情能减轻痛苦，并为孩子今后接受分享铺平道路。

抢一个玩具时，大人们可以作出与以前不同的回应。苏西已经能学习并练习"分享"这一社会能力了。现在，更恰当的回应方式是拿着这个玩具，和她一起探讨学习与另一个孩子分享的方式。

苏西和汤米正在积木区玩耍，这时，苏西抢了汤米刚刚拿起的玩具汽车。两个孩子都开始大喊："我的！把它给我！"自然，吵闹声引起了他们的老师麦吉太太的注意。她走过来，温和地拿住了小汽车。

"苏西，"她问，"你想玩这个小汽车吗？""我要小汽车。"苏西回答。麦吉太太又转向汤米。"汤米，你正在玩这个小汽车吗？"汤米撇着下嘴唇说："是我的。"

麦吉太太把小汽车放到了汤米的手里，然后转向苏西："苏西，如果你想玩这个小汽车，你认为你可以对汤米说什么？""我想玩这个？"苏西提议说（声音里只是稍微有点不高兴）。麦吉太太同意这是一种要求的方式。她建议苏西还可以试着说："我可以玩这个小汽车吗？"

汤米一直饶有兴趣地看着两人交谈。当老师问他，当苏西向他要这辆小汽车时，他可以说什么，他立刻作出了回应。"给你，你玩吧。"他回答道，并将小汽车给了苏西。麦吉太太笑了。"汤米，你能分享真是太好了。如果你还没有玩够这辆小汽车，你可以说什么呢？"

汤米没想过这个问题。老师已经明确表明了只是要可能是不够的。她在帮助汤米认识到他有一些选择，可以维护他自己的需要，但是，汤米立刻被难住了。

麦吉太太转向苏西："你能想想汤米可以说什么吗，苏西？"苏西的回答正是麦吉太太想要的。"他可以说'等一下'。"麦吉太太点点头说："这是个好主意。或许他可以说五分钟之后会给你。这样行吗，汤米？"汤米点点头，然后，麦吉太太鼓励汤米练习对苏西说"我还没玩够"。

在这则故事中，两个孩子在老师的引导下探究了可能的回应方式。分享是一种必须通过教和练习才能掌握的技能（即使是成年人）。如果没有任何说明，一个孩子如何知道该怎么做呢？这也是孩子的语言发展突飞猛进的一个时期。给孩子提供必要的词语及运用方式，是训练的一部分。教并鼓励小孩子们"用话说"（当然，前提是他们知道用什么话说），是培养社会能力的一种极好的方式。但是，重要的是要记住，随着孩子的不断成长，训练是一个必须一遍又一遍地重复的过程。大人的职责是要进行持续的指导——不要期望孩子在经历过一次，甚至一百次之后，就能学会并记住。

玩偶游戏

用布娃娃或木偶玩"假扮游戏"，是模仿和练习分享的另一种方式。大人可以表演两个孩子之间的冲突，演示出发生的事情，以及其他更恰当的回应方式。然后，孩子们可以练习，拿着玩偶来探究恰当的行为和不恰当的行为。这能让孩子们认识到别人的不恰当行为，进而最终注意到自己的不恰当行为并承担起责任。木偶、布娃娃和类似的假扮游戏为孩子们提供了一种重要的缓冲。如果强尼说："不——这是我的！"小爱丽丝会相信他，并且开始哭。但是，当玩偶这样说时，两个孩子都不会感觉受到了威胁，或生起气来。

分享和文化价值观

对很多社会能力的态度，在不同的文化中是不同的。并不是所有的人都以相同的方式来看待私人财产这一观念。比如，很多亚洲文化相信，集体的需要比任何一个个体的需要都更重要。在新西兰，毛利人会故意让自己的孩子最后一个得到他那份特别的美食，并会告诉孩子要分给别人，因为将群落的需要放在第一位是这种文化最珍视的原则。你的价值观（以及你自己的社会行为）会影响你的孩子掌握的社会能力。最终，一个孩子的归属感在一定程度上会与其感觉到的与自己的文化的价值观的联结联系在一起。

打人和攻击行为

学步期的孩子既缺乏语言能力，又缺乏社会能力，当他们在一起玩耍时，很容易会变得很沮丧。当他们缺乏用语言表达自己感受的能力时，有时就会导致打人或其他攻击行为。当你放下一个学步期孩子，让他和另一个孩子"玩耍"时，两个孩子都不特别确定对方是怎么回事。看着他们彼此打量，你可以猜到他们可能在想什么。"这是什么东西？它会坏吗？我可以尝一尝吗？如果我用手指戳它的眼睛，会发生什么事？"走上前去打另一个孩子，有时只是一种原始的打招呼的方式。

当然，两岁以下的孩子需要知道，拽头发、戳眼睛和打人是会伤到别人的行为，并且是不被允许的。保持坚定，同时带这个孩子暂时离开，并将其注意力转移到别的事情上，是最管用的。你可以说："打丽贝卡或拽她头发是不可以的。让我们再找个玩具玩吧。当你能做到友好时，你和丽贝卡可以一起玩。"斥责或惩罚是没有帮助的。当我们练习了一门外语一个月，但还无法流利地说话时，如果有人斥责或惩罚我们，我们会有什么感受？社会能力是孩子在成长到适当的时候必须进行练习、整合以及更深层次学习的语言。

爱"咀嚼"的小精灵
——孩子咬人时该怎么办

有一种学步期孩子的攻击行为——咬人——真的让父母和照料人很惊恐。大多数咬人事件发生在从孩子 14 个月大到 3 岁之间，这与语言能力的发展阶段是重合的。咬人通常表明的是沮丧或愤怒，尤其当一个孩子还不能用语言让别人理解自己的时候。

从发育角度来看，孩子们在会说话之前就掌握了对双手的控制。一个 8 个月大的婴儿就能学着用简单的手势来要食物，表示自己想多要一些某种东西，或者表明自己渴了而不是饿了。提倡教给孩子通过手势来表达自己的需要和想法的人声称，能用手势的孩子不大可能会求助于攻击行为。对于一个还不会运用语言的小孩子来说，这种简单的手势是能学会的，并且可能是你想要考虑的一种选择。

在孩子的发育过程中，出牙和"咀嚼"的需要也会引起咬人。给孩子提供可供咬嚼的胡萝卜条或苹果片，供咀嚼的葡萄干，以及可供吮吸的橙子瓣儿或冰冻果汁棒，会给孩子提供所需的刺激，并能以更合适的方式满足其咬的冲动。咬人甚至可能是生动地想象的结果。20个月大的特迪，有两个星期会咬从其身边走过的每个人的脚踝，后来，一位观察力敏锐的大人意识到，他是在模仿姑姑新养的小狗的啃咬动作。

关于咬人行为，最一致的解释就是其与冲动控制能力的关系。小孩子们缺乏有效的冲动控制（要记住，学步期孩子的前额皮质还在"建设中"），这使得他们会立刻对沮丧作出反应——并且通常会超出他们的有意识的控制能力。冲动控制能力是逐渐形成的；到三岁左右，随着语言能力的发展和神经系统的日趋成熟，这两方面的共同影响会使大多数咬人的行为减少或消失。同时，无论是什么原因，咬人对于咬人的孩子、被咬的孩子以及涉及到的每个大人来说都是令人不安的（更不用说疼痛了）。我们不能确定谁的感觉更糟：是咬人孩子的父母，还是被咬孩子的父母。被咬孩子的父母会感到愤怒，并想要保护孩子。咬人孩子的父母会感到尴尬，并想保护孩子。如果他们理解儿童的发育，双方的感觉就都会好一些。

那些因为一个孩子缺乏语言能力表达自己的感受和沮丧而发生的咬人，会随着这个孩子学会用语言以更恰当的方式表达自己而逐渐消失。而回咬孩子、用肥皂洗孩子的嘴巴，或者在他的舌头上抹辣椒酱，都是没有帮助的；这些反应更可能导致冲突升级，而不是解决冲突，并且可能被认为是虐待。

没有什么灵丹妙药能够解决咬人问题。最有益的回应方式始于一个基本的因素：监督。咬人的孩子必须得到认真的监督。要找出其中的模式。你的孩子是在一天中某个特定时间咬人吗，或许是在他饿了或累了的时候，或者是身边发生太多事情的时候？如果你发现了一个模式，就要运用你的了解，在那些时间保持格外警惕。

即便做到最彻底的监督，咬人往往还是会不断出现。一旦发生咬人的情况，你可以采用以下三个基本步骤：阻止进一步的伤害，让两个孩子都得到恢复，以及向两个孩子都表达同情。

1. **阻止进一步的伤害**。立即行动。将两个孩子分开，并检查伤害的严重程度。你的行动应该坚定而果断，但要和善。要尽量保持平静，不要让你自己的沮丧和愤怒激化你的反应。要认识到时间通常能解决这个问题，并要知道你正在竭尽全力处理这个问题。要尽量少说话，比如，可以平静地说一句："不可以咬人。"

2. **让两个孩子都得到恢复：照料伤口和伤心的感受**。由于可能造成血液感染，咬人会让父母格外担心。在处理伤口时，大人和孩子们应该戴上塑料手套，这既能提供保护，又能教给相关的每个人避免接触血液。风险最大的，是可能已经咽下一些血液的咬人的孩子，而不是被咬的孩子。（在对待被咬的孩子忧心如焚的家人时，这种知识——再加上同情和平静所带来的巨大益处——可能会有帮助。）除了身体的伤口之外，还会有受到伤害的情感。情感的恢复需要同情。

3. **对两个孩子都表达同情**。这两个孩子，咬人的孩子和被咬的孩子，都可能会感到伤心、痛苦和沮丧；两人都需要同情。即便是咬人的孩子，也需要知道你依然关心他。在咬人事件发生后，各方情绪都会很激动，而咬人的孩子往往会发现自己被邪恶化了。老师会强迫他去暂停，并告诉他整个上午都要待在那儿。父母会冲他大喊大叫，送他回自己的房间，并且回避他。父母们经常要求幼儿园把咬人的孩子赶出去。（当儿童看护机构发生咬人事件时，请记住为两个孩子保守秘密。）

咬人和打人

问：我有一对 21 个月大的双胞胎儿子。我知道，这个年龄的孩子会打人和咬人，但是，我的一个孩子比另一个孩子更经常打人和咬人。当他打我的时候，我会离开房间，但他会打他的弟弟。如果我给那个行为规矩的孩子大量关注，并且不搭理那个打人的孩子，会怎么样？

答：同时对付两个学步期的孩子，肯定会是一种挑战。对于那些不了解正面管教理念的人来说，我们的建议可能会令其感到震惊：要考虑给予那个咬人和打人的孩子更多关注，并且一定要邀请他帮助你安慰他的弟弟。不，这不是"奖励"不良行为。

教给一个孩子为另一个孩子的快乐作贡献的方法，能提供一种同情行为的体验。你的小家伙因为一些事情而沮丧，并且不具备表达自己感受的技能。你可以安慰他，并且同时教给他技能，但不要指望你教的东西无需照管就能"扎根"。要给那个打人或咬人的孩子几秒钟拥抱，然后说："看，弟弟在哭。我们给他一个拥抱吧。"（你作的榜样是拥抱，而不是打人。）你还可以帮助他看到自己的行为对他人所造成的影响，这是培养共情的关键一步。在拥抱过几秒钟之后，要教给他一种技能。握住他的手，向他演示如何"轻轻地摸"。如果他已经咬了弟弟，在几秒钟之后，要说："我们去拿一些冰块，帮助弟弟感觉好起来。"然后，让他将冰块敷在弟弟被咬的地方。

了解儿童的发展，将有助于你认识到为什么这么做是有帮助的。学步期的孩子无法理解抽象概念，但他们确实形成了对感受和想法的"感觉"，并且将开始学习。比如，如果你解救一个孩子，那么，这个孩子就可能形成一种受害者的感觉，并且会相信"我需要别人照顾我。我很无助"，或者"作一个受害者会帮助我感觉到情感联结"。如果你斥责或惩罚做出攻击行为的孩子，这个孩子可能会形成一种怀疑感和羞辱感。他的沮丧实际上可能会激发更多的"不良行为"。当你对两个孩子都表达他们需要的同情时，你就提供了一种保证，即，你会随时帮助那个无法阻止自己的孩子（要记住，小孩子们缺乏冲动控制能力），并且他们可以信赖在需要的时候（包括受伤的孩子和做出攻击行为的孩子）能从你这里得到安慰。

在混乱中，或许很难记住这个小人儿咬人可能是由于沮丧和不成熟，而不是出于邪恶的目的。他无法控制自己的冲动，而且可能话还说不好。他真正需要的可能是一个拥抱，以及持续的照看。那个被咬的孩子的情感和身体都经受着痛苦。两个孩子都需要温柔的关爱。

咬人是在瞬间发生的。即便一个牵着妈妈的手的孩子，也能设法在妈妈能够阻止之前咬旁边婴儿车里的孩子。在咬人变得无法控制的情况下，在减少与其他孩子待在一起的时间的同时，你可能需要给孩子一些时间来培养沟通技能（或许要包括作手势）。如果一个孩子必须与其他孩子接触，比如在幼儿园里，可以试试给他随身带一个"可以咬"的物品。一个别在衬衫上的小牙胶环能提供临时解决办法。在帮助他了解他随时可以咬自己的牙胶环，但不能咬人时，要密切注意着他。

当你给孩子示范轻轻地抚摸时，要通过说"我们像这样摸我们的朋友"来强化。如果一个孩子过了3岁之后还咬人，带他去做言语和听力诊断，以确保其语言能力发展正常，可能会有帮助。

社会责任感和同情

在这一章，我们集中讨论了孩子们在与他人相处时所需要的一些技能。在孩子发展的过程中，还有另一个社会因素：即"社会利益"（我们称为社会责任感），它是同情与共情的一种结合。家庭和儿童行为研究领域的先驱阿尔弗雷德·阿德勒将"社会利益"描述为对他人的关心，以及为社会作出贡献的真诚愿望。

当一个孩子开始理解其他人也会感觉到他感觉到的并正在学着说出其名称——伤心、害怕或快乐——的感受时，他的发展就跨越了一大步。这是共情的开始，并且是与其到学步期快结束时走出以自我为中心的过程并行的。当一个孩子为另一个因摔倒而划破手肘的孩子拿来绷带，或者与忘记带午餐的孩子分享自己的午餐时，这种发展的大门就已经打开了。你可以说出并认可一个孩子的友善和关爱行为，并由此鼓励更多此类行为。

随着孩子们开始进入家庭生活和幼儿园生活，他们会非常想感到自己有归属。得到归属感的一种最有力的方式，就是为家庭或群体中的其他人的幸福做出有意义的贡献。

对于小孩子们来说，玩耍和做事之间真的没有区别。当一个婴儿一遍又一遍地努力去抓他够不到的玩具时，我们说他在"玩耍"，但实际上他是在努力工作、成长并发展新技能。小孩子们通常会迫不及待地想参与他们看见我们正在做的任何事情，而邀请孩子参与家里的事情的时机，就是在他们想参与的时候——而不是在他们能把事情做得很完美的时候。一旦你开始把你的孩子看成一个有价值的人，他就不会显得那么"碍手碍脚"了。

同情的根源

同情是社会能力的核心所在。感觉到自己有能力并且能够为他人作出贡献，是很重要的。一个8个月大的女孩，在爸爸准备好给她换尿布的时候，将干净的尿布递给了他。一个15个月大的孩子帮着把洗澡玩具放进了浴缸里。一个两岁的孩子起劲地帮忙擦厨房地板上的污渍。这些事情对于小孩子来说是充满乐趣的，并且会为未来的学习奠定一个基本的模式。下一次，当你的学步期孩子拿起一个珍贵的花瓶或者娇弱的花朵时，要让他递给你，而不要试图从他手里夺过来。当他从抗拒转向愿意听从时，其转变几乎是不可思议的。当你记住孩子们喜欢帮助别人时，他的反应就很好理解了。

事实上，有一项研究发现，学步期的孩子似乎有一种天生的帮助他人的愿望。当一位研究人员站在梯子上，意外地将晒衣夹"掉到"地上时，这项研究中的每个学步期孩子都会跑过去捡起晒衣夹，并将它们递给研究人员。（这些孩子还捡起了图书和其他物品。）然而，当研究人员把一些物品扔到地板上时，他只能自己捡起来。这些孩子们只有在感觉到大人需要他们的帮助时，才会去捡掉落的物品。

更关键的是，当我们允许孩子为他人的幸福作出贡献时，我们是在为共情和同情行为播下种子。**孩子们，即便是小孩子，能做很多对家庭成员的幸福有贡献的事情。**当你在孩子出生后的头几年看着你的小家伙时，要记住，他也在看着你，而你做出的榜样要比你的话语更清晰。明智的父母们和照料人会利用一个孩子想模仿大人行为的本能愿望，向孩子示范所需要的技能，并欢迎孩子的参与和帮助。

如果你告诉孩子要温柔地对待动物，但他随后就看见你因为小猫挠家具就生气地将它丢到了门外，你的孩子会学到什么呢？如果孩子看见你舒服地坐在公交车上，而你的旁边站着一位上了年纪的乘客，他能学会对他人同情吗？如果你在房间的另一头大喊，告诫他和正在争吵的姐妹"停止大喊大叫"，他能学会有礼貌地说话吗？孩子会记住什么呢？你的话语还是你的行动？

还记得你在第3章看到的镜像神经元吗？一旦一个孩子看到一个行为，那些神经元会立刻传送信息。这意味着，**如果你希望自己的孩子文雅、和善、体贴，那么，作为父母，你必须拥抱孩子而不是打孩子；你必须显示出同情和安慰的行为，而不是不耐**

烦或惩罚；你必须倾听，而不是愤怒地抨击。你的技能会变成孩子的技能。

需要思考的问题

1. 在接下来的一个星期，要注意你的孩子表现出同情、共情或其他积极的社会技能的方式。或许，他在你看起来心烦的时候轻轻地拍了拍你的脸，给了妹妹一片苹果，或者在看到一个同学哭的时候递过去一张纸巾。将你注意到的事情记录下来。要认可并说出孩子这些行为的名称：

"你轻轻地摸了一下妈妈，真的很体贴。"
"谢谢你跟妹妹分享。"
"给你的朋友递纸巾是很体贴的，而且能帮助他感觉好起来。"

2. 给你的孩子一个机会与另一个痛苦着的孩子共情，或者做出同情的行动。这里有一些建议：

读一本关于孩子或动物与某种困难做斗争的书，比如一个孩子在被朋友们排斥时感到伤心、在搬家时感到难过，或者对一个新情形感到担心——比如，一所新学校或者一个新保姆。问那个孩子可能有什么感受。说出这些感受的名称。问你的孩子是否有过那种感受。

谈谈他人的需要，比如那些饥饿的人，或者无法为即将到来的节日买礼物的人。邀请你的孩子以某种方式提供帮助,或许是选择一些罐装食品送到食物银行,或者选出他不再玩的玩具送给一个需要的孩子。在做出这些慷慨行为的时候,你的孩子有什么感受?

第 **4** 部分

家庭之外的世界

第 *17* 章

大自然的养育

在你探究作为父母或照料人意味着什么时，考虑到另外一位母亲，即我们共同的母亲是明智的（并且其重要性可能会令你大吃一惊），那就是大自然母亲。大自然母亲的智慧，就是环抱着我们的自然世界的智慧。本书谈的主要是鼓励学步期孩子健康成长并预防问题发生的方法。有趣的是，与大自然接触能预防或减少很多常见的难题，并让我们恢复活力去处理其他难题。大自然母亲时刻准备着传授她的智慧和经验。大自然默默地环绕着我们，是我们呼吸的空气，是我们的水龙头流出的水之源泉，甚至是经过看不见的昆虫授粉后成熟的一片水果。你很容易忘记必须有意识地将大自然作为你和你的孩子生活的一部分。

遗憾的是，大自然和她的馈赠都已经几乎从很多家庭的生活中消失了。对于很多父母和孩子来说，焦虑都是如影随形的；这个世界可能看起来既危险又复杂，并且大多数父母都在努力寻找在探索"外面"的世界与保证孩子的安全之间的平衡。事实上，焦虑是 21 世纪生活的流行病——而大多数孩子是从过度保护的父母或媒体那里染上焦虑的。生活还变得越来越忙。父母们要工作；孩子们要匆忙地往返于儿童看护中心，并且从好意的父母安排的一个活动赶往下一个活动。他们根本没有时间（或者父母们这么认为）去沾一身泥巴，去慢下脚步，并在自然的世界里呼吸。

在世界各地，孩子们都是从家里铺着的地毯，走到街上的柏油路面，再到覆盖着塑胶的游戏场，从来都感受不到青草的柔软和弹性、苔藓的光滑，或者沙砾流过脚趾缝的感觉。硬底鞋将他们与自己脚下的土地隔离开了。虽然鞋子对保护柔嫩的皮肤是必须的，但轻易就使扭动的脚趾体验不到这个世界的美妙质感了。从出生那一刻起，就有一个巨大的星球等待着我们去探索，而正是通过这个自然的世界，我们才能了解生命本身。与自然联结之所以重要，不只是因为情感方面的原因。研究告诉我们，**与自然世界的接触能刺激早期的学习，并且实际上可能有助于预防诸如肥胖、抑郁和焦虑等问题**。

从手到心

大自然母亲以很多方式眷顾着我们的需要。我们的身体因新鲜空气而健壮，因绿色植物的辛劳而得到大量氧气，因干净、清澈的水而得到滋养。我们吃的食物来自于她肥沃的土壤——或者本该如此，如果我们少吃一些加工食品的话。她通过各种感官体验——我们看到、听到、闻到、触摸到以及感受到的，来帮助我们的大脑发育。

大自然还照顾着我们的情感健康。置身于大自然中，能抚慰我们的灵魂，排解我们生活中的压力，并帮助我们疗愈情感和身体。阳光能为我们提供必要的维生素，并缓解抑郁。与这位母亲在一起的时光，能提高我们的专注力、解决问题的能力以及开发创造性的能力。而且，我们从她那里学到的越多，我们就会越关心她的需要。随着地球环境所承受的压力日益增加以及气候的变化，我们将需要最年轻的这一代人的积极参与和解决问题的能力。当你让孩子融入到自然世界中时，你就增加了他深切关心他所居住的这个星球的机会，以及想为这个星球的福祉贡献自己力量的机会。

体验+大脑=学习

在我们的一生中，尤其是在出生后的头几年，我们的体验中的大部分都来自于我们的感官。自然世界中的此类体验是很丰富的。

小纳丁通过触摸知道了小猫的毛是柔软的，水可以是凉的、温的甚至是热的，雨和阳光落在脸上的感觉是不同的。但是，如果她从来不抚摸小猫、不把手伸进水里或者把脸暴露在各种天气中，她就无法了解这些事情。

山姆知道了明亮的阳光会让他眯起眼睛，纤弱的雏菊花瓣与粗糙的松果感觉不同，麻雀在他头顶的天空飞翔时看起来很小，但当它啄食撒在路边的面包屑时则要大得多。这些体验中的每一种，都给他提供了这个世界如何运转的知识，并且用新的信息帮助大脑形成了回路。嗅觉让他注意到花园里新翻的泥土，让他闻到海上薄雾中刺鼻的咸味，并让他转头去看盛放的丁香花。

当芭芭拉女士带着学前班的孩子们走过一片开阔的田野时，"呱"的一声大叫引得大家都看向从头顶飞过的乌鸦，而一头哞哞叫的奶牛或一只吠叫的狗则让他们注意到了不同生物的存在。随着户外探险的继续，他们知道了玫瑰很漂亮，但上面的刺很扎手，知道了雪很软，但会让你的手变得很冷。岩石会闪亮并且很诱人——但它们一点儿都不好吃！

人类的大脑运用这些体验形成记忆和大脑回路。甚至语言能力的发展也会受到影响。如果孩子的脚趾从来没有踩过泥潭，他怎么能理解像"黏糊糊"这样的词呢？

惊奇和创造性

据说，牛顿坐在树下被一个苹果砸中后，提出了万有引力理论。幸运的是，大自然不需要打一个人的脑袋才能激发创造性。你有过停下做一个非常难的事情，到花园里去散一会儿步，之后发现自己能够更好地解决那个让人烦恼的问题的经历吗？大自然能做到这一点！有一项对成年人的研究表明，在一间有绿色植物的办公室里，受试者提出的创造性建议增加了至少 15%。

美和惊奇与创造性是紧密相关的。日落时的紫色和粉色，秋天落叶的黄色、橙色和金色，以及小狗鼻子的柔软光滑，都会让我们充满惊奇。这种惊奇的感觉不正是你想让自己的孩子知道的吗？大自然母亲是创造奇迹的世界冠军。每一天，她都在给我们这一礼物，只要我们花时间去观察。

要和你的孩子一起走出家门。注意落在排水口边缘的那只红雀。眨眼之间，你就可能错过露珠溅落时的闪光。当你的宝宝观察小螃蟹在沙滩上逃跑时，要看着他的眼睛。要观察你的学步期孩子试图舔树叶上的雨滴的过程。这些都是惊奇的时刻。孩子们会本能地在沙滩上挖坑。随着他们的技能的发展，他们热切的手指会建起有小溪环绕的复杂城堡。大自然会使他们充满创造性。

生活的课堂

大自然教课通常是不费力气的——这是"自然后果"的真实例子。当一个孩子沿着沙滩走时，不需要提醒他走慢点。沙子会让他学到这一课。在一整天的户外活动后，就等着一个挑食的孩子胃口大开吧。一顶没有系好或扣好扣子的帽子很快就会被风吹走，这比父母没完没了的提醒要有效得多。

你的学步期孩子还能从大自然中学到什么呢？种下一颗萝卜籽，观察它从一颗褐色的小种子，渐渐长出绿色的小叶子，再长成他可以吃的红色大萝卜。这是关于耐心的多么美妙的一课啊！沙漠里的寂静会让人平静，正如海浪轻抚沙滩的声音一样。大自然母亲给人提供安慰和休息，并鼓励孩子倾听自己内心的声音。

只有在黑暗的夜空才能看见星星。在这个世界的很多地区，要找到一个真正黑暗的地方是需要付出一番努力的；事实上，因为路灯和建筑物的灯光，很多城市社区几乎不可能看到星星，更不用说银河了。如果你希望孩子理解信任和安全感，你可以教给他，星星始终都在那儿（即便在他看不见它们时），就像妈妈每天出去上班都会回来一样。

大自然还能教给孩子生命和死亡的大课题。养一只小猫或小狗，看着它长大，学着温柔地照顾它，会教给孩子责任感和友善。失去心爱的宠物，往往是孩子们第一次经历死亡——这是生活中悲伤却不可避免的一部分。大自然能帮助我们学习处理生活的方方面面。

对身体的益处

即便一个很小的学步期孩子也会毫无抱怨地在成堆的树叶或长满青草的小径穿行，但是，在从停车场走到旁边的商店时，即使距离很短，他也会央求父母把他抱起来，哼唧说"太远了"或声称"太累了"，这不是很不可思议吗？在大自然中花费的时间能培养忍耐力。当我们置身于大自然时，我们会慢下来，虽然时间似乎过得更快。

如果让你的孩子睡觉是一个问题，可以试试在睡前与孩子一起在室外待一段时间。用几分钟时间在花园里看看植物，或者哪怕是绕着街区散散步，花时间观察天空、树木或从头顶飞过的鸟儿，会让你们俩都更容易平静下来入睡。

情感健康、缓解压力和疗愈

大自然母亲为我们提供了在繁忙的生活中找到平静的一种现成的手段。林间散步的寂静或海浪的声音，带来一种任何摇篮曲都无法媲美的平静感。因为我们很少有人能每天都去树林或海滩，你可能需要主动地寻找生活中的这种体验。

令人振奋的消息是，在工作了一整天或者在看护中心待了漫长的一天之后，增加一些与大自然的接触，你和你的疲倦的小家伙就都能有一个不那么烦躁的夜晚。在户外待一会儿，或者看看室内植物是否需要浇水，并和孩子一起照料它们，就能让你们两个都恢复过来。

众所周知，压力是导致疾病的一大因素。幸运的是，如果你减轻压力，疗愈可能就会随之而来。比如，那些能透过医院的窗户看到外面的树木的病人，需要的止痛药实际上会减少，住院的时间也会缩短。经常在自然环境中玩耍的孩子们，协调性和灵活性都会改善，并且往往还更少生病。

把 "母亲" 请进家

这位母亲有那么多东西能提供给我们。你只需睁大双眼，就会发现她的馈赠无处不在。作为一位父母或照料人，你的责任是要确保你的孩子能接触到这些馈赠。一个覆盖着减震橡胶垫的游戏场，仍然可以摆放一些四季常青的竹子或当地的灌木。你可以准备一张"自然桌"，让孩子们能将自己发现的宝贝带来分享：一枚光滑的贝壳、一颗闪亮的卵石，或者一个有蜂蜜的蜂窝。

这里是一些可以把自然带进你的家里的建议：

• 开辟一个小花园，或者让孩子照料一盆室内植物。即便是在罐子里等待发芽的一些苜蓿籽都可以。观察一粒种子逐渐变成小嫩芽，直至能被拌进晚餐的沙拉，能让孩子接触到食物生长的神奇过程。

• 如果你们没有地方作花园，可以抽出时间去参观附近的农场或花园。如果能得到允许拔一颗胡萝卜、剪几片薄荷叶放在水杯里，或者采一束雏菊和豌豆花放在餐桌上，就更好了。这些活动中的每一个都能将大自然带进我们的生活和心中。

• 放一个喂鸟器在你和孩子能看到的地方，看看鸟儿们飞进飞出，警觉地转着小脑袋，抢食种子，然后突然飞到另一个地方将种子啄开。要抽出时间和孩子一起观察。倾听鸟儿们发出的不同叫声。你知道是哪种鸟的叫声吗？找出你们看到或听到的小鸟的图片。

澳大利亚的一所儿童看护机构决定搬走 3~6 岁孩子教室里的所有人造游戏设备，换成来自大自然的物品。他们讨论了原住民儿童，以及他们在只有天然物品时能玩些什么？于是，有了可以搭东西的原木，装着贝壳和小树枝的篮子，以及放在架子上的装有沙子和卵石的容器。这些孩子发现了用软岩石在树皮上画画的办法。他们用贝壳、卵石和树枝做出了令人吃惊的曼荼罗。这些物品占据了地板很大一片地方，孩子们花了很长时间做这件事情，专注得令人难以置信。老师们原本打算这个计划只试一个星期，但是，孩子们太喜欢了，以至于他们继续实行了好几个月。

另一个活动，是尼泊尔的一所儿童早期教育机构发起了国际泥巴节①，鼓励全世界的人们在泥里玩耍（是的，你应该已经猜到了）。一些中心或社区提前准备好泥淖，孩子们穿着耐洗的衣服或泳衣来到这里，一整天的时间都在柔滑的泥坑里玩耍。他们体验其光滑、泥泞以及平滑或砂砾般的质感。他们弄得浑身上下脏得不得了，然后再洗干净。你的孩子知道泥巴的感觉吗？你自己有过这种体验吗？为什么不呢？

---

① 见 www. worldforumfoundation. org/working-groups/nature/international-mud -day——作者注

可持续性

大自然母亲也会从所有这些活动中受益。正如我们通过与他人的关系来相互联系一样，**让孩子有机会与大自然建立联系，有助于培养他们对环境的保护和关爱意识**。我们学会爱的事物，我们就会珍惜并照料。这会使他们成长为重视、照料并保护大自然的成年人。

体验自然以及与大自然的一种联结感，是我们能够给予孩子的最宝贵的礼物之一。这是预防孩子以后出现问题的最好的方法，能作为人生技能以无限可持续的方式满足一个孩子的身体、认知和情感的需要。你怎样才能让大自然进入你们家里、看护场所或生活中呢？你为她留出了空间，还是将她拒之门外了？她是一位文雅的母亲，喜欢受到邀请。或许，你早就该邀请她到你们家来了。

需要思考的问题

1. 要通过和孩子一起参观宠物园，在树林里或海滩散步，欣赏日出或日落，来激发孩子的创造性。之后，给孩子提供蜡笔、彩笔或颜料等绘画材料。你要和他一起创作。发生了什么？你们用哪些颜色？是日出时的色彩吗？你摸过的那些山羊身上的斑点画出来了吗？树木的绿色或海洋的蓝色画出来了吗？即使没有明显的关联，这种体验的能量也会布满整个画面。要经常这么做。

2. 和你的小家伙一起静静地散步。事先用几分钟解释一下，你们俩都要倾听周围的声音。虽然一个小宝宝可能听不懂你的这些话，但在你静下来倾听的时候，她会感受到你的身体语言。要尽可能在一个自然的环境中作这种散步。哪怕是一条城市的街道也能教给你凝神倾听。你听到了什么？

脚下小石子的喀嚓声？

汽车呼啸而过的声音？

栖息在头顶电线或树梢上的乌鸦的叫声？

如果幸运的话，你甚至可以听见……

寂静。

寂静能以某种方式进入我们的身体，并在我们的体内蔓延。好好享受吧！

第 *18* 章

连线的大脑

科技的影响

　　"数字原住民""移动世代""触屏一代""遥控器孩子"，媒体用来描述今天的孩子们的这些词语，甚至在短短的几年前都还不存在。"谷歌一下"这个词（或者它所指的公司）也是如此，然而，如今的很多父母都习惯用谷歌搜索来决定自己孩子的名字。毕竟，有谁愿意让自己的孩子与一个在网络上被提及千万次的臭名昭著的罪犯同名呢？

　　从电视，到智能手机，到平板电脑，到计算机（以及仍在不断出现的新产品），科技、屏幕时间和社交媒体已经成了今天的现实。大多数成年人都无法想象没有社交媒体或短信的生活，并且很少能离得开自己所用的设备了。引人深思的不仅是这些设备；它们更新换代的速度也变得越来越快。就像科技自身一样，孩子们对移动设备的使用也在以前所未有的速度大幅增长。

　　在我们写这本书的时候，每 10 名学步期孩子和婴儿中就有 4 个已经在用移动设备，而在两年前，10 个人中只有 1 个。Square

Trade 公司在 2013 年所做的一项研究发现，85% 的美国儿童每天都使用移动设备，平均每天的"屏幕时间"超过 3 小时。无论你是否相信，两岁及两岁以下的学步期孩子每天待在屏幕前的时间平均为 1.5 小时。父母们可能开玩笑地把他们的平板电脑称为"安抚奶嘴"——但是，这对一个孩子发育中的大脑会真正带来怎样的长期影响呢？

　　毫无疑问，与父母和照料人之间的健康的情感联结对一个孩子的发展来说是至关重要的，但是，对于孩子们使用移动设备的建议，却是在不断变化的。美国医学协会原来建议两岁以下的孩子不应该有任何屏幕时间，后来将立场软化为"不鼓励两岁以下的孩子接触屏幕设备"。尽管有这些建议，但现在外出用餐时，很难看到有哪个学步期的孩子不在玩爸爸的智能手机，而且很多父母会夸耀自己的孩子早早地操作数字设备的能力。无论你是否喜欢，**今天的孩子们已经变成了测试屏幕时间影响的活生生的科技实验品。**

　　心理学家杰罗姆·布鲁纳（Jerome Bruner）用"动作表征"这一术语来描述一个孩子的双手与其思维的联系（以及表达）方式。比如，一个口渴的孩子会做出用杯子喝水的手势。这也解释了触屏设备会带来重大改变的原因。当在屏幕上划一下手指会出现一道彩虹时，有哪个孩子不想再玩一次呢？并再玩一次又一次呢？但是，这能教给孩子什么？这对大脑的回路有何影响？最冷静的答案是，我们还不知道。

连线的大脑：

屏幕时间和社交媒体的两难选择

现在，科技的变化是如此之快，以至于无法预料其长期影响，更不用说回答每一个进步所带来的问题了。正像你已经知道的那样，在这重要的头几年中，你的孩子的大脑正在为其一生形成着连接。无论你对科技的观点或选择是什么，你都必须退后一步，并对你的孩子接触何种设备以及接触多少才恰当做出深思熟虑的清醒决定。

心态是最好的应用软件

二十一世纪的生活是紧张忙碌的。父母们繁忙而仓促，当你急匆匆地准备晚餐、叠衣服或者只是抓紧几分钟时间让自己安静一下的时候，很容易让孩子坐在电视机或游戏机前。一位母亲说："那些愿意限制电视或电脑时间的父母，肯定是在外工作的。那些像我们这种全天在家带孩子的，需要一些休息的时间！"核心问题并不在于养育是否劳神费力（是的）或者令人筋疲力尽（可能会），而在于你必须知道自己的选择和心态，以及这对你的孩子的成长和信念所造成的影响。

所有的父母时常都需要休息一下，而移动设备似乎是很得力的"临时保姆"。就像垃圾食品一样，少量的可能不会造成永久的损害。然而，如果父母不注意，孩子在家里使用电子产品可能会变得一发不可收拾。不要将孩子看成烦恼或负担，改变一下你的心态怎么样？你有可能慢下来享受和孩子一起做事吗？他通过和你一起做事情学习宝贵的技能，而你会加强你们之间的关系。

我们的目标不是让父母们对自己的选择感到内疚。我们不提倡父母们将孩子养育成被过度保护的小公主，或被过分娇纵的小暴君。我们鼓励思考和自信的行动——你的以及你的孩子的。

哪个有效？嘴里的舌头，还是鞋里的舌头？

阿尔弗雷德·阿德勒说过："如果你想知道人们决定要做什么，就要观察他的行动——即便在他们尚未意识到自己的决定的时候。"也就是说，要注意鞋里的舌头（他们在做什么），而不是嘴里的舌头（他们说了什么）。

你是隔着整个房间向另一头的孩子大喊，告诉他放下手机或平板电脑吗？还是会走过去，把东西拿走，然后放到别处或者把它关掉？孩子会按照他们看到的别人的做法行事。你的孩子看到了什么？你有多少时候在孩子身边使用电子产品？你更喜欢用电子产品打发时间，还是和孩子待在一起？你的孩子认为你更喜欢怎么做？

与照料人沟通

有那么多决定要做，同时还有那么多未知因素，我们很容易对日新月异的科技变化感到不知所措。很多婴儿和学步期的孩子在父母工作的时候都是由其他人照料的，这使得孩子会接触到其照料人认为适合的东西。**如果你的孩子全天或一天中的部分时间是由别人照料的，你应该与其照料人就科技和移动设备进行一次谈话。**孩子在家里的经历会影响到他在看护中心的行为——反之亦然。

孩子会受到他们从屏幕上看到的东西的影响。你的孩子的照料人可能会注意到你的孩子打人或推人的次数比平常多了。如果照料人让你注意这些问题，要将其当作讨论一下孩子所看到的东西对他及其行为可能产生了怎样的影响的机会。这种讨论可能会帮助你更清楚地意识到自己该作出怎样的选择。你还可以与照料人就对孩子的限制和期望达成共识，并加强家里和看护中心的一致性。

与人的互动至关重要

我们非常确信的一点是，关系——即我们如何与他人互动以及学会对其作出回应——对于我们将要作出的决定是至关重要的。

2 岁的埃斯佩以她每天与身边人的经历所体验到的一致性和可预测性，来决定能否信任其他人。当她体验到和善和尊重这两种重要品质时，她会确定自己是否能得到和善而尊重的对待，并学着这样对待他人。如果她经常遭到批评，她可能会决定退缩或放弃尝试。如果被打屁股，她就更有可能为得到自己想要的而打人或伤害别人。

一个小孩子在生活中的每一个决定都是重要的决定。你无疑想确保你的孩子能被给予作出尽可能最健康选择的每一个机会。电视和其他媒体让孩子接触到的不仅有内容，还有价值观。你的孩子接受到的信息与你自己的价值观和信念一致吗？你对屏幕时间所做的决定，对你的孩子的信念的影响，可能比你以为的要大。

时间也很重要。屏幕时间取代或超过了和大人以及其他孩子们在一起的时间吗？无论互动是发生在早餐时间、在看护中心的孩子们或玩伴之间，或是在去公园的路上，与他人相处的时间都能够帮助孩子发展技能并增进与其他人的关系。然而，观看色彩鲜艳的动物互相打对方的脑袋，或者随着刺耳的砰砰声按按钮，能有同样的作用吗？或许没有。

内容与学习

父母们会很注意他们提供给孩子的图书的内容。没有哪个学步期的孩子有可能发现《战争与和平》是有趣的睡前读物，但是，大多数孩子都喜欢《野兽国》和《晚安，月亮》。对于科技产品来说，内容也重要。

很多针对孩子们的内容都以"有教育意义"来推销自己。当然，如果你的孩子在学习字母表或如何数数，这可能并不是一件坏事，对吧？是的，有了学习，然后才形成大脑的回路。在面对屏幕的时候，大脑里面在发生着什么呢？研究人员目前正在寻找这个问题的答案，但真相还没有人知道。

握着孩子胖乎乎的手指去戳屏幕上小猫的肚子，小猫就会挥舞爪子并喵喵叫。这个学步期的孩子学到的是他的行为能引起一个可预见的反应（尽管现实生活中一只真实的小猫的反应可能并非如此）。虽然这种学习包含着互动，但是，这是有价值的一课吗？研究表明，只不过是屏幕上的光线和动作（而不是内容）对孩子的大脑有影响。闪烁的光以及快速变化的颜色和角色，可能正在影响孩子注意力的持续时间和非语言学习能力的发展，而且，屏幕的光本身似乎就会影响孩子的睡眠周期。最起码，在把你的宝贝婴儿或学步期孩子作为科学实验品交给未知的科技世界时，要警惕一点。如果你没把握，就要拔掉插头！

像书一样吗？

在如今的年轻人中，常见的一个文字技巧是以"ish"（像……一样）作为后缀。我们认识的一个十几岁的孩子看着窗外的雨夹雪说："看！像下雪一样（snowish）。"在谈到关于屏幕时间的决定时，这种语义技巧或许会派上用场。

移动设备有很多用途。我们早就知道，与小孩子一起阅读是促进语言能力发展和为入学做准备的最好方式之一。你可能发现这样问自己会有帮助："这个设备能像一本书那样用吗？我们可以说它'像书一样'（bookish）吗？"。

一本书有哪些特性呢？

- 体验是由你控制的。（你来翻页。）
- 能够激发想象力；你的头脑中会形成形象。
- 能够促进思考。

一本书是如何激发想象力的呢？图书能让我们在脑海中形成画面。图画书能通过以下问题引发思考：
- "你认为小熊接下来会做什么呢？"
或者通过吸引我们翻页：
- "哞！"是谁在说话……（嗯，会是谁呢？翻页看看！）……奶牛！

现在，将同样的标准运用到电视节目、平板电脑里的游戏或应用软件，或者电脑屏幕里的图像上。它们能达到"像书一样"的标准吗？

- 谁在控制？（互动还是被动）
- 需要想象力吗？
- 促进思考了吗？

看着图像在屏幕上浮现并突然占满整个屏幕（无论多么有趣），或者为了得到一个结果而反复地摁按钮，对于玩电子游戏或操作遥控飞机而言，或许是很好的训练，但却是被动（说得好听一些）和机械的（说得难听一些）。（而不是像书一样！）和奶奶一起读一本电子书并且翻"页"，才更像书一样。要思考并明确你自己对一本书的标准，然后，要问自己某种屏幕时间能否说"像书一样"。如果是，就有节制地使用；如果不是，就完全不要用。

摆放的位置

有一件事情我们是肯定的：孩子的房间里不需要任何类型的屏幕。我们想不出任何理由要在不满 3 岁的孩子（或者更大的孩子）的房间里放一台电视、电脑或其他屏幕设备（事实上，当大孩子的房间里有屏幕设备时，他们在学校里的考试分数会比较低）——然而，我们知道很多人都在这么做。**一个小孩子还没有能力明智地选择自己看的东西——无论他能多么熟练地操作遥控器或者用手指滑动屏幕。**要确保所有的屏幕设备都放在你很容易看到孩子玩的地方。对于任何年龄的孩子来说，监督都是必不可少的。

屏幕时间能让人上瘾（正如很多大人已经发现的那样），而且，若不加以控制，很容易在屏幕前待很长时间。放在孩子房间里的一台电视或其他设备，鼓励的是孤立，而不是情感联结。当你将上瘾和孤立结合在一起时，你的孩子就可能形成"麻木生活"的习惯，而不是"快乐生活"。当把屏幕设备放在一个公共房间（比如家庭活动室）时，家庭成员就有机会协商看什么或玩什么、什么时候看或玩，以及看或玩多久。

好玩还是现实

好玩并没有错。在海滩上建一个沙堡很好玩——尽管涉及不到建筑知识。跑着玩捉迷藏既好玩，又能锻炼身体，尽管这不能教给孩子更好地书写。有时候，玩妈妈手机上的游戏只是好玩。如果这让你们开怀大笑，也没什么错。

然而，有得到乐趣的更好方式吗？当然有。和爸爸一起玩藏猫猫，要比盯着屏幕玩游戏更好玩（也更有助于学习和情感联结）。孩子们需要学习如何与他人相处、如何有创造性，以及如何快乐地与其他孩子和大人互动。只要这些事情能始终得到优先考虑，偶尔为了好玩而玩一下触屏游戏，可能也很好。要确保你能设立合理的限制，并会和善而坚定地坚持到底——即便在你的孩子哭喊着要玩更长时间的时候。

内容与商业化

很多儿童节目的市场宣传都是经过伪装的。简短的商业广告无法让小孩子接收到足够的信息来喜欢上一个产品，因此，整个节目实质上已经变成了玩具、食品和其他产品的广告。这意味着，节目中的角色和他们鼓励使用的产品是紧密结合在一起的，其目的就是让你的孩子想要它们。

父母必须注意。首先，要留意你的孩子在看什么，并要和他一起看。这能让你知道节目教给孩子的价值观是什么，表现的是什么行为以及对孩子会有什么影响。和孩子一起看节目，使你能和他讨论你们看到的东西，并影响节目传递的讯息。这还是让你的孩子学会批判性思考的一个机会。看电视或其他节目从本质上来说是被动的；当你和孩子讨论你们看到的东西时，你会引起他的兴趣并鼓励他独立思考。

那只恐龙抢走了他的朋友正在玩的骨头，你有什么看法？

如果想要朋友的玩具就打他，这是个好主意吗？你的朋友会有什么感受？

你认为恐龙还可以怎么做？

和孩子一起看节目，还能让你知道节目在鼓励孩子要什么产品。作为父母，如果你觉得这种市场宣传是在操纵你的孩子，那么你可以通过你的钱包来表明自己拒绝购买这些产品。更好的做法，是关掉电视，做一些更有创造性和活力的事情。

替代屏幕时间的选择

科技令人着迷，而大多数父母都希望给自己的孩子提供美好的东西。但是，这些设备真的那么美好吗？你的宝宝是应该盯着看固定在他汽车安全座椅上的电脑屏幕，还是应该看窗外的天空、树木，或者哪怕是看坐在他身边的姐姐呢？信不信由你，你甚至能买到能固定平板电脑的坐便椅。但是，这意味着你应该买吗？我们不这么认为。

要认真想一想这个问题。无论你怎么做，都要深思熟虑。不要对孩子的屏幕时间听之任之。要设立合理的限制；要和善，但在必要的时候要坚定。这里还有一些建议：

• 图书馆一直是一种很好的资源。很多儿童读物现在都有了电子书。还记得关于"像书一样"的讨论吗？如果说有一种可接受的使用屏幕设备的方式的话，那可能就是电子书了。读一本无纸书仍然是在读。

• 对于儿童看护机构或照料孩子的人来说，另一个选择是建立一个玩具和互动（非科技）游戏设备的租赁图书馆。孩子们会很兴奋地挑选出数数积木或拼图在周末带回家，而各个家庭则会得到这些免费玩具的好处。这个过程会鼓励用思考性的玩耍来替代在家里的屏幕时间。

你在吗？

下一次，当你和孩子一起去游戏场、在机场休息室候机或者去商店购物时，做这样一个实验：看看周围，有多少父母或照料人正在看着一个孩子努力想办法把秋千荡得更高，或对窗外飞机的起飞和降落感到惊奇，或者在与一个认真倾听的孩子讨论购物清单？又有多少人在打电话、发短信或读短信，或者对科技产品比对自己的孩子更亲密？

> **使用屏幕设备前需要问的问题**
> • 它是否会替代与真实的人的互动，或使其显得无足轻重？
> • 它是否会替代动手的体验？
> • 它"像书一样"吗？
> • 它会给我的孩子带来什么样的影响？这种经历会让孩子有什么样的决定、收获或信念？
>
> 不确定吗？拔掉插头！

移动设备与金钱一样，本质上没有好坏之分，其价值取决于如何使用。 你的孩子在出生后的头几年正在做着重要的决定，关于他自己、关于你、关于身边的世界如何运转以及他在其中的真正位置。你希望他作出什么样的决定？有什么样的信念？要尽你最大的努力全身心地陪伴孩子这些与人的情感联结和学习的珍贵时刻；要优先考虑这些事情。等你的孩子长大之后，你会有很多时间用于科技产品。

需要思考的问题

1. 作一个承诺，关掉所有电子设备，不管是什么，并要尽量在下一次你和孩子一起做一件事的时候全身心地投入。无论是在户外、购物的时候，或者甚至排队等候的时候，注意正在发生的事情。要全身心用在孩子身上，问他一些问题，同时让他提问题。认真地练习倾听。

2. 把这次经历记录下来。问你自己：

感受如何？

有何不同？

它给我带来了什么样的变化？给我的孩子呢？

3. 考虑在全家用餐时间，或者是一整天，不使用任何科技设备。关掉你们的所有设备，专注地全身心陪伴家人。如果你经常这么做，会怎么样呢？

第 *19* 章

谁在照看孩子？
选择并适应儿童看护

作为父母，无论你多么能干和称职，都不大可能完全靠你自己来照顾孩子。大多数成年人都必须工作，要么是居家办公，要么外出工作，而对大多数家庭来说，某种形式的儿童看护是生活中必须面对的现实。

在美国成千上万的家庭中，每个工作日的例行开始方式都是装好午餐，收拾双肩背包、孩子喜欢的拖鞋或外套，然后把他们送去幼儿园。有些孩子会去朋友家或亲戚家，有些孩子会和保姆一起待在家里，还有些孩子会在看护中心或看护家庭度过一整天。对于成千上万这样的父母来说，儿童看护是必不可少的，他们最关心的是如何在经济允许的范围内选择最好的看护。当然，还有一些父母会留在家里，相信照顾小孩子只能由父母来承担，儿童看护是一种拙劣的替代选择。每个家庭都有自己独特的需要，并且经常会有相互冲突的看法需要协调。听听下面这两位父母的不同声音吧：

问：我从书中看到，你感觉母亲工作并不会给孩子造成不良影响。能请你详细谈一谈吗？广播节目、报纸上的文章和期刊杂志提供的建议总是相互矛盾，我真的感到很困惑。现在，我不可能辞掉工作，因为我的丈夫由于背部受伤需要卧床。我儿子每天需要在看护中心待9个小时。这会对他有负面影响吗？我感到特别内疚。我爱我的儿子胜过一切，想陪着他，但我做不到。谢谢你。

问：我的邻居刚才来串门儿。她有一份兼职工作，她的儿子约瑟夫每周有三天去看护中心。约瑟夫比我儿子小两个月，而约瑟夫已经会数数、写自己的名字，并且认识所有的颜色了，我的儿子一样也不会。我是全职妈妈，全天都和儿子一起待在家里。每当我的邻居和她儿子来玩时，我都觉得自己真的很不称职。我担心我的儿子到上学时会跟不上。我们的钱比较紧，但是，我应该考虑把他送去学前班吗？

答：大多数父母在应该由谁来照料小孩子，以及早期教育的益处与和父母待在家里的价值这些事情上有自己的鲜明观点。我们相信，孩子从什么地方以及从谁那里得到照料，不如照料本身的质量重要。"高质量的"儿童看护能够支持自我价值、情感、学习和大脑发育，以及与他人建立健康的人际关系的能力的健康发展。孩子需要与照料人以及父母建立健康的情感联结。如果一位妈妈不能整天陪在孩子身边，她就需要在有时间的时候培养牢固的情感联结。即便资源有限，仍有很多方法可以用来丰富孩子在家里的学习。

很多母亲似乎都会感到内疚，无论她们是否待在家里。内疚感对任何人都没有任何好处。评判也没有好处。每个人都要根据自己的情况和信念作出选择。小孩子们喜欢和父母待在一起，而我们知道爸爸、妈妈和孩子之间的亲情心理联结是至关重要的。但是，这种亲情心理联结并非只有在与外界隔离的状态下才能蓬勃发展。孩子们在很多不同的环境中都能学习和成长。

儿童看护有害处吗？

罗丝琳，本书的作者之一，四个孩子的母亲，她曾全职在家陪伴自己的两个大孩子，后来开始工作，并将两个最小的孩子送进了幼儿园。她讲述了她的经历：

我留在家带我们的老大和老二，直到他们满 3 岁。当第二个孩子满 3 岁时，我们家开了一所名为"学习树"的蒙台梭利幼儿园。在很多方面，我们的两个最小的孩子享受到了两种环境的最大好处。他们是和父母在一起，因为他们的爸爸和我就在这个幼儿园工作，并且他们每天还能参与这个非常出色的看护机构的项目。

如今，我们的四个孩子都在茁壮成长。幼儿园也发展得很好；它已经运营超过 35 年了，甚至我们的孙辈们都在那里待过。我们幼儿园照料过的很多孩子如今都已长大成人；有些人自己已经作了父母，并且有些人把他们自己的孩子送到这里来了。以前的学生们经常会回来看看，和我们叙叙旧，并且不止一个学生告诉我们，在这里度过的时光帮助他们在生活中取得了后来的成功。他们都是有爱心、有能力和有责任感的人。我们很欣慰我们家在这么多年轻人的生命中发挥过重要作用。

关于儿童看护，有各种各样相互冲突的研究、态度和理论。罗丝琳的经历提供了一个长远的视角，包括了在家里和家庭之外养育孩子的两种情形。你可能在想，如果能够带着孩子一起，那就不算是在外面工作。这不是重点。罗丝琳的孩子们仍然有很多挑战要面对，比如与其他孩子分享自己的父母，以及即便在幼儿园里也不能和父母待在一起，而且每天要分开很长时间。有些父母是在家里工作，而且必须处理不断的打扰。所以，重点在于，如果你拥有有效的心态和技能，就能够成功地应对每一种生活情形所带来的挑战。

做一个全职待在家里的父母，能够给父母和小孩子带来很多好处。在高质量的儿童看护机构中，也会有这种经历。这两种方案都无法保证有神奇的结果，无论是积极的还是消极的。

工作和儿童看护：到底是什么？

父母们在家里和外面都一直在工作。布赖恩是当地一家报纸的编辑，他把 2 岁的杰森送到办公室附近的一家看护中心。玛丽·贝丝负责整理教会的每周时事通讯，每周有两个上午在教会办公室工作，而她的儿子在这段时间就和学习圣经的妇女小组的其他孩子们一起玩。这两位父母都是在工作。（志愿者也是工作的父母。）

儿童看护指的不只是家庭看护或看护中心。当妈妈去大女儿所在的小学做辅导孩子阅读的志愿者时，奶奶照料着小宝宝洛丽。伊莱是市法院的书记员，每天早晨去上班时，他会把自己的儿子送到邻居家，这位邻居照看着自己的小宝宝、伊莱的儿子，还有几个每天放学后会来这里的大孩子。珍是一名高中生，每天下午放学回家后都要陪着弟弟玩，以便爸爸能在楼上的家庭会计师事务所里处理纳税申报单。所以，儿童看护有很多方式。

"工作的父母"的定义，指的不只是那些在外面从事有报酬的工作、把孩子交由家庭成员以外的人照看，或者每个星期的工作时间不只几个小时的父母。事实上，爸爸妈妈们从事着各种各样的工作，而他们的孩子经历着各种各样的看护。

儿童看护：一种全球化的视角

随着时间的推移，已经很少有哪种文化会期望妈妈们待在家里亲自照料小孩子了。最常见的是孩子们由哥哥姐姐、姑姑婶婶以及住在附近或住在一起的祖父母或外祖父母们照料。

"养育一个孩子需要一个村庄"这句很流行的谚语源自非洲的乡村。在这句话中，"村庄"指的是与孩子有血缘关系的亲属、邻居以及社区或部族成员。在东印度，典型的情况是好几代人住在一个家里。在很多亚洲国家，女性结婚后会搬去丈夫家里。在美国原住民文化中，其传统是孩子们由很多"姑姑婶婶"抚养，有些根本没有血缘关系。在所有这些文化中，孩子们会得到包括朋友和亲戚的大家庭的照料。他们可能会将我们认为父母应该抚养孩子而无需外界的建议和帮助的信念看作是精神失常！

各种选择

让我们来看看以下几位父母送孩子去看护机构的故事。

斯蒂芬妮很感激自己工作的医院里有一家儿童看护中心。她的儿子下个星期就满 6 个月了，看护中心离得这么近，使得斯蒂芬妮有可能继续给儿子哺乳，这对她而言非常重要。在每天的休息和午餐时间，她都会匆匆跑下楼，急切地抱起儿子。斯蒂芬妮怀孕时还没结婚，孩子的父亲没有给她和儿子提供任何帮助，但她选择了留住孩子，并作为单亲妈妈抚养儿子。离婚、单亲甚至军队的调动，都可能使一个男人或女人不得不在没有伴侣的情况下抚养一个孩子，但是斯蒂芬妮很爱自己的儿子，并且努力给他一个充满爱的家。

罗杰和詹妮弗都在斯蒂芬妮所在的同一所医院工作。詹妮弗试过待在家里陪伴 3 岁的托德，但是，她发现自己很怀念工作带给她的刺激。她越是努力做一名待在家里的全职妈妈，就越感到沮丧——而且，当托德有不良行为时，她会更加生气。她担心，或许自己注定做不了全职妈妈。她和罗杰深爱着托德；然而，詹妮弗发现，当她不是一整天都和这个活跃的学步期孩子待在一起时，她不再那么暴躁、易怒了，而是成了一个好得多的妈妈。她因为内疚而挣扎，但是，她和罗杰确实相信托德在幼儿园里更快乐、更健康，他可以攀爬各种设施并和很多朋友玩耍。詹妮弗的工作蒸蒸日上，并且比以前更喜欢作为托德妈妈的角色了。

另一方面，特妮莎有两个孩子，他们都没去幼儿园。这两个孩子共用一间卧室，以便空出来的房间能出租给一个大学生。这份租金使得特妮莎待在家里陪伴 4 个月大的埃里卡和 3 岁的迈卡成为了可能。特妮莎的丈夫在造船厂工作。他每天上下班的路程需要一个小时，但是靠近港口的房子超出了他们的经济承受能力。漫长的一天令特妮莎筋疲力尽，有时候，两个小家伙的要求让她想大叫。而在其他的日子里，只是看着两个小宝贝就足以令特妮莎的心融化，她会为自己能够陪伴孩子们的这段时光作感恩祈祷。

在家全职带孩子的父母们会发现，每天与一个婴儿、学步期孩子或学龄前孩子的单独相处，会有神奇的发现时刻、温馨的分享时间，以及父母和孩子共同的珍贵回忆。全职待在家里还意味着，当好奇的学步期孩子将整卷厕纸塞进马桶使水溢出来时的绝望，当学龄前孩子的尖叫声吵醒了襁褓中的妹妹时的歇斯底里，或者当挑衅的学步期孩子拒绝捡起积木后在房间里乱扔积木时的无助感。上班的父母同样也会经历这样的时刻。事实上，无论你过着怎样的生活，这些情形在孩子童年的早期都会发生。

很多父母只想在家陪着他们的宝宝。在一个完美的世界中，每个人都作出这种选择是可能的——但是，在真实的世界里，残酷的现实会成为障碍。那些选择在家抚养孩子的父母，放弃了自己的事业和经济收入，或是接受了更为简单的生活方式，应该得到认可、尊重和支持。那些工作的父母同样应该得到认可、尊重和支持。**问题不在于你是否赞同你的邻居的选择，而在于你是否为自己和你的孩子作出了最好的选择**。选择上班还是待在家里，是一个复杂的决定，很少会有一个简单的"正确"或"错误"的答案。你必须面对自己的实际情况，尽你所能作出最好的决定。

新的大家庭

对我们很多人来说，住得离愿意并且能够照料我们的孩子的大家庭很近，已经变得越来越不可能了。现今的儿童看护机构可以承担起以前的大家庭的角色，包括诸如父母们可以相互认识并分享各自故事的聚餐活动。在这种情况下，儿童看护既支持了父母们之间的联系，又支持了群体的形成。

在养育小孩子的过程中，各个家庭都需要得到很多人的支持，而高质量儿童看护机构的员工能够提供知识、经验和信息。

当艾伦的女儿被诊断出患有哮喘时，女儿所在幼儿园的老师安慰了艾伦，并为她推荐了一个由遇到类似问题的家庭所组成的互助小组。

简尼尔的朋友们几乎都没有年龄很小的孩子。她自己的女儿汉娜，是在经过一年多的文件准备、延期和排队等候，在几个星期前刚刚接回家的；在领养那一天，汉娜刚满四个月大。简尼尔是一位需要工作的单亲妈妈，而结果证明儿童看护中心为她这个刚形成的家庭提供了宝贵的支持。看护中心的其他家庭为简尼尔和汉娜提供了她们所需要的集体感、手足情谊和社交聚会。看护中心里还有几个被收养的孩子，其中一个与汉娜来自同一个国家。这个孩子的家庭很快就与简尼尔和汉娜形成了一种亲密的亲情心理联结，在大人们和两个新来的宝宝相互了解的过程中，两个家庭一起制订聚会的计划并相互支持。

全职在家的父母也需要支持。附近没有大家庭，可能会给那些待在家中的父母们造成隔绝。即使就住在大家庭附近，这些父母们也需要鼓励、社交和支持。

儿童看护的好处：早期干预和一致性

高质量的儿童看护，远不止是简单地提供一个当父母们不在孩子身边时照料孩子的场所。疾病筛查和早期干预、发生变故时的一致性以及前文提到的大家庭的支持，都是儿童看护机构能够提高孩子生活质量的很好方式。

贝利每天下午都由校车接到儿童看护中心。每天上午，他会参加一个为各种发育迟缓的孩子设立的特别项目。贝利的妈妈雪莉一直奇怪为什么他学习新技能看上去那么难。由于第一次做妈妈，雪莉误以为是自己缺乏经验造成了她对贝利不必要的担心，但是，就在贝利去看护中心几个星期后，园长要求和雪莉见面。看护中心的初步筛查引起了对贝利发育状况的担忧。于是，看护中心和雪莉一起寻求外界的帮助。雪莉和工作人员的担忧是对的。贝利的运动能力、语言能力以及其他沟通能力都发育滞后。具体问题被找出来，几个月后，贝利被一所大学在每天上午进行的一个特别项目接受了。如果没有幼儿园经验丰富的员工、他们的关心支持和知识，雪莉可能就没办法让贝利得到所需要的早期干预。

早期干预在帮助发育迟缓的孩子"赶上来"时，要比孩子长大后再干预更有效。筛查和评估，再加上经验丰富并受过专业技能培训的照料者，为发现那些需要特殊帮助的孩子和家庭提供了机会。并非所有的看护机构都提供这种筛查。然而，如果你的孩子的老师或照料者对孩子发育的任何方面表达了担忧，对这个问题进行追查就是明智的。一致性和稳定性也是至关重要的。

凯尔的父母已经提交了离婚文件。他现在只有在周末才能看见爸爸。他和妈妈搬到了另一间公寓，妈妈不得不比以前工作更长时间。凯尔生活中唯一没变的是他的幼儿园。凯尔每天早晨都能看到那些熟悉的面孔，认出那些熟悉的歌，并且知道故事时间结束后就到点心时间了。尽管生活中所有其它事情都像流沙一样快速变化，但在幼儿园里，他感觉到了安全、稳定和安心。

甚至在家庭环境发生变化时——有一个弟弟或妹妹出生，或者一个家人生病——看护机构的惯例和熟悉感都能为孩子的生活提供稳定性、支持和一致性。

寻找高质量的儿童看护

我们已经谈过了那些外出工作的父母——不管是自愿选择的还是必须上班的，以及那些全职待在家中的父母。但是，无论是哪种情形和选择，对于几乎所有的父母来说，让别人替自己照料孩子都是不可避免的，即便只是在教堂做礼拜时把孩子交给临时保姆或放在临时托儿所。我们已经讨论了高质量的儿童看护的好处，但是，不那么理想的儿童看护怎么办？显然，并不是所有的儿童看护都是同样的——而且，并不是所有的儿童看护都能让孩子们受益。父母们怎样才能知道自己将小宝宝交到了称职的、合格的人手里呢？什么才是高质量的儿童看护呢？

首先，要确保你把孩子交给的是值得信任的人。新交的男朋友或女朋友可能不是你希望能照看你的孩子的人，无论你们多么相爱。临时保姆应该有推荐信，以便父母们能跟很了解她的人谈一谈。在集体看护的环境中，有至少两人负责是衡量该机构责任心的一种尺度。

如果你像很多父母一样，需要为孩子寻找日常看护，你就需要考虑许多因素。不要匆忙作出选择；要花时间参观不同的儿童看护机构。你看到了什么？孩子们快乐吗？他们在里面的一举一动自信吗？老师们是蹲下来看着孩子的眼睛说话吗？展示的艺术作品是挂在适合孩子看的高度，还是只适合大人看的高度？建筑干净吗？有明显的安全隐患吗？老师们看起来是很快乐，还是很疲惫？（当然，要记住，即便最好的老师也会有艰难的日子！）有足够的器材为艺术、角色扮演、搭积木、户外攀爬、玩沙和玩水提供各种各样的活动吗？所提供的设施允许孩子们自由地玩、接触自然并活动身体吗？还是期望孩子们安静、待在室内，并且"当好孩子"？孩子们是被限制在婴儿座椅里或者被安顿在电视机前面吗？

要搞清楚该机构是否有执照，以及是由谁颁发的。该机构满足市政府颁发许可执照的要求、健康部门的规定，以及防火规范要求吗？在这个过程中，有些地区有当地的儿童看护机构和介绍机构能为你提供一些帮助。对于大多数父母来说，看护机构的费用也是一项因素，但是，选择儿童看护不应该图便宜。孩子们——所有的孩子——都值得我们投资。

为什么要在乎儿童看护的质量？

如果你是一位生活在不需要把孩子送出去看护的家庭中的父母，你或许会觉得建立和资助高质量的儿童看护机构与你无关。但事实是，任何一个孩子所受到的照料是否是高质量的，会影响到每一个人。

具有历史影响的"高瞻课程佩里学龄前教育追踪研究（至40岁）"[1] 发现，那些在小时候接受过"高质量"早期儿童看护的成年人，比那些没有接受过"高质量"看护的人在学校考试中取得的成绩更好，高中毕业率更高。那些在被认为"高质量"的儿童看护机构待过的孩子们，长大后犯罪的可能性更低，而且平均年收入要高得多。很多其他研究也证实了高质量儿童看护的益处，从社会和情感技能的学习，到学业方面的优势。

诸如此类的发现，提醒我们注意我们的早期经历扎下的根有多么深。孩子们在儿童看护机构内外的经历，影响着我们所有的孩子将来会生活在一个怎样的社会和世界。

高质量的儿童看护：如何辨别？

父母们看着高质量看护机构的特征和必备条件的清单，可能会感到不知所措。你可能想搞清楚自己怎样才能知道考虑中的机构是否符合这些标准。这里有一个相对简单的解决办法：问。儿童看护机构的选择是一个重要的决定，而你作为父母的自信会影响到你的孩子对他的新环境是否感到舒适以及如何作出反应。要毫不犹豫地问你为作出一个明智决定所需要的全部信息。如果一个看护中心或照料者似乎不愿意回答你的问题，或者不愿意让你观察他们是怎么做的，去看另一家可能是明智的选择。

当你去参观一个备选的看护机构时，要把下页这份清单复印下来并带上。清单中包括了你为孩子作出一个明智的决定所需要了解的信息。

---

[1] 原文为：High/Scope Perry Preschool Study Through Age 40。——译者注

儿童看护机构必备条件清单

用下列指标来辨别高质量的儿童看护：

1. 看护中心或托管家庭具备：

- 陈列的有效期内的执照
- 较低的员工流失率
- 当地部门、州和（或）国家的认证

2. 员工是：

- 受过良好的儿童早期发展和看护培训
- 团队合作
- 通过接受培训来保持最先进的理念
- 对收入满意

3. 课程强调的是：

- 与孩子年龄适合的学业学习和玩耍之间的平衡（并且了解，在童年早期玩耍和社会技能是一个孩子要学习的最重要的内容）
- 社会技能——孩子和员工之间有大量互动
- 通过各种感官进行探索，接触大自然
- 解决问题（借助器材，并与其他孩子一起解决）

4. 管教的方法是：

- 非惩罚性的
- 和善与坚定并行
- 目的是帮助孩子学习重要的人生技能

5. 一致性体现：

- 在课程中
- 在处理问题的方式上
- 在孩子们可以依赖的惯例上
- 在看护中心的日常管理中

6. 安全性由以下几项表现：

- 活动设施
- 健康规定
- 应急准备

看护机构

大多数州或市都要求看护中心或托管家庭必须满足各种各样颁发许可执照的要求。很多地方还通过质量评估系统给各个机构评分，以帮助各个家庭对质量作出判断。看到贴出来的执照，就说明这些要求都得到满足了。你可能还想问，一个看护中心是否会用诸如幼儿课堂（CLASS Toddler）①——它衡量的是教室的情感氛围、老师的体贴以及学习和语言的适宜性——之类的评估系统。

人员流动率较低的看护中心，说明员工得到了很好的对待，得到了合理的报酬，喜欢他们的工作，并且感觉到了中心管理层的支持。当员工得不到体面的工资时，他们就会去别的地方，而这会造成看护中心的不一致性，并会妨碍你的孩子对其照料人形成积极依恋的能力。

要看看具体的资质。每个州可能会有不同。另外，还有全国性的认证机构，比如美国幼儿教育协会（National Association for the Education of Young Children，简称 NAEYC）和国家早期看护和教育项目认证委员会（National Accreditation Commission for Early Care and Education Programs，简称 NAC）。获得了执照和（或）认证的看护中心，表明的是他们对于自己应承担的责任的承诺。

---

① CLASS 系统已经过十几年的研究。美国启智计划（Head Start）以及很多全国教师培训项目都采用该系统。更多信息见 http：//teachstone.com/the-class-system/。——作者注

员 工

专业训练和实践经验，使得照料孩子的人更可能真正了解小孩子的需要，提供能满足这些需要的活动，并且对孩子的期望会与其发展相适应。专业训练、经验丰富的照料者，再加上流动率低，会造就一种让相关各方都赢的情形。

要看一下员工所受培训的类型。医生、证券分析师、幼儿教师——所有行业的从业人员都必须了解本领域的最新信息。你正考虑的看护机构的员工参加研讨班吗？有内部培训或者鼓励员工参加额外的教育课程吗？有没有一份全州范围内的注册表，用以记录继续教育情况，并证明老师们及时掌握有关学步期孩子需要的最新信息？老师们要有机会了解最新的研究成果，在他们听到其他人分享常见难题的解决办法时，受到一些基本概念的启发和提醒，并感觉得到了鼓励。有具体的培训要求吗？蒙台梭利（Montessori）、瑞吉欧·艾米里亚教育体系（Reggio Emilia）和华德福体系（Waldorf Programs）都有专门针对老师的培训课程。大多数州的社区学院、本科和硕士学位项目都有儿童早期研究课程。

要看看是否和谐。当一个看护机构不和谐时，孩子们会感觉到。要记住，小孩子能"读"他们周围的大人的能量，并且对他们感觉到的事情作出回应。那些鼓励合作——在孩子们和老师之间——的看护中心，会让人看到团队的价值。要看看有没有定期召开的员工会议、内部的沟通工具以及同事之间的友好氛围。

管　教

有成文的管教原则吗？问题是以什么方式处理的？看护机构给员工们推荐过管教方面的书籍或资料吗？会定期举办父母课堂或培训吗？问问老师对一个打人、咬人或抢玩具的孩子会怎么做。看看老师们是否接受过如何处理出现的问题的培训。

该机构是否容忍打屁股的行为？很多州仍然允许体罚，或是解除了一些学校——特别是教会学校——的体罚禁令。这一点极其重要，尤其是在孩子还很脆弱的头几年中。即便你赞成打屁股（你现在已经知道我们对此持反对态度），也请注意，很小的孩子是特别脆弱的。摇晃一个小婴儿可能导致其死亡，而一个大人的力量可能会将本意的拍打一下瞬间变成让孩子骨裂的重击。

该看护中心的态度是积极的还是惩罚性的？是让孩子们看到怎么做，还是反复训斥不能怎么做？重要的是，看护中心的管教应该是既不惩罚也不娇纵的。训练有素的幼儿老师知道如何通过和善而坚定的方式处理问题，还能教给孩子诸如合作、解决问题和语言能力等宝贵的人生技能。（要记住，孩子们还不知道自己需要哪些词汇，因此，愿意教孩子用言语表达并解决问题是很重要的。）

要观察老师们如何跟孩子们说话：

• 老师在和孩子说话时，会蹲下来看着孩子们的眼睛，还是隔着整个房间喊出他们的指令？

• 老师是以尊重的方式和孩子说话吗？他们是在和孩子交谈，还是只说实用的话（"把玩具收好"、"坐下"，或"把食物残渣收拾干净"）？

· 行为界限很明确，还是当孩子们跑过来撞上一个老师时，她会忍着疼痛咯咯地笑？

· 老师们会坚持到底吗？比如，当一个孩子高高地挥舞一根棍子时，老师是对孩子大喊"放下那根棍子！"然后就继续与一位同事聊天？或者，这位老师会走过去，在给这个孩子一会儿时间放下棍子后，平静地把棍子拿走？

· 老师们关注孩子，还是只顾着自己聊天？

最好的儿童看护强调尊重、和善而坚定，以及鼓励——就像你在家里做的那样。

课　　程

越来越多的父母们寻找教孩子学业——比如读、写、算——的儿童看护机构。这让大多数儿童早期研究专家感到担忧，而你需要知道这是为什么。

凯思琳·赫希赛克博士[1]，开展了一个研究项目，对位于费城郊区中产阶级社区的 120 个 4 岁的孩子进入学前班和一年级后的情况进行了追踪研究。该研究证实，那些以学业为主的幼儿园的孩子们，确实比那些以玩耍为主的幼儿园的孩子们认识更多的数字和字母。然而，到 5 岁时，那些来自以玩耍为主的幼儿园的孩子们就赶了上来，而那些以学业为主的幼儿园的孩子们对学习

---

[1]　Kathryn Hirsh-Pasek，美国天普大学婴幼儿研究实验室负责人，与人合著《爱因斯坦从来不用生词卡：孩子们如何才能真正地学习，他们为什么需要多玩并且少背一些东西》。——作者注

就不那么积极了。

注意屏幕设备在你为孩子考虑的看护机构或托管家庭中的使用状况，是明智的做法。孩子们需要从容的、由孩子们主导的时间玩耍，并与关爱他们的大人交谈。一排排的电脑和电视或许应该促使你问一问，这种环境是不是更喜欢屏幕时间，而不是人与人的互动。然后，你就可以根据自己认为最重要的因素作出决定。

要当心强迫你的孩子过早地学习学业和科技技能。关键是要遵循你的孩子的兴趣。如果你的孩子自己要求学，你就不大可能是在逼迫。有些3岁的孩子发现数数或使用铅笔很有趣。有些孩子可能会自己学着阅读或恳求拉小提琴。无论什么样的环境或课程，都要确保孩子有大量的动手经历。最好能看到孩子们往两只相同的杯子里倒入等量的水，而不是给一个分成两半的圆圈图形涂色。要确保孩子们有很多用来数数的物品，而不仅仅是在纸上临摹数字。当然，还要找到方法把自然融入到课程和环境中。

一致性

课程的一致性意味着有些活动是定期举行的。展示并介绍①、每天的故事时间和唱歌就是一些例子。像在家里一样，孩子们在看护机构也喜欢惯例。一致性还意味着有学习目标，并且目标能得到执行。可以对比一个与有明确的教学计划和给孩子们一些装鸡蛋的旧纸箱玩儿，每天上午都让孩子们围坐在装积木的箱子前

---

① Show and tell，孩子们从家里带喜欢的东西展示给老师和同学，介绍这个东西的样子、来历、用途、好处等等，甚至可以带自己的宠物。——译者注

自己玩积木，或让他们没完没了地看视频或电视节目的看护机构。如果有目标明确的课程安排，同样是这些活动可能就很好。一定要确保看护机构重视动手的学习、健康的活动以及孩子的成长——而不只是安静和服从。

老师与老师之间、班级与班级之间处理问题的方式是一致的吗？一位老师拒绝让孩子们帮助准备零食，而另一位老师将零食时间变成了一次用酸奶画"手指画"的自由活动吗？

具有一致的课程安排的看护机构，能鼓励孩子们培养信任、主动和一种健康的自主感。如果这些品质在家里是很重要的，那么在你的孩子度过那么多时间的看护机构里一定也是很重要的。一致性始于看护中心的管理。

此外，你还应当认真了解看护机构的日常运作方式。这里是一些需要考虑的问题：

- 对孩子、员工和父母的期望明确吗？
- 活动组织得好吗？
- 财务是以务实的方式得到处理的吗？

安全性

安全性包括看护机构的实际环境、卫生规定和应急准备。裸露的电线、随意进出的洗衣房，或损坏的游戏器材，对于孩子们来说都不是安全的。每天将你的孩子交给其他人照料，需要信任和警惕。

看着老师在给孩子们换完尿布后，每次都用消毒液把尿布台擦干净，让基思不用担心他的儿子会接触到危险的细菌。看着看护中心的员工每天晚上都把积木放进洗碗机，使玛妮在第二天早上看到自己的孩子拿着这些积木时感到很安心。肯尼思和罗伯特去参观女儿所在的看护中心，看到员工和孩子们在一起参加消防演习。他们对这里展现出的能力印象很深刻——这让他们开始考虑需要在家里制定自己的应急计划。

要搞清楚员工们是否受过心肺复苏（CPR）和急救培训以及艾滋病毒和艾滋病（HIV/AIDS）培训。生病的孩子在什么情况下会被送回家？要找一找消防安全程序以及地震或其他应急准备。（就像肯尼思和罗伯特一样，你可能会决定自己也想掌握这些技能。）要问一问在孩子受伤时会如何处理。要让你自己确信，这里的成年人在各种情况下都知道如何照料你的孩子。

信任自己——并积极参与！

只有你才能确定你的家庭真正的需要是什么。如果你确定需要别人照料你的孩子，就要用上面列出的指导原则来寻找托付照料你的小家伙的最好的地方。要花时间去参观看护机构。这是你能看到他们的实际做法与其宣扬的是否一致的唯一办法，并且是你能观察到你的孩子在这个环境里是否舒适的唯一办法。要给你的孩子时间建立情感联结。当然，很多孩子在陌生环境中都会缠着父母不放，而在父母离开后，他们能做得很好。但是，一次全面的考察，会让你知道你的孩子在这里会得到怎样的对待。要确保参与并了解情况；如果有可能，要时常去看护中心看一看，让自己知道一切都没问题。

没有哪个看护机构或员工是完美的。如果你希望看到你的看护中心有所变化或改善，那就努力推动，支持他们的努力，并将那里的照料人看成是一个宝贵的大家庭，是你的孩子的养育团队的一部分。你甚至还可以将这本书送给该机构的负责人或照料者，或者志愿发起一个正面管教养育小组。

最重要的是，要放弃你的"内疚按钮"。无论是你自己在家照顾孩子，还是把孩子托付给一个看护机构，你都会有各种复杂的情感。要多留心，尽可能作出最明智的选择，然后，就放松下来，并相信自己的选择。所有的孩子都将继承这个地球——无论他们在哪里午睡、被拥抱或第一次发现《好奇的乔治》。知识和觉察将帮助你为你的孩子提供在这重要的头 3 年里所需要的一切。

需要思考的问题

1. 复制一份本章列出的高质量的儿童看护机构必备条件清单。

2. 在你去参观看护机构时，带上这份清单，用它来指导你的提问和观察。

3. 制订一个为其他集体活动寻找照料者的类似清单，比如教会的星期日学校、夏天的幼儿游戏小组或特殊的活动（生日、婚礼或其他聚会）。制订一份选择临时保姆的清单。和你的朋友们分享这些清单；互相提供反馈，并作出你认为合适的改进。

4. 记录下你对儿童看护机构或全职待在家中的感受。你对自己的决定感到舒服和自信吗？把孩子交给别人照料，你是否感到内疚？待在家里而不去工作呢？处理好你自己的感受，可以怎样改善你的孩子的体验？

第 20 章

如果你的孩子有特殊需要

　　每位新父母都会数一数孩子的手指和脚趾，拿自己孩子的发育情况与其他孩子的做比较，并担心有任何出乎意料的事情。**如果你担心孩子的成长或发育，就应该认真对待，并让你的儿科医生或社区健康人员一项一项地检查。**早一些发现问题并进行干预，是为有特殊需要的儿童提供支持的最好方法。

　　罗斯玛丽注意到，4 个月大的女儿安吉拉不像朋友的儿子那样对着婴儿床上方的 Mobile 玩具挥手。她还认为安吉拉有时候似乎两个黑眼珠向中间靠。起初，罗斯玛丽告诉自己这只是她的想象。后来，为了让自己放心，她决定带安吉拉去当地诊所检查眼睛。罗斯玛丽怀疑是否有可能治疗婴儿的眼睛，但令她惊讶的是，安吉拉被诊断出患有斜视，或斗鸡眼，并在两个星期内就配上了特制的小眼镜。

分享关注

问：我有三个儿子。大儿子到三月份就6岁了，二儿子到二月份满4岁，小儿子刚满2岁。大儿子和小儿子是极度耳聋。然而，我的问题是关于二儿子的。他是一个非常聪明的孩子，被夹在需要特殊关注的哥哥和弟弟中间。结果，他承担起了超出其年龄的责任。可是，上个月，他变得非常不听话了。当他不能随心所欲时，他就会哼唧，而且他变得有些退缩了。我绞尽脑汁试图搞清楚我们的生活中或日常惯例与以往有了什么不同，或任何能够解释他的变化的事情。我知道他得到的关注类型与哥哥和弟弟的不同，但并不比他们得到的关注少。有什么我没想到的吗？你们有什么建议吗？或者，这只是一个阶段，也会过去？求求你，不管什么建议，我都十分感激。

答：养育有特殊需要的孩子需要极大的耐心和体贴，尤其是当你有不止一个这种孩子时。孩子们的察觉能力很强（他们会注意到所有的事情），但解释能力很差，并往往相信，有特殊需要的兄弟姐妹所接受的特殊疗法、诊断和治疗，表明他们得到了父母更多的爱和关注。关注不只是数量的问题——而是事关孩子对自己（以及兄弟姐妹）得到了多少关注以及由此得出的自己在家庭中的位置的问题。

孩子们情感发展的速度与身体发育的速度一样，是各不相同的，三岁和四岁的孩子通常正在试验我们所说的"主动性"——形成自己的计划，想按自己的方式做事，并且时常会变得不听话或爱哼唧。

这种早期干预或许拯救了安吉拉的视力。若不对斗鸡眼加以治疗，可能会导致一只眼睛的视力丧失，但早期干预解决了这个问题。现在，安吉拉已经上小学了，视力很好，并且不再需要任何眼镜了。另一些父母发现（在鼓起勇气坚持进行更全面的医疗检查之后），原本被认为的"腹绞痛"，实际上是能够得到治疗的严重的耳朵痛。有一位妈妈发现，当她不再让儿子穿"连脚"睡这其中有一些确实会过去，但这里有一些可以同时尝试的建议：

- **惯例**。如果还没有，就为早晨、晚上和离开家去幼儿园等建立惯例。每个孩子都可以有自己需要完成的具体任务，而一旦有了惯例（一张大的惯例表会有帮助），就该由惯例"说了算"。你的二儿子想帮忙并承担责任，这很好，但是，为了努力赢得爱和归属感，孩子们有时候会让自己承担过度的责任。

- **安慰**。由于你的儿子很聪明，而所有的孩子在这个年龄都是以自我为中心的，他可能会觉得要为自己是家里唯一听力良好的孩子而承担一定的责任；他实际上可能还会为自己听力良好而感觉内疚，而又无法理解或表达这种感受。要确保他知道，做一个孩子就很好，哥哥和弟弟的失聪与他无关。

- **情感联结**。为每个孩子安排特别时光——和这个孩子单独待在一起的时间——可能会有帮助。这并不意味着要花费金钱和大量的时间——所需要的就是用15分钟时间和孩子散步、玩抛接球游戏或者读个故事。一位父亲用洗澡时间作为坐下来和两个双胞胎儿子聊天的机会，每次一个孩子。在你们的特别时光，要让你的二儿子说说他一天中最快乐和最伤心的时刻；要准备好认真倾听，并说说你自己的快乐和伤心时刻。他的行为的关键，在于他对自己以及他在这个家庭中的位置所抱有的信念。要让每个孩子都知道你多么珍视与他共度的这段特别时光，并确保在每周的忙碌的工作日也要为特别时光抽出时间。

衣上床睡觉时，宝宝就不再哭闹了。随着孩子一天天长大，他患有的感觉处理障碍变得越来越明显了，这是一种干扰大脑整合来自感官的信息的能力的疾病，并且经常会导致沟通和行为问题；他从职业疗法中受益很大。

通过全面的医疗检查，或者父母对自己注意到的问题进行询问，很多特殊需要都能被发现。（有时候小宝宝们确实有腹绞痛，随着孩子慢慢长大就会消失。）

语言、听力和视力问题在小孩子们当中是很常见的。这些问题能够并且应该尽早得到治疗。一个经常出现耳部感染的孩子无法持续地听到声音，而他发展中的语言模式就会受到损害。如果你完全无法听懂一个两岁半的孩子在说什么，就要考虑请有资质的语言治疗专家为孩子做一次语言能力评估。早期的语言治疗往往会带来极好的效果。

亚伦的幼儿园老师们感到很沮丧。他似乎根本就不听他们的。一天，老师试着做了一个试验。她站在亚伦身后一个他看不到的地方，摇晃一个小铃铛。所有的其他孩子都看向了老师。亚伦没有。然后，老师轻声地叫亚伦的名字。还是没有回应。老师敦促亚伦的妈妈带他去做一次听力检查。结果，亚伦有一部分听力损伤。他接受了治疗，而他的老师们也学会了在跟他说话前先进行眼神接触。毫不奇怪，他的行为立刻得到了改善。

要记住，儿童看护机构对小孩子们的一个好处，就是有公共健康机构或者其他社区或学校的工作人员进行常规筛查。这能发现那些在家里可能注意不到的问题。无论是何种担忧，父母都需要相信自己的直觉，并要在担心一个孩子的健康或发育状况时寻求帮助。自己的孩子可能有特殊需要会使大多数父母感到害怕，但是，早期的诊断和干预会让你相信，你所做的一切都是孩子成长和学习所需要的。

如果你的孩子有特殊需要，你要知道尊重、鼓励的正面管教技巧对于你和孩子一起处理可能要面对的挑战是极其有帮助的。对于一个有特殊需要的孩子来说，饮食、睡眠、社会技能以及能力的发展都可能是完全不同的。要建立一个强有力的支持网络，在需要的时候寻求帮助，相信你的智慧和常识，并鼓励你的孩子尽可能自己做自己能做的事情。这些方法会帮助你和你的孩子形成一种能力感和信心。

警惕虐待

詹妮弗在 3 岁时开始在幼儿园里出现一些问题。她咬并打其他孩子和大人，在集体活动时间大喊大叫并捣乱，在老师要求大家从操场返回教室时，她反而会跑开。她的老师用了"积极的暂停"、和善而坚定，并尽量通过允许她在游戏场攀爬和跑更长时间来赢得她的合作。他们与詹妮弗的母亲见了面，问她在家里是否也有同样的问题。她的母亲说是这样。詹妮弗的行为越来越糟糕，在幼儿园和家里都是如此。直到她的母亲咨询了一位心理医生后，才意识到女儿可能遭受了一位家庭成员的性虐待。她联系了儿童保护组织，确定了涉嫌虐待孩子的人，并且停止了和这个人接触。经过心理辅导和大家的支持，过了一段时间后，詹妮弗变得平静了，她的行为也逐渐改善了。

显然，并不是每个有行为问题的孩子都是性虐待的受害者。虐待的可能性让人感到可怕——而这确实很可怕——大人是唯一能够保护脆弱的孩子的人。要确保你与你的孩子保持情感联结，认真对待她的行为。在需要的情况下要随时请求帮助。

危机情形

危机和紧急情况随时都可能发生。洪水、火灾、飓风、暴力、恐怖主义甚至战争都会意外降临，并给大人和孩子们同样造成焦虑和压力。然而，即便在恶劣的环境中，如果父母和照料人致力于建立一种归属感并随时观察环境，孩子就能够得到安慰。建立惯例、限制接触媒体，并提供平静而关爱的安慰，结果就会完全不同。

满足照料人的需要

为了在艰难时刻保持平静和关爱，你必须照顾好你自己。要采取一切必要的步骤处理面临的情形。一旦你确信孩子们安全了，你就要为自己寻求帮助。要努力提高你自己的应对技能。给自己时间处理自己的感受。要花时间哭一场。这适用于所有的照料人，也适用于所有的父母。

还要接纳孩子的感受。不要试图通过讲道理让孩子放弃其感受。适应能力是在处理逆境——而不是逃避——的过程中培养的。你可以采取必要的措施，找到你所需要的力量和支持，并增加你和孩子度过艰难时刻的机会。

无论你的孩子可能面对什么样的特殊环境，他始终都需要归属感和自我价值感、为身边的人作出贡献的机会，以及与关心他的大人之间感同身受的情感联结。

危机中的照料

在危机情形中，照料人能够提供重要的支持。无论孩子的心灵创伤是源自医疗手术、家庭变故，还是外部事件，下面这些建议都可能对父母或照料人有帮助：

• **动手体验**：为孩子提供绘画工具画画，或者给他们粘土玩，能给孩子提供一种处理所发生的事情和释放压力的途径。

• **赋予力量**：如果可能，给孩子提供作出贡献的手段是很重要的。这可以是简单地给其他孩子拿瓶水或零食，或者给护士递绷带。做一些帮助他人的事情，会减轻一个孩子的无助感，并提高其应对技能和适应能力。

需要思考的问题

1. 如果你对孩子的发育状况有所担忧，就把它们写下来。过一两个星期，再去看这些内容。你对于自己写下来的仍然感到担心吗？如果是，就要安排时间与儿科医生或者孩子的照料人见面，讨论你的担忧。

2. 如果你的孩子被诊断出有某种特殊需要，会怎样改变你看待自己与孩子的关系的方式？你会怎样照顾自己，以便你能为孩子提供其所需要的支持和照料？

第 *21* 章

作为一家人一起成长

找到支持、资源和心智健康

　　无论你刚出生的小宝宝性情多么温和，也无论你多么高兴自己做了父母，头几个月和头几年可能都是充满挑战的。那些全职在家带小宝宝的父母们常常会发现，这件事情与他们预想的并不完全一样。被没完没了地喂奶和换尿布不时打断的漫漫长夜，会使哪怕最有献身精神的父母也变得麻木。你的伴侣可能会发现极为详尽地描述你们的宝宝的排便情况让人很着迷，但很多人不这么认为。过了一段时间后，大多数父母都渴望与成年人交谈、看一场电影或者自己单独待一两个小时。

　　很多有小孩子的父母都很想对从自己身边经过的任何一个人脱口而出："和我说说话吧！"这是有充分理由的。对于新父母们来说，在头几个星期和头几个月里寻求支持是非常必要的。与其他成年人的联系能够滋养新父母们，并通过他们滋养孩子和家人。

从他人的智慧中学习

尽管人们很少在养育孩子的每一个细节上都看法一致，但建立一个支持网络——一个养育过孩子的朋友圈——能为你提供一个关于养育孩子和与孩子相处的价值无量的信息源。要努力和那些与你有同龄孩子的人——或刚刚度过你正在经历的阶段的人——建立联系。不要害怕问很多问题。发现别人的孩子做了同样奇怪或令人震惊的事情，能够帮助你放松下来。

可供选择的支持网络，包括教堂或社区的亲子小组、父母课堂、国际母乳会、在线支持小组或其他社交媒体，以及和其他父母做朋友。① 一个成功的范例是父母早期支持项目（the Program for Early Parent Support，简称 PEPS）②，这是美国西北部一个以社区为基础的项目。在一个孩子出生后，就立即形成一个 PEPS 小组，并包括孩子的出生日期相差几天或几个星期的父母们。这些家庭定期在彼此的家里或社区的家庭中心聚会。他们还有专门针对少男少女父母的项目。其目标是减少这些家庭的隔绝，建立一个支持、资源和鼓励的网络。另一个很受欢迎的群体是 3~岁 6 孩子的妈妈社团（Mothers of Preschoolers，简称 MOPS）③，该组织通过附近的教堂安排聚会并提供养育支持。你可以上网搜索你所在社区的类似项目。如果没有，可以考虑自己建立一个。你还可以向你的儿科医生咨询。家庭医生在帮助小患者及其父母的过程中会看到和听到很多。

---

① 欢迎访问正面管教在线社区（www. positivediscipline. ning. com），从中获得支持，了解你所在地区工作坊信息，并为你的问题找到答案。——作者注

② 网址：www. pepsgroup. org。——作者注

③ 网址：www. mops. org。——作者注

他们通常能够提供支持，以及实用的信息和建议。

有些父母发起了读书小组，他们聚在一起，轮流主持讨论本书或正面管教其他书籍中的概念，并一起学习如何运用正面管教工具。很多父母和照料人还参加了"正面管教讲师学习班"，以便学会主持父母课堂，因为他们知道教（并且要有不完美的勇气）是学习的最佳途径。[①] 对于照料者来说，Exchange Press 网站能够提供很多优质的资源，包括养育、教学支持以及国际性的交流。[②]

当然，没有什么能够媲美真实的、活生生的人。如果有可能，要找一个由有小孩子的父母们组成的养育小组。或许，如果你和伴侣提前出去吃晚餐的话，参加养育小组的活动还能成为你们两人晚上外出活动的一部分。无论你怎样安排，有一个有共同感受的群体来讨论问题、提出问题并探索养育小孩子的奥秘，就有可能使这个世界完全不同。

然而，无论你从哪里寻求支持，都要记住，最终必须由你自己决定什么适合你和你的孩子。**要把你所能得到的知识和建议都收集起来，然后，要听从你内心的声音，选择对你最管用的。**

给水罐重新加满水

问：我是一个有三个不到 5 岁的孩子的年轻母亲。他们是我最大的快乐，我真的非常喜欢做一位母亲！然而，最近，我真的

---

① 你可以直接从 www.positivediscipline.com 或者 www.positivediscipline.org 获取正面管教的相关信息。——作者注

② 你还可以阅读罗丝琳·达菲的书籍《最常见的十个学龄前儿童养育问题》，该书根据她在 Exchange Press 网站（www.childcareexchange.com）长期专栏"父母的视角"所发表的文章编集而成。——作者注

难以承受了。我丈夫工作时间很长，而且还要上夜校。我得做家务、做兼职、支付账单、打理生意，并且还要抚养孩子们。他们都是聪明的好孩子（当然，我有点主观了!），但是，他们在一定程度上都是你们所说的很有主见的孩子。我觉得要同时做很多不同的事情，无论我怎么做，永远都不够。

从我醒来的那一刻直到深夜，没有一分钟是属于我自己的。我总是很累，很厌烦，并且还有可怕的头疼。最重要的是，最近我经常发脾气。之后，我因为感到内疚，心情甚至会更不好。我阅读了很多书籍和杂志，从理论上说，我理解并且认同正面管教。我没有冒犯的意思，但是其中的事例和方法似乎与我的真实生活相差甚远，我因此感到更加沮丧。

答：你描述的情形出了什么问题吗？你干的不是兼职，甚至不是全职，而是超时工作！你没有照料到的人就是你自己——并且所有人都因此感受到了痛苦。我们很容易因为生活中所有的"应该"而忙碌，以至于把自己的需要放在次要位置，甚至完全不予考虑。你能够给家人的最好礼物，就是一个平和的、精力充沛的你。

可以考虑找个高中生来帮忙做家务。如果缺钱，就要有创意；或许，你可以和别人交换做一些事情。和别人互换临时看护孩子的时间，以便你能出去散散步、参加一个瑜伽班，或者每周去一两次当地的健身中心游个泳并洗个桑拿。你的家人会注意到这种变化，当然，你也会注意到。

作为一个父母，在很大程度上就像是从水罐里往外倒水：如果不重新加水，你就只能倒出这么多杯水。有太多的时候，父母们和其他照料者会突然意识到他们已经为孩子倒空了自己，水罐空了。有效而充满关爱的养育需要大量的时间和精力。当你的水罐变空时，当你疲倦、暴躁、紧张并承受不了时，你无法尽自己的全力。

你怎样才能重新装满水罐呢？照顾好你自己——在你的水罐变空之前给它加水——可以采取任何形式。如果你发现自己在一个安静的时刻梦想着你喜欢做的所有的事情，这可能就是你应当考虑采取一些办法照顾好自己的一个线索。

聪明地安排时间

大多数父母会发现，他们在有了孩子后，必须调整自己的优先事项。准确地记录几天你的时间是如何用掉的，会很有帮助。有些活动，比如工作、上学或与养育孩子直接相关的事情，无法作出太多的改变。但是，很多父母把大量的时间都用在了并不真正重要的事情上。

比如，如果你经常在夜里和孩子一起起来，就要在孩子小睡的时候尽量睡一会儿。你很容易满屋子跑着去作那些"应该"做的事情，但是，打扫卫生间和擦拭家具这类事情是会等着你的；如果你小睡一会儿，你会更快乐，并且更有效率。

> **照顾自己**
>
> 照顾好你自己就像照顾好小宝宝一样重要。考虑下面这几个建议：
> - 聪明地安排时间。
> - 列出清单。
> - 留出时间维系重要关系。
> - 定期做你自己喜欢的事情。
> - 避免安排过多活动。

你和小孩子一起度过的时间是非常宝贵而短暂的；一定要确保将你的时间用得尽可能聪明。

列出清单

在一个安静的时刻，把你喜欢做的事情（或者希望能抽时间做的事情）都列出来。然后，在孩子小睡或者由其他人照料时，把这些宝贵的时间用来逐个做清单上的事项。不要在清单上列家务活和必须做的事情，而要写下能让你放松的活动，比如蜷在沙发上看本好书、在浴缸里泡个澡，或者和一位朋友煲个电话粥。

另一个选择是列出一个不超过三四件事的清单，然后把它们全部做完。在一天结束时，你会为自己能成功而感到倍受鼓舞。每个人在感觉更好时才能做得更好。

留出时间维系重要关系

和一个好朋友喝杯茶所具有的疗愈作用简直惊人；有时候，打一场充满活力的壁球也会让人恢复对生活的积极看法。和关心你的成年人聊聊天会让你精神振奋，尤其是在你的世界被精力充沛的小家伙占满的时候。你和伴侣可以轮流照看孩子，以便你们双方都有和朋友在一起的时间，或者你们可以选择与自己喜欢的其他夫妇共度一会儿时间。你们一起出去"晚上约会"的时间，也应该列在你的清单上。约朋友在公园见面，能给父母和孩子们一起休息和玩耍的时间。让你的接触范围广泛到足以包括家庭之外的人，能帮助你保持自己的健康和平衡。

定期做你自己喜欢的事情

重要的是，你要找出时间去做那些让你感到有活力和快乐的事情，无论是骑自行车、打垒球、去唱诗班唱歌、鼓捣机器、在花园劳作或设计一条被子。爱好和锻炼对你的心理和情感健康是十分重要的，如果你在自己的健康上投入时间和精力，你就会成为一个耐心而有效得多的父母。是的，为这些事情找出时间可能是一个问题，而你很容易对自己说："我以后会设法找出时间做这件事情。"然而，太多的时候，"以后"永远不会到来。即便每天用 20 分钟做你喜欢的事情也是一个好的开始。

这里有一些建议：

• 在起床前读一章书。
• 在开始收拾晚餐的餐桌或开始就寝惯例之前，当你的孩子在旁边玩的时候，用 15 分钟画一会儿速写或做编织。
• 在午餐时间出去散散步，或在你的小家伙午睡的时候静静地在洒满阳光的窗户旁坐一会儿，而不是查看当天的电子邮件。
• 睡前轻松地泡个热水澡。让你的伴侣和你轮流负责孩子的睡前惯例，以便你至少每隔一天就能有一段这样的时间。

照顾自己真的不是一件可有可无的事情，因为，如果不这么做，每个人都会痛苦。父母们常常把花时间照顾自己看成是"自私"。没有比这更错误的了。相信我们：没有你的持续关注，你的孩子也会很好。事实上，孩子们和健康的、得到良好支持的父母们在一起才会茁壮成长。**孩子们会感受到情感的能量；筋疲力尽并且满怀怨恨的父母不会帮助孩子成长，并且会渐渐耗尽所有家庭成员生活中的快乐。**

避免安排过多活动

大多数父母都竭尽所能为他们的小孩子提供一个具有丰富刺激的环境。毕竟，他们在人生早期这几年正在学习和发展重要的技能。很多小孩子发现自己需要参加的群体活动多得惊人，而他们常常还不到两岁或三岁。有婴儿体操小组、婴儿游泳课，有学前班和幼儿游戏小组，甚至还有针对学步期孩子的音乐课和教育课。父母们常常发现自己生活在车里，带着孩子匆忙地从一个活动奔向下一个活动。尽管这些活动对于一个小孩子来说可能既愉快又能提供刺激，但限制你给孩子报班的数量才是明智的。研究人员已经注意到，家人一起放松以及外出闲逛的时间已经变得极为稀少了；每个人都忙着冲向下一个重要活动，致使家人之间的关系也变差了。父母们既急躁又疲惫；孩子们很少或者根本没有时间运用他们的创造性、学习自己找快乐，或者玩耍。要记住，你的孩子需要你的时间以及与你的情感联结，远远超过他对"丰富刺激"的需要。用在相互依偎、一起在地板上爬或者读一本书上的时间，要比哪怕最受欢迎的活动都更有价值。

学会识别并处理压力

咬紧牙关、紧握拳头、肌肉紧张、头痛，突然想大哭一场或把自己锁在浴室里——这些都是父母压力过大和负担过重的症状，注意这些症状是非常重要的。大多数父母，尤其是第一次做父母的，有时候会感到不知所措并且筋疲力尽，甚至会愤怒或怨恨。因为父母们非常想成为"好"父母，他们可能会发现很难与别人讨论这些令人烦恼的想法和感受。

金姆好不容易才睡着，就又开始了：烦躁不安的哀嚎告诉她，两个月大的贝特西又醒了。金姆叹息一声，真想把头埋到枕头底下，但还是挣扎着从床上爬了起来。她的丈夫去外地出差已经有一个多星期了，而这是今晚贝特西第二次醒来。金姆已经筋疲力尽了。

她踉跄着走进婴儿房，开始了她的夜间惯例，甚至都懒得打开灯。半个小时后，贝特西吃完了奶、换完了尿布并被拍了嗝，但是，她哭的声音却更大了。金姆把宝宝抱在怀里，开始在旧摇椅里来回摇晃，努力克制着自己想哭的冲动。她感到很无助，对这个甚至还无法告诉她出了什么问题的小家伙毫无办法。她已经有一个星期没时间洗衣服了，家里乱成了一团，她愿意不惜一切代价去做一次舒服的按摩。到底是怎么回事？这可不是她在怀贝特西时想象的生活。

金姆低头看着女儿的脸庞，突然间她发现自己看到的不是一个漂亮、可爱的宝宝，而是一个难伺候的、吵闹不停的小怪物，害得她甚至都不能好好睡一觉。金姆真想把小家伙放下来，转身离开。

大约用了两个小时，贝特西在有节奏的摇晃中渐渐平静了下来，最终睡着了。而这位被自己因这件事而造成的出乎意料的强烈情感吓坏了的妈妈，则花了更长时间来处理自己的感受。

感受和行为是不一样的。对于婴儿和小孩子们的父母来说，感到沮丧、难以承受以及筋疲力尽，都不是不寻常的，而且，大多数父母在对自己的孩子感到愤怒和怨恨时，都会有强烈的内疚感。这些感受都是完全正常的——但是，你需要注意你对他们做出的行为。

如果你发现自己想呵斥或打你的孩子，就要将这些感受当作你需要做些事情来关爱自己的线索。要确保你的孩子安全，并花几分钟时间做暂停。（不管怎么说，父母做暂停通常比让孩子做暂停更管用。）更好的办法，是安排出时间做些有益于你自己的事情。即便是最好的父母，筋疲力尽和沮丧也会导致他们说或做一些事后会后悔的事情；花时间帮助你自己感觉好起来要好得多。如果这些努力都没有帮助，或者你的绝望加深了，就要寻求治疗专家或牧师的帮助。寻求帮助会改善你和你的孩子的生活。

紧急救助

即便没有抑郁或外在的危机，父母们有时仍然会感到无法应付。大多数社区都有紧急帮助热线电话。有些医院提供类似的服务；和一个通情达理、令人安慰的成年人聊几分钟，可能会让你的世界变得完全不同。

如果你感到孩子可能处于危险之中，就要看看你的社区是否有临时看护。需要帮助不是错误或丢脸的事情，而是真正的智慧。

伸出手，结成团队

贝丝从前车窗探头出去向后看了看，她的朋友卡罗琳抱着 14 个月大的格雷戈里正在向她挥手说再见。当贝丝在驾驶座上坐好后，她冲后座上的两个朋友笑了笑。

"伙计，我准备好了。"她说。

安妮和乔琳大笑了起来。"我们也准备好了！"乔琳说，"你最好玩得开心点儿——下一周，孩子们全要待在你那儿。"

贝丝、安妮、乔琳和卡罗琳分享她们的"妈妈外出日"已经快 6 个月了，没有人能想象如果没有这种分享，她们该怎么过。每个星期六的早上，四个妈妈中的一个要照顾全部六个孩子。把孩子们的午餐装好，把活动计划好——而三位要外出的妈妈会拥有幸福的 4 个小时——去购物、打网球、散步，或者只是出去喝咖啡、聊天。起初，每个人都感到有点内疚，但是，她们很快就学会了挥手说再见并驾车离开，因为知道她们的孩子会得到很好的照料并会很高兴有一个平和、快乐的妈妈来接他们。因为这几位妈妈始终注意在约定好的时间回来接孩子，所以没人觉得被占了便宜。

支持可以有不同的形式。无论哪种方法对你管用，也无论你从哪里找到了支持，要怀着感激去接受。**养育是一项太艰巨的任务，无法独自处理。**孩子们和他们的家庭需要一个群体的支持。这个群体可能是一个熟悉的亲戚、一个养育学习班、好朋友或者甚至是网络空间传递的一些话。重要的是支持就在那里。要运用这些支持——为了每一个人。

事实上，父母们也需要一种归属感——对伴侣、家庭、朋友以及社区的归属感。毕竟，你无法给予孩子你没有的东西。花时间滋养你自己，会为每个人都带来改变。

需要思考的问题

1. 你喜欢做什么？写下三件事情。检查一下这份清单。如果其中包括看似不可能的事，比如"去巴黎旅行"，要问问自己，在当前的情形下，其中的哪一小步是可能做到的？也许你可以与另一位父母交换几小时临时照看孩子的时间，然后用这段时间参观一下当地的美术馆。

2. 如果你的清单上写着"准备一顿精美的大餐"，你可以设法在上床前精心准备一份色拉调料，然后在第二天午餐时将调料倒在你的蔬菜沙拉上。无论多么微不足道，都要设法享受你认为重要的事情，这会帮助你感觉好起来，从而做得更好。

3. 很多成年人发现，对于他们来说，寻求帮助非常困难。如果你需要时间照顾自己，或者晚上要和伴侣出去约会，你可以向谁寻求帮助？你可以用什么作为回报？

结　语

　　有时候，孩子的头三年似乎会持续到永远。你要不停地给你的宝宝换尿布、喂奶——而且，有时候，还要熬过很多个漫漫长夜——你迫不及待地想要进入孩子人生的下一个阶段。

　　就这样，你进入了孩子的学步期。你会忙着在家里各处做好儿童安全防护，努力保持平静和耐心，竭尽全力去对付这个活泼好动、充满挑战的小人儿，以及他时不时的大发脾气和不良行为。在忙乱的又一天结束时，你疲惫地坐了下来，筋疲力尽——而且，你几乎都等不及进入孩子人生的下一个阶段了。

　　日子就这样一天天过着。你去问问那些大孩子的父母，那些正忙于学业和交朋友的孩子们的父母，那些已经成为独立的十几岁孩子们的父母，或者那些已经长大成人并组建了自己家庭的孩子们的父母，他们会告诉你：头三年过得太快了，比你身处其中时认为的要快得多。

　　转眼间，那些可爱的小衣服就可能小得穿不上了，小奶嘴和小毯子也被丢在了一边。曾经最喜欢的玩具躺在柜子里无人问津，而先前钟爱它们的小主人正忙于一些新的活动并结交新的朋友。这在现在可能难以理解，但是，有一天，当你注视着那个自信、热情的孩子跑出去见他的朋友时，你会发现自己非常渴望现在所拥有的一切：一个对你如此依恋的甜美可爱的小宝宝；一个能把你的世界闹翻天，但一个眼神就能俘获你的心的总是忙个不停的学步期孩子；一个在这一刻还在试探你的耐心和毅力，而下一刻就会跑过来抱住你并在你脸颊上印上一个湿乎乎的吻的孩子。

在养育一个小孩子的过程中，你需要学习和记住很多东西；我们整本书都在探讨这些事情。但是，如果说有一点经验是我们（作为作者，以及早已度过这一阶段的孩子们的母亲们）想与你分享的，那就是：珍惜这些还属于你的时刻吧。要停下来感受酣睡的婴儿的神奇、好奇的学步期孩子的奇迹，以及无拘无束地傻笑所具有的感染人的快乐。做一次缓慢的深呼吸，尽情地享受看着你的孩子学习、成长并探索他在这个世界中的位置的快乐。要多拍一些照片；要为开怀大笑、一起玩耍和简单的快乐留出时间。最初的这几年在不知不觉间就会过去。

我们的希望是，你在本书中已经找到了能运用的信息，让你和你的小家伙一起顺利度过这至关重要的头几个月和头几年。这是一段极其重要的时间；你和孩子都在学习很多东西，而且你们都会犯很多错误。要记住，错误是一起学习和成长的大好机会，而有些时候随之而来的拥抱和眼泪实际上会让你和你爱的那些人更加亲密。

你必须给予孩子的最好礼物，不是那些他们能触摸、抓握或玩耍的物品。事实上，孩子们可能在很多年里都不认识或感激这些礼物。然而，它们是极为宝贵的。这些最好的礼物就是，你可以给予你的孩子信任、尊严和尊重。你可以相信他们、鼓励他们、教他们。你可以将自信、责任感和能力作为礼物赠予他们。而且，你可以通过和孩子分享生活中的点点滴滴来让他们看到怎样热爱和感激生活。

　　要尽可能多学习；在你需要的时候要请求帮助。要忘掉那个幻想中的孩子。要观察、倾听并学会理解你拥有的这个孩子。最重要的是，要有勇气相信你自己的智慧以及你对自己孩子的了解。没有什么事情能比养育孩子更有挑战性——也没有任何工作比这更有意义。

致　谢

　　经常有人问我们："你们这些故事是从哪里得到的?"我们有很多机会得到——从父母课堂里的父母们那里,从参加我们的培训和讨论的父母和老师们那里,以及在咨询和指导中见到的人们那里。没有他们,这本书就无法写成。我们想说明,故事中人物的名字和细节都做了一些改变,以保护个人的隐私;有些故事是几个孩子或家庭发生的事情合成的,这是有意义的,因为各个地方的父母和孩子们经历着很多同样的挑战。我们大家可以相互学习。

　　你可能没有想过养育在最近这些年里已经发生了很大变化,但是,我们一直在学习理解我们的孩子和我们自己的新方式。家庭、人际关系以及我们周围的世界一直在变化,使得我们更感激能有机会为一代又一代的新父母们提供鼓励和支持。

　　我们将永远感激阿尔弗雷德·阿德勒和鲁道夫·德雷克斯,正面管教是以他们首创的思想为基础的。这两位开创者留下了一份改变千万人——包括我们自己——的人生的宝贵遗产。我们感到很荣幸能通过与别人分享他们的理念来继续传递他们的遗产。

本书中的很多信息，是由阿德勒学派的其他心理学专家们以及许许多多幼儿教育工作者和当代研究的洞见贡献并促成的。我们对这一切都心怀感激。

我们在编辑方面也得到了极其出色的帮助，并由衷地感激我们的编辑内森·罗伯森（Nathan Roberson）。内森平易近人，总能给人鼓励，并且总能接受我们的想法。我们的文字编辑劳伦斯·克劳萨（Lawrence Krauser）的工作极其出色。他确保了文本的质量。他还带来了新一代的视角，这对我们始终都很有帮助。

要特别感谢学习树蒙台梭利幼儿园（Learning Tree Montessori Childcare）为"寻找高质量的儿童看护"章节提供了很多背景资料。他们的深刻见解，帮助本书有了更深刻的含义。

另一份特别的感谢要送给葆拉·格雷（Paula Gray）出色的插图，葆拉为本书以及正面管教的其他几本书奉献了自己的天赋、精力和耐心，我们很感激她作出的贡献。

还有，哦，我们是多么爱我们的家人啊。他们没有抱怨我们为写书而花的时间，而是支持并鼓励我们。他们不断地证明着自己照顾自己的能力，而不是向我们提要求。我们最要感谢的是我们的孩子们和孙辈们，他们为我们提供了个人的家庭"实验室"。他们容忍了我们的错误——并且帮助我们从那些错误中学习。我们永远爱他们、欣赏他们，并感激他们。

尽管我们自己的孩子现在都已长大成人，并且忙于他们自己的独立生活，但我们仍然喜欢尽可能和他们以及他们的下一代——我们的孙辈们——待在一起。或许，这本书能使这个世界成为一个对他们、他们的同龄人以及他们有一天会养育的孩子们来说更健康并且更快乐的地方。

《美国执业儿科医生育儿百科》

一部不可多得的育儿指南，详细介绍 0~5 岁宝宝的成长、发育、健康和行为。

[美]劳拉·沃尔瑟·内桑森 著
宋苗 译
北京联合出版公司
定价：89.00 元

　　一位执业超过 30 年的美国儿科医生，一部不可多得的育儿指南，详细介绍 0~5 岁宝宝的成长、发育、健康和行为。

　　全书共 4 篇。第 1 篇是孩子的发育与成长，将 0~5 岁分为 11 个阶段，详细介绍各阶段的特点、分离问题、设立限制、日常的发育、健康与疾病、机会之窗、健康检查、如果……怎么办，等等问题。第 2 篇是疾病与受伤，从父母的角度介绍孩子常见的疾病、受伤与处理方法。第 3 篇讨论的是父母与儿科医生之间反复出现的沟通不畅的问题，例如免疫接种、中耳炎、对抗行为等。第 4 篇是医学术语表，以日常语言让父母们准确了解相关医学术语。

《从出生到 3 岁》

婴幼儿能力发展与早期教育权威指南

畅销全球数百万册，被翻译成 11 种语言

[美]伯顿·L.怀特 著
宋苗 译
北京联合出版公司
定价：39.00 元

　　没有任何问题比人的素质问题更加重要，而一个孩子出生后头 3 年的经历对于其基本人格的形成有着无可替代的影响……本书是唯一一本完全基于对家庭环境中的婴幼儿及其父母的直接研究而写成的，也是惟一一本经过大量实践检验的经典。本书将 0~3 岁分为 7 个阶段，对婴幼儿在每一个阶段的发展特点和父母应该怎样做以及不应该做什么进行了详细的介绍。

　　本书第一版问世于 1975 年，一经出版，就立即成为了一部经典之作。伯顿·L.怀特基于自己 37 年的观察和研究，在这本详细的指导手册中描述了 0~3 岁婴幼儿在每个月的心理、生理、社会能力和情感发展，为数千万名家长提供了支持和指导。现在，这本经过了全面修订和更新的著作包含了关于养育的最准确的信息与建议。

　　伯顿·L.怀特，哈佛大学"哈佛学前项目"总负责人，"父母教育中心"（位于美国马萨诸塞州牛顿市）主管，"密苏里'父母是孩子的老师'项目"的设计人。

《实用程序育儿法》

宝宝耳语专家教你解决宝宝喂养、睡眠、情感、教育难题

《妈妈宝宝》、《年轻妈妈之友》、《父母必读》、"北京汇智源教育"联合推荐

[美] 特蕾西·霍格
　　　梅林达·布劳 著
北京联合出版公司
定价：42.00 元

　　本书倡导从宝宝的角度考虑问题，要观察、尊重宝宝，和宝宝沟通——即使宝宝还不会说话。在本书中，作者集自己近30年的经验，详细解释了0～3岁宝宝的喂养、睡眠、情感、教育等各方面问题的有效解决方法。

　　特蕾西·霍格(Tracy Hogg)世界闻名的实战型育儿专家，被称为"宝宝耳语专家"——她能"听懂"婴儿说话，理解婴儿的感受，看懂婴儿的真正需要。她致力于从婴幼儿的角度考虑问题，在帮助不计其数的新父母和婴幼儿解决问题的过程中，发展了一套独特而有效的育儿和护理方法。

　　梅林达·布劳，美国《孩子》杂志"新家庭（New Family）专栏"的专栏作家，记者。

《RIE 育儿法》

养育一个自信、独立、能干的孩子

[美]黛博拉·卡莱尔·所罗门 著
邢子凯 译
北京联合出版公司
定价：35.00 元

　　美国著名的"婴幼儿育养中心（RIE）"倡导、践行40年并在全世界得到广泛传播的育儿法。

　　RIE 育儿法是一种照料和陪伴婴幼儿——尤其是0~2岁宝宝——的综合性方法，强调要尊重每个孩子及其成长的过程……教给父母们在给宝宝喂奶、换尿布、洗澡、陪宝宝玩耍、保证宝宝的睡眠、设立限制等日常照料和陪伴的过程中，如何读懂宝宝的需要并对其做出准确的回应……帮助父母们更好地了解自己的宝宝，更轻松、自信地应对日常照料事物的挑战……让孩子成长为一个自信、独立而且能干的人。

　　RIE 育儿法是美国婴幼儿育养中心（RIE）的创始人玛格达·格伯经过几十年的实践提出的，并已在全世界得到广泛传播。

《正面管教》

如何不惩罚、不娇纵地有效管教孩子

畅销美国 400 多万册　被翻译为 16 种语言畅销全球

　　自 1981 年本书第一版出版以来，《正面管教》已经成为管教孩子的"黄金准则"。正面管教是一种既不惩罚也不娇纵的管教方法……孩子只有在一种和善而坚定的气氛中，才能培养出自律、责任感、合作以及自己解决问题的能力，才能学会使他们受益终生的社会技能和人生技能，才能取得良好的学业成绩……如何运用正面管教方法使孩子获得这种能力，就是这本书的主要内容。

　　简·尼尔森，教育学博士，杰出的心理学家、教育家，加利福尼亚婚姻和家庭执业心理治疗师，美国"正面管教协会"的创始人。曾经担任过 10 年的有关儿童发展的小学、大学心理咨询教师，是众多育儿及养育杂志的顾问。

　　本书根据英文原版的第三次修订版翻译，该版首印数为 70 多万册。

[美] 简·尼尔森　著
玉冰　译
北京联合出版公司
定价：38.00 元

《3 ~ 6 岁孩子的正面管教》

养育 3 ~ 6 岁孩子的"黄金准则"

家庭教育畅销书《正面管教》作者力作

　　3 ~ 6 岁的孩子是迷人、可爱的小人儿。他们能分享想法、显示出好奇心、运用崭露头角的幽默感、建立自己的人际关系，并向他们身边的人敞开喜爱和快乐的怀抱。他们还会固执、违抗、令人困惑并让人毫无办法。

　　正面管教会教给你提供有效而关爱的方式，来指导你的孩子度过这忙碌并且充满挑战的几年。

　　无论你是一位父母、一位老师或一位照料孩子的人，你都能从本书中发现那些你能真正运用，并且能帮助你给予孩子最好的人生起点的理念和技巧。

[美] 简·尼尔森
　　谢丽尔·欧文
罗丝琳·安·达菲　著
娟子　译
北京联合出版公司
定价：42.00 元

[美] 简·尼尔森 琳·洛特
斯蒂芬·格伦 著
花莹莹 译
北京联合出版公司
定价: 45.00 元

《正面管教 A–Z》

日常养育难题的 1001 个解决方案

家庭教育畅销书《正面管教》作者力作
以实例讲解不惩罚、不娇纵管教孩子的"黄金准则"

无论你多么爱自己的孩子,在日常养育中,都会有一些让你愤怒、沮丧的时刻,也会有让你绝望的时候。

你是怎么做的?

本书译自英文原版的第 3 版(2007 年出版),包括了最新的信息。你会从中找到不惩罚、不娇纵地解决各种日常养育挑战的实用办法。主题目录,按照 A–Z 的汉语拼音顺序排列,方便查找。你可以迅速找到自己面临的问题,挑出来阅读;也可以通读整本书,为将来可能遇到的问题及其预防做好准备。每个养育难题,都包括 6 步详细的指导:理解你的孩子、你自己和情形,建议,预防问题的出现,孩子们能够学到的生活技能,养育要点,开阔思路。

[美] 简·尼尔森
琳·洛特 著
尹莉莉 译
北京联合出版公司出版
定价: 35.00 元

《十几岁孩子的正面管教》

教给十几岁的孩子人生技能

家庭教育畅销书《正面管教》作者力作
养育十几岁孩子的"黄金准则"

度过十几岁的阶段,对你和你的青春期的孩子来说,可能会像经过一个"战区"。青春期是成长中的一个重要过程。在这个阶段,十几岁的孩子会努力探究自己是谁,并要独立于父母。你的责任,是让自己十几岁的孩子为人生做好准备。

问题是,大多数父母在这个阶段对孩子采用的养育方法,使得情况不是更好,而是更糟了……

本书将帮助你在一种肯定你自己的价值、肯定孩子价值的相互尊重的环境中,教育、支持你的十几岁的孩子,并接受这个过程中的挑战,帮助你的十几岁孩子最大限度地成为具有高度适应能力的成年人。

《教室里的正面管教》

培养孩子们学习的勇气、激情和人生技能

家庭教育畅销书《正面管教》作者力作
造就理想班级氛围的"黄金准则"
本书入选中国教育新闻网、中国教师报联合推荐
2014 年度"影响教师 100 本书"TOP10

很多人认为学校的目的就是学习功课，而各种纪律规定应该以学生取得优异的学习成绩为目的。因此，老师们普遍实行的是以奖励和惩罚为基础的管教方法，其目的是为了控制学生。然而，研究表明，除非我给孩子们社会和情感技能，否则他们学习起来会很艰难，并且纪律问题会越来越多。

正面管教是一种不同的方式，它把重点放在创建一个相互尊重和支持的班集体，激发学生们的内在动力去追求学业和社会的成功，使教室成为一个培育人、愉悦和快乐的学习和成长的场所。

这是一种经过数十年实践检验，使全世界数以百万计的教师和学生受益的黄金准则。

[美] 简·尼尔森 琳·洛特
斯蒂芬·格伦 著
梁帅 译
北京联合出版公司出版
定价：30.00 元

《正面管教教师指南 A–Z》

教室里行为问题的 1001 个解决方案

家庭教育畅销书《正面管教》作者力作
以实例讲解造就理想班级氛围的"黄金准则"

本书包括两个部分：

第一部分，介绍的是正面管教的基本原理和基本方法，包括鼓励、错误目的、奖励和惩罚、和善而坚定、社会责任感、分派班级事务、积极的暂停、特别时光、班会，等等。

第二部分，是教室里常见的各种行为问题及其处理方法，按照 A–Z 的汉语拼音顺序排列，以方便查找。你可以迅速找到自己面临的问题，有针对性地阅读，立即解决自己的难题；也可以通读本书，为将来可能遇到的问题及其预防做好准备。

每个行为问题及其解决，基本都包括 5 个部分：
● 讨论。就一个具体行为问题出现的情形及原因进行讨论。
● 建议。依据正面管教的理论和原则，给出解决问题的建议。
● 提前计划，预防未来的问题。着眼于如何预防问题的发生。
● 用班会解决问题。老师和学生们用班会解决相应问题的真实故事。
● 激发灵感的故事。老师和学生们用正面管教工具解决相关问题的真实故事。

[美] 简·尼尔森
琳达·埃斯科巴
凯特·奥托兰
罗丝琳·安·达菲
黛博拉·欧文–索科奇 著
郑淑丽 译
北京联合出版公司出版
定价：55.00 元

[美] 简·尼尔森
凯莉·格夫洛埃尔
阿伦·巴考尔
比尔·肖尔　著
张宏武　译
北京联合出版公司出版
定价：35.00 元

《正面管教教师工具卡》

教室管理的 52 个工具

家庭教育畅销书《正面管教》作者力作

　　该套卡片是将《正面管教》在教室里的运用，以卡片的形式呈现出来。在每张卡片上有对相应工具的简要介绍，以及具体的使用办法和相关示例，在卡片后还配有一幅形象而生动的插图。

　　该套卡片既适合教师单独集中时间学习，也适合与其他教师共同讨论。既可以放置于办公桌上，也可以随身携带，随时使用。它是尼尔森博士为教师量身定制的"工具百宝箱"。

[美] 简·尼尔森
玛丽·尼尔森·坦博斯基
布拉德·安吉　著
花莹莹 杨森 张丛林 林展　译
北京联合出版公司出版
定价：42.00 元

《正面管教养育工具》

赋予孩子力量、培养孩子能力的 49 种有效方法

家庭教育畅销书《正面管教》作者力作
不惩罚、不娇纵养育孩子的有效工具

　　正面管教是一种不惩罚、不娇纵的管教孩子的方式，是为了培养孩子们的自律、责任感、合作能力，以及自己解决问题的能力，让他们学会受益终生的社会技能和人生技能，并取得良好的学业成绩。

　　1981 年，简·尼尔森博士出版《正面管教》一书，使正面管教的理念逐渐为越来越多的人接受并奉行。如今，正面管教已经成了管教孩子的"黄金准则"。其理念和方法已经传播到将近 70 个国家和地区，包括美国、英国、冰岛、荷兰、德国、瑞士、法国、摩洛哥、西班牙、墨西哥、厄瓜多尔、哥伦比亚、秘鲁、智利、巴西、加拿大、中国、埃及、韩国。由简·尼尔森博士作为创始人的"正面管教协会"，如今已经有了法国分会和中国分会。

　　本书对经过多年实际检验的 49 个最有效的正面管教养育工具作了详细介绍。

《单亲家庭的正面管教》

让单亲家庭的孩子健康、快乐、茁壮成长

[美]简·尼尔森 谢丽尔·欧文
卡萝尔·德尔泽尔 著
杨森 张丛林 林展 译
北京联合出版公司
定价：37.00 元

家庭教育畅销书《正面管教》作者力作
单亲父母养育孩子的"黄金准则"

　　单亲家庭不是"破碎的家庭"，单亲家庭的孩子也不是注定会失败和令人失望的，有了努力、爱和正面管教养育技能，单亲父母们就能够把自己的孩子培养成有能力的、满足的、成功的人，让单亲家庭成为平静、安全、充满爱的家，而单亲父母自己也会成为一位更健康、平静的父母——以及一个更快乐的人。

　　《单亲家庭的正面管教》是家庭教育畅销书《正面管教》作者简·尼尔森的又一力作。自从《正面管教》于1981年出版以来，正面管教理念已经成为养育孩子的"黄金准则"，让全球数以百万计的父母、孩子、老师获益。

　　《单亲家庭的正面管教》是简·尼尔森博士与另外两位作者详细介绍如何将正面管教的理念和工具用于单亲家庭的一部杰作。

《特殊需求孩子的正面管教》

帮助孩子学会有价值的社会和人生技能

家庭教育畅销书《正面管教》作者力作

[美]简·尼尔森 史蒂文·福斯特
艾琳·拉斐尔 著
甄颖 译
北京联合出版公司
定价：32.00 元

　　每一个孩子都应该有一个幸福而充实的人生。特殊需求的孩子们有能力积极成长和改变。

　　运用正面管教的理念和工具，特殊需求的孩子们就能够培养出一种越来越强的能力，为自己的人生承担起责任。在这个过程中，他们会与自己的家里、学校里和群体里的重要的人建立起深入的、令人满意的、合作的关系，从而实现自己的潜能。

《如何培养孩子的社会能力》

教孩子学会解决冲突和与人相处的技巧

简单小游戏　成就一生大能力
美国全国畅销书（The National Bestseller）
荣获四项美国国家级大奖的经典之作
美国"家长的选择（Parents'Choice Award)"图书奖

[美] 默娜·B. 舒尔
特里萨·弗伊·
迪吉若尼莫　著
张雪兰　译
北京联合出版公司
定价：30.00 元

社会能力就是孩子解决冲突和与人相处的能力，人是社会动物，没有社会能力的孩子很难取得成功。舒尔博士提出的"我能解决问题"法，以教给孩子解决冲突和与人相处的思考技巧为核心，在长达30多年的时间里，在全美各地以及许多其他国家，让家长和孩子们获益匪浅。与其他的养育办法不同，"我能解决问题"法不是由家长或老师告诉孩子怎么想或者怎么做，而是通过对话、游戏和活动等独特的方式教给孩子自己学会怎样解决问题，如何处理与朋友、老师和家人之间的日常冲突，以及寻找各种解决办法并考虑后果，并且能够理解别人的感受。让孩子学会与人和谐相处，成长为一个社会能力强、充满自信的人。

默娜·B. 舒尔博士，儿童发展心理学家，美国亚拉尼大学心理学教授。她为家长和老师们设计的一套"我能解决问题"训练计划，以及她和乔治·斯派维克（George Spivack）一起所做出的开创性研究，荣获了一项美国心理健康协会大奖、三项美国心理学协会大奖。

《如何培养孩子的社会能力（II）》

教 8～12 岁孩子学会解决冲突和与人相处的技巧

全美畅销书《如何培养孩子的社会能力》作者的又一部力作！
让怯懦、内向的孩子变得勇敢、开朗！
让脾气大、攻击性强的孩子变得平和、可亲！
培养一个快乐、自信、社会适应能力强、情商高的孩子

[美] 默娜·B. 舒尔　著
刘荣杰　译
北京联合出版公司
定价：35.00 元

8～12 岁，是孩子进入青春期反叛之前的一个重要时期，是孩子身体、行为、情感和社会能力发展的一个重要分水岭。同时，这也是父母的一个极好的契机——教会孩子自己做出正确决定，自己解决与同龄人、老师、父母的冲突，培养一个快乐、自信、社会适应能力强、情商高的孩子——以便孩子把精力更多地集中在学习上，为他们期待而又担心的中学生活做好准备。

本书详细、具体地介绍了将"我能解决问题"法运用于 8～12 岁孩子的方法和效果。

《孩子，把你的手给我》

与孩子实现真正有效沟通的方法

畅销美国 500 多万册的教子经典，以 31 种语言畅销全世界
彻底改变父母与孩子沟通方式的巨著

　　本书自 2004 年 9 月由京华出版社自美国引进以来，仅依靠父母和老师的口口相传，就一直高居当当网、卓越网的排行榜。

　　吉诺特先生是心理学博士、临床心理学家、儿童心理学家、儿科医生；纽约大学研究生院兼职心理学教授、艾德尔菲大学博士后。吉诺特博士的一生并不长，他将其短短的一生致力于儿童心理的研究以及对父母和教师的教育。

　　父母和孩子之间充满了无休止的小麻烦、阶段性的冲突，以及突如其来的危机……我们相信，只有心理不正常的父母才会做出伤害孩子的反应。但是，不幸的是，即使是那些爱孩子的、为了孩子好的父母也会责备、羞辱、谴责、嘲笑、威胁、收买、惩罚孩子，给孩子定性，或者对孩子唠叨说教……当父母遇到需要具体方法解决具体问题时，那些陈词滥调，像"给孩子更多的爱"、"给她更多关注"或者"给他更多时间"是毫无帮助的。

　　多年来，我们一直在与父母和孩子打交道，有时是以个人的形式，有时是以指导小组的形式，有时以养育讲习班的形式。这本书就是这些经验的结晶。这是一个实用的指南，给所有面临日常状况和精神难题的父母提供具体的建议和可取的解决方法。

——摘自《孩子，把你的手给我》一书的"引言"

[美] 海姆·G·吉诺特　著
北京联合出版公司
定价：32.00 元

《孩子，把你的手给我（Ⅱ）》

与十几岁孩子实现真正有效沟通的方法

《孩子，把你的手给我》作者的又一部巨著
彻底改变父母与十几岁孩子的沟通方式

　　本书是海姆·G·吉诺特博士的又一部经典著作，连续高踞《纽约时报》畅销书排行榜 25 周，并被翻译成 31 种语言畅销全球，是父母与十几岁孩子实现真正有效沟通的圣经。

　　十几岁是一个骚动而混乱、充满压力和风暴的时期，孩子注定会反抗权威和习俗——父母的帮助会被怨恨，指导会被拒绝，关注会被当做攻击。海姆·G·吉诺特博士就如何对十几岁的孩子提供帮助、指导、与孩子沟通提供了详细、有效、具体、可行的方法。

[美] 海姆·G·吉诺特　著
张雪兰　译
北京联合出版公司
定价：26.00 元

[美] 海姆·G·吉诺特　著
张雪兰　译
北京联合出版公司
定价：35.00 元

《孩子，把你的手给我（Ⅲ）》

老师与学生实现真正有效沟通的方法

《孩子，把你的手给我》作者最后一部经典巨著
以 31 种语言畅销全球
彻底改变老师与学生的沟通方式
美国父母和教师协会推荐读物

本书是海姆·G·吉诺特博士的最后一部经典著作，彻底改变了老师与学生的沟通方式，是美国父母和教师协会推荐给全美教师和父母的读物。

老师如何与学生沟通，具有决定性的重要意义。老师们需要具体的技巧，以便有效而人性化地处理教学中随时都会出现的事情——令人烦恼的小事、日常的冲突和突然的危机。在出现问题时，理论是没有用的，有用的只有技巧，如何获得这些技巧来改善教学状况和课堂生活就是本书的主要内容。

书中所讲述的沟通技巧，不仅适用于老师与学生、家长与孩子之间的交流，而且也可以灵活运用于所有的人际交往中，是一种普遍适用的沟通技巧。

[美] 约翰·霍特　著
张雪兰　译
北京联合出版公司
定价：30.00 元

《孩子是如何学习的》

畅销美国 200 多万册的教子经典，以 14 种语言畅销全世界

孩子们有一种符合他们自己状况的学习方式，他们对这种方式运用得很自然、很好。这种有效的学习方式会体现在孩子的游戏和试验中，体现在孩子学说话、学阅读、学运动、学绘画、学数学以及其他知识中……对孩子来说，这是他们最有效的学习方式……

约翰·霍特（1923 ~ 1985），是教育领域的作家和重要人物，著有 10 本著作，包括《孩子是如何失败的》、《孩子是如何学习的》、《永远不太晚》、《学而不倦》。他的作品被翻译成 14 种语言。《孩子是如何学习的》以及它的姊妹篇《孩子是如何失败的》销售超过两百万册，影响了整整一代老师和家长。

[美] 爱丽森·戴维 著
宋苗 译
北京联合出版公司
定价：26.00 元

《帮助你的孩子爱上阅读》

0 ～ 16 岁亲子阅读指导手册

没有阅读的童年是贫乏的——孩子将错过人生中最大的乐趣之一，以及阅读带来的巨大好处。

阅读不但是学习和教育的基础，而且是孩子未来可能取得成功的一个最重要的标志——比父母的教育背景或社会地位重要得多。这也是父母与自己的孩子建立亲情心理联结的一种神奇方式。

帮助你的孩子爱上阅读，是父母能给予自己孩子的一份最伟大的礼物，一份将伴随孩子一生的爱的礼物。

这是一本简单易懂而且非常实用的亲子阅读指导手册。作者根据不同年龄的孩子的发展特征，将 0 ～ 16 岁划分为 0 ～ 4 岁、5 ～ 7 岁、8 ～ 11 岁、12 ～ 16 岁四个阶段，告诉父母们在各个年龄阶段应该如何培养孩子的阅读习惯，如何让孩子爱上阅读。

[美] 安吉拉·克利福德－波斯顿 著
王俊兰 译
北京联合出版公司
定价：32.00 元

《如何读懂孩子的行为》

理解并解决孩子各种行为问题的方法

孩子为什么不好好吃、不好好睡？为什么尿床、随地大便？为什么说脏话？为什么撒谎、偷东西、欺负人？为什么不学习？……这些行为，都是孩子在以一种特殊的方式与父母沟通。

当孩子遇到问题时，他们的表达方式十分有限，往往用行为作为与大人沟通的一种方式……如何读懂孩子这些看似异常行为背后真实的感受和需求，如何解决孩子的这些问题，以及何时应该寻求专业帮助，就是本书的主要内容。

安吉拉·克利福德－波斯顿（Andrea Clifford–Poston），教育心理治疗师、儿童和家庭心理健康专家，在学校、医院和心理诊所与孩子和父母们打交道 30 多年；她曾在查林十字医院

（Charing Cross Hospital，建立于 1818 年）的儿童发展中心担任过 16 年的主任教师，在罗汉普顿学院（Roehampton Institute）担任过多年音乐疗法的客座讲师，她还是《泰晤士报》"父母论坛"的长期客座专家，为众多儿童养育畅销杂志撰写专栏和文章，包括为"幼儿园世界（Nursery World）"撰写了 4 年专栏。

《如何培养情感健康的孩子》

孩子必须被满足的 5 大情感需求

畅销美国 250000 多册的家教经典

　　孩子的情感健康，取决于情感需求是否得到满足。每个孩子都有贯穿一生的 5 大情感需求，满足了这些需求，会为把孩子培养成为自信、理智、有同情心和有公德心的人提供一个良好的基础，让他们更有可能在学业、职场、婚姻和生活中取得成功。

　　杰拉尔德·纽马克博士既是一位父亲，又是一位教育家、研究员，从事与学校和孩子相关的咨询已经超过 30 年，他在教育领域所取得的卓越成就曾得到美国总统嘉奖。

[美] 杰拉尔德·纽马克　著
叶红婷　译
北京联合出版公司
定价：20.00 元

《莫扎特效应》

用音乐唤醒孩子的头脑、健康和创造力

从胎儿到 10 岁，用音乐的力量帮助孩子成长！
享誉全球的权威指导，被翻译成 13 种语言！

　　在本书中，作者全面介绍了音乐对于从胎儿至 10 岁左右儿童的大脑、身体、情感、社会交往等各方面能力的影响。

　　本书详细介绍了如何用古典音乐，特别是莫扎特的音乐，以及儿歌的节奏和韵律来促进孩子从出生前到童年中期乃至更大年龄阶段的发展，提高他们的各种学习能力、情感能力和社会交往能力。对于孩子在每个年龄段（出生前到出生，从出生到 6 个月，从 6 个月到 18 个月，从 18 个月到 3 岁，从 4 岁到 6 岁，从 6 岁到 8 岁，从 8 岁到 10 岁）的发展适合哪些音乐以及这些音乐的作

[美] 唐·坎贝尔　著
高慧雯　王玲月　娟子　译
北京联合出版公司
定价：32.00 元

用都进行了详细的说明。

　　唐·坎贝尔，古典音乐家、教育家、作家、教师，数十年来致力于研究音乐及其在教育和健康方面的作用，用音乐帮助全世界 30 多个国家的孩子提高了学习能力和创造性，并体验到了音乐给生活带来的快乐。他是该领域闻名全球、首屈一指的权威。

　　以上图书各大书店、书城、网上书店有售。

　　团购请垂询：010-65868687

　　Email：tianluebook@263.net

　　更多畅销经典家教图书，请关注新浪微博"家教经典"（http://weibo.com/jiajiaojingdian）及淘宝网"天略图书"（http://shop33970567.taobao.com）

One Direction）

《一针一线》（*Stitch-by-Stitch*），简·布尔（Jane Bull）

《足球之书》（*The Football Book*）

《香奈儿手册》(*The Little Book of Chanel*)，艾玛·巴克斯特 -
莱特（Emma Baxter-Wright）

《Txtng：The Gr8 Db8》，大卫·克里斯多尔（David Crystal）

资　源

如果你想要更深入地了解这个主题，你会发现以下这些资料很有趣：

艾瑞克·西格曼：www.aricsigman.com

英国图书信托基金会书籍查询：www.booktrust.org.uk

儿童爱读书：www.lovereading4kids.co.uk

英国国家读写能力信托：www.literacytrust.org.uk

英国通信管理局媒体与通讯报告：www.ofcom.org.uk

《普鲁斯特与乌贼：阅读如何改变我们的思维》（*Proust and the Squid: The Story and Science of the Reading Brain*），玛丽安娜·沃尔夫（Maryanne Wolf）

《为爱朗读》（*The Reading Promise*），爱丽丝·奥兹玛（Alice Ozma）

英国读写能力协会：www.ukla.org

致 谢

感谢阿曼达·戈莫（Amanda Gummer）、戴维·瑞迪（Dr. David Reesy）和艾瑞克·西格曼博士（Dr.Aric Sigman）为本书提供的建议与评论；感谢温德尔公园学校（Wendell Park School)的学生、父母和教职员工们，感谢伍德赛德中学(Woodside High School）以及特怀富德中学（Twyford C of E High School）的学生们和教职员工们；与我交谈过的所有父母和孩子——感谢你们那么坦诚地分享你们的感受；感谢丽贝卡·艾恩塞德（Rebecca Ironside）和SPA Future Thinking的团队；感谢丽塔·哈提雅尼（Reeta Bhatiani）、凯莉·鲍勃拉克（Cally Poplak）和罗伯·麦克马曼尼（Rob McMenemy）给予我的全力支持；最后，但同样重要的，感谢马丁和米兰达——如果没有你们，我就完成不了这本书！